DROEMER

Charlotte von Feyerabend

CAROLINE MÄRKLIN

Sie brachte Kinderaugen
zum Leuchten,
doch kämpfte um ihr
eigenes Glück

Roman

DROEMER

Besuchen Sie uns im Internet:
www.droemer.de

Aus Verantwortung für die Umwelt hat sich die Verlagsgruppe Droemer Knaur zu einer nachhaltigen Buchproduktion verpflichtet. Der bewusste Umgang mit unseren Ressourcen, der Schutz unseres Klimas und der Natur gehören zu unseren obersten Unternehmenszielen. Gemeinsam mit unseren Partnern und Lieferanten setzen wir uns für eine klimaneutrale Buchproduktion ein, die den Erwerb von Klimazertifikaten zur Kompensation des CO_2-Ausstoßes einschließt. Weitere Informationen finden Sie unter: www.klimaneutralerverlag.de

MIX
Papier | Fördert gute Waldnutzung
FSC® C083411

Originalausgabe November 2022
Droemer Hardcover

Ein Imprint der Verlagsgruppe
Droemer Knaur GmbH & Co. KG, München

Redaktion: Clarissa Czöppan
Covergestaltung: Sabine Schröder
Coverabbildung: Collage von Sabine Schröder unter Verwendung von Motiven von Trevillion und Shutterstock.com
Illustrative Elemente im Innenteil von Buravtsoff/Shutterstock.com
Satz: Adobe InDesign im Verlag
Druck und Bindung: CPI books GmbH, Leck
ISBN 978-3-426-28391-2

2 4 5 3 1

Für all die vergessenen Witwen, die weder in den Geschichtsbüchern noch in Erzählungen Einzug hielten, aber ohne deren Mut und Stärke etliche Familienunternehmen klaglos untergegangen wären.

»Denn, um es endlich einmal herauszusagen, der Mensch spielt nur, wo er in voller Bedeutung des Wortes Mensch ist, und er ist nur da ganz Mensch, wo er spielt.«

Friedrich Schiller (1759–1805),
Schriftsteller und Arzt

1858

Ludwigsburg

Eine tiefe Stimme tönte hinter der geschlossenen Küchentüre: »Ich weiß auch nicht, wie sie sich das vorstellt. Das kann ihr doch nicht alles egal sein, oder? Zweiunddreißig ist sie nun schon. Zweiunddreißig! Will sie nichts aus ihrem Leben machen? Einen Mann, Kinder … jünger wird sie ja auch nicht.«

Carolines rechte Hand, die die Türklinke hinunterdrücken wollte, fing an zu zittern, glitt ab. Alle gute Laune, alle Energie schien aus ihrem Körper entwichen zu sein. Wie Mehl aus einem löchrigen Sack. Nur noch eine formlose Hülle stand da und lauschte.

Töpfe klapperten, ein aromatischer Duft nach Brühe und Gemüse zog durch die Ritzen. Eine helle Frauenstimme antwortete: »Das kannst du jetzt so aber nicht sehen, sie bringt sich doch ein. Kümmert sich um die Mutter und arbeitet hin und wieder bei der Firma Dieterich[1] und bei ihrer Freundin.«

»Diese Art von Arbeit schickt sich nicht. Dafür gibt es Männer. Und weißt du, bei Friederike wohnen drei Töchter. Drei! Da muss nicht auch noch Caroline … Du weißt, dass ihre Eltern früher große Stücke auf sie hielten. Wäre sie bloß als Mann auf die Welt gekommen, dann hätte sie die väterliche Firma übernommen und es gäbe sie noch heute.«

Die Frauenstimme warf ein: »Aber sie kann doch …«

Der Mann unterbrach: »Ja, ja, ich weiß … sie kann ja nichts dafür. Das hör ich jetzt seit über zehn Jahren. Seit zehn Jahren! Die Welt dreht sich weiter, wird immer schneller, wer da stehen bleibt, der … der will das ja. Der will stehen bleiben. Dabei ist sie die Begabteste von allen. Sie könnte einem Ehemann eine gute Stütze sein. Verstehst du?«

Das Klappern unterbrach. Nach einer kurzen Pause sagte die

Frau: »Nein … das verstehe ich nicht. Wie soll ein gebrochenes Herz einfach so wieder ganz werden?«

Der Mann räusperte sich. »In meiner Familie sagt man immer, dass jeder seines Glückes Schmied ist, man erhitzt es so lange, bis es glüht, dann kann man es in Form bringen … So wie ich dich bereits einmal in Form gebracht habe … Und hoffentlich bald wieder.«

Ein leiser, dumpfer Laut erklang, wie er entstand, wenn ein Kochlöffel beim Umrühren gegen das dünne Blech des Topfes stieß, ein helles Lachen, herzhaftes Schmatzen, gefolgt von Geschirrklirren und leisem Platschen, als ob mit einem Schöpflöffel Flüssigkeit in Teller gegossen würde.

Aber draußen stand keiner mehr, der das hören konnte.

Und den brühegeschwängerten Lufthauch interessierte das nicht, er glitt aus den Fensterritzen und vermischte sich draußen mit dem fruchtigen Duft von Flieder. Die weißen und blauen Blüten wurden von Bienen umtanzt, die *Wenn der weiße Flieder wieder blüht, sing ich dir mein schönstes Liebeslied* summten. Gelb und blau getupfte Schmetterlinge gesellten sich beim Reigen um die Blumen der Liebe und der Treue dazu.

Aber auch das hörte niemand.

»Die Freiheit ist eine unveräußerliche Mitgift der Künste: und nur aus diesem Grunde nennt man sie ›freie Künste‹.«

Friedrich List (1789–1846 Freitod),
Eisenbahnpionier und Volkswirtschaftler

Kapitel 1

Begegnung

Reisen war so viel mehr als nur eine Erfüllung von Sehnsucht. Reisen war eine Möglichkeit, der täglichen Routine zu entfliehen. Den Pflichten, den Sorgen, dem Dreck und dem Elend. *Uns geht es doch gut, Mädchen,* hallte die Stimme des Vaters in Carolines Kopf nach. *Wir haben saubere Kleidung, immer einen Kanten Brot neben dem Teller, und ihr könnt ungezwungen aufwachsen.* Mit ungezwungen meinte er, dass sie sich dreckig machen durfte, obwohl sie ein Mädchen war. Dass sie im Laden mithalf, solange es ihn gab zumindest. In der Werkstatt bedurfte es der zarten Frauenhände und ihres künstlerischen Geschicks, wenn es darum ging, Steingut anzumalen. Aber das war damals nicht Carolines Spezialität gewesen. Sie war diejenige, die ihren Vater auf immer neue Ideen brachte. Ob es dabei um die Zusammensetzung der Masse für das Steingut ging, neue Formen für Geschirr, Schalen, Vasen, Figuren oder um bei der Zusammenarbeit mit anderen Handwerkern gemeinsam schöne Dinge zu erschaffen, die nicht nur die Kunden erfreuten, sondern auch klingende Münzen eintrugen. Einmal saß sie sogar Modell für eine Figur. Ihre gerade Nase und die hohe Stirn seien elegant, dazu die langen Wimpern und die gelockten braunen Haare, die in einem Knoten am Hinterkopf zusammengesteckt waren. Vater bedauerte nur, dass er nicht ihre dunklen Augen im Glanz genauso hinbekam, wie sie in echt strahlten. Sie durfte sogar zusammen mit ihrem Vater zu einer Industrieausstellung[2] in Stuttgart reisen. Das würde sie nie vergessen, wie sie die riesigen Hallen bestaunt hatte mit all den Ausstellern und den Massen an Waren. Ihr Herz quoll fast über vor Freude und Bewunderung. Wie groß musste da erst ganz Deutschland sein? Oder die ganze Welt?

Ihnen ging es damals tatsächlich meistens recht gut, arm waren sie nicht, jedes der zwölf Geschwister hatte früher im Winter ein Paar Schuhe ohne Löcher und warme Kleidung gehabt. Sie konnten sich auf den Stadtfesten Süßigkeiten leisten und holten das Puppentheater zu sich nach Hause. Sogar eine Laterna magica hatten sie und staunten über die bunten Bilder, die auf der Wand im Wohnzimmer entlangzogen.

»Seitdem du auf der Welt bist, hat sich mehr geändert als in dem Jahrhundert zuvor, wir leben in einer magischen Zeit«, hatte der Vater immer wieder betont, aber auch das hatte mit Dreck und Elend zu tun gehabt. Mit der hungrigen Eisenbahn, die sich durch die Landschaft fraß und grauen Dampf ausspuckte, als ob die Kohle zu schwer zu verdauen wäre. Doch lagen diese Gespräche schon so lange zurück, dass ihre Erinnerung das väterliche gütige Gesicht nur geisterhaft ausspuckte.

Nachdem Caroline eine Runde durch die Stadt gelaufen war, ihr Herz sich beruhigt hatte und ihr Kopf wieder stillstand, kehrte sie zu ihrem Onkel Albert zurück. In ihrer Tasche wartete ja ein Brief darauf, von Albert gelesen zu werden, und sie sollte eine Bitte ihrer Mutter übermitteln. Albert war Mutters Lieblingsbruder und der beste Onkel, den man sich als Kind hatte wünschen können. Immer Zeit für ein Lächeln, ein paar nette Worte, und oft hatte er Murmeln oder andere Kleinigkeiten dabeigehabt und mit ihnen gespielt. Er arbeitete als Küfer, so wie sein Opa, sein Vater, sein Bruder und dessen ältester Sohn. Er strahlte solch eine Ruhe und Liebenswürdigkeit aus, dass seine Kunden gerne mit ihm Geschäfte machten, er einen guten Ruf genoss und sogar zum Stadtrat gewählt worden war. Dadurch hatte er es zu einem gewissen Wohlstand gebracht und wohnte in einem stattlichen Haus, neben dem sich direkt die Werkstatt befand. Dass ausgerechnet er hinter ihrem Rücken so über sie reden würde, hätte sie nie gedacht. Ein Kloß setzte sich in ihrem Hals fest.

Als sie am Haus ankam, waren ihr Onkel und die Tante unterwegs, sie musste warten. Das tat sie am liebsten im Garten. Zwischen den Fliederbüschen, dem kleinen Nutzgarten mit Gemüse,

Kräutern und den Apfelbäumen. Es war nur so still hier. Kinderlachen fehlte, welches an den Beeten entlangtobte und dem Stillleben Sinn einhauchte. Caroline schloss die Augen, lehnte sich auf dem harten Gartenstuhl zurück und fragte sich, wie jedes Mal, warum ihr Onkel an diesen verschnörkelten Eisenstühlen festhielt. Sie fand sie nicht einmal schön, den verdrehten Rosenranken sah man direkt an, dass diese nur unbequem in den Rücken stachen und piksten. Dinge waren einfach nur Dinge. Auch Mutters hübsche Steingutteller mit Blumenmustern konnten nicht darüber hinwegtäuschen, dass die Suppe früher doch öfters aus der Hauptzutat Wasser bestanden hatte. »Durststrecken gibt es immer«, raunte Vaters Stimme in ihrem Kopf, »die Frage ist, was machst du draus?«

Eine Biene brummte an Carolines Nase vorbei, die schwarzen Füßchen voll bepackt mit gelben Lavendelpollen. Caroline öffnete erschrocken die Augen und wischte reflexartig mit der Hand über den Nasenrücken. Bei der schnellen Bewegung fiel der Brief aus der Tasche ihres braunen Leinenkleides. Sie hob ihn auf. Er war heute frisch mit der Post eingetroffen, doch vom vielen Lesen bereits ganz verknickt. Die Briefmarken schmückten fremdartige Symbole, und auch der Poststempel war nicht zu entziffern. Ihr Bruder Carl hatte geschrieben, aus Russland. Gleich an die ganze Familie. Pragmatisch war er schon immer. Sie zog die drei eng beschriebenen Blätter aus dem Umschlag und überflog die ersten Absätze, bis sie zu einer Stelle kam, die an sie gerichtet war. Halblaut las sie:

Liebe Caroline,
jetzt haben wir uns schon seit einem Jahr nicht mehr gesehen. Wie Du weißt, laufen die Geschäfte hier in Russland recht gut, aber da meine Frau ja in anderen Umständen ist, könnten wir Hilfe gebrauchen. Nicht nur mit den Kindern, damit sie eine weitere Person haben, mit der sie Deutsch reden, sondern ich würde mich ab und an über Rat und Tat bei meiner Arbeit freuen. Vor fünf Jah-

ren wurde die Produktion in der Fabrik auf Fayencé umgestellt, und die Glasur bröckelt teilweise immer noch ab, das gleiche Problem hatte Vater damals doch auch. Und Du als Frau hattest es oft schnell verstanden, die Wünsche der Käuferinnen umzusetzen. Manchmal wusstest Du sogar, was sie wollten, bevor diese es selbst erahnten. Könntest Du es Dir vorstellen, zu mir zu kommen und hier mit uns zu leben? Neben Kost und Logis und einem Entgelt würde ich Dir freie Tage zusichern, weiß ich doch, wie begeistert Du den Erzählungen aus der Fremde gelauscht hast. Als Vater damals zum König reiste, musste er uns seine Erlebnisse immer wieder erzählen. Wir hingen gebannt an seinen Lippen, und Du fragtest ihm Löcher in den Bauch. Ich bin mir sicher, dass Du hier im Gouvernement Kaluga[3] *fasziniert sein wirst, in eine andere Kultur blicken zu können. Ich würde sogar behaupten, dass die russischen Frauen selbstbewusster sind wie die deutschen, sie wirken so stolz in ihren Trachten. Und General Malzow ist der fortschrittlichste Mensch, dem ich jemals begegnet bin. Stell Dir vor, er hat nicht nur bei seinem Vater dafür gesorgt, dass die Eisenwerke auf Eisenbahnen und Schienen umstellen, sondern er lässt die Arbeiter nur acht Stunden arbeiten, und sie bekommen Wohnungen mit drei bis vier Zimmern gestellt. Das ist noch nicht alles: Wenn mal jemand krank wird, dann bekommt er eine ärztliche Versorgung, und Brennmaterial gibt's obendrauf. Beides kostenfrei. Das hätten wir als Kinder nicht zu träumen gewagt, oder? Du kannst Dir vorstellen, dass aus Russland nicht so viele nach den USA*[4] *auswandern, wie …*

Ein Schatten legte sich auf das Blatt, und jemand räusperte sich. Caroline zuckte zusammen, fühlte sich erwischt, als hätte sie etwas Verbotenes getan, faltete schnell die Zettel, stopfte sie in den Umschlag und verstaute sie wieder in den Tiefen ihres Kleides.

Ein hochgewachsener Mann stand vor ihr, mit dunkelblonden, fingerlangen Haaren. Es war Wilhelm Märklin, ein oft gesehener Gast des Hauses. Seine Schwester war die erste Ehefrau von Albert gewesen, bis diese vor acht Jahren verstorben war. Traurig sahen Wilhelms Augen aus, müde. Die Haut grau, die Haltung gebeugt.

»Fräulein Hettich, es tut mir leid, wenn ich Sie störe. Ich suche Ihren Onkel.«

»Stören?«, wiederholte sie, knipste ein kurzes, verlegenes Lachen dazu an und erhob sich. »Er muss in der nächsten Stunde wiederkommen, er liefert gerade mit seinem Lehrling zusammen einige Fässer aus. Zum Bierbrauer, deshalb kann es auch länger dauern. Seine Frau ist Erledigungen machen in der Stadt, somit treffen Sie nur die Dienstboten im Haus an. Wollen Sie sich vielleicht zu mir setzen?«

Wilhelm nahm neben ihr Platz, drückte seinen Rücken durch und schob seinen Po auf dem Stuhl herum, als ob er keine bequeme Position finden könnte. »Wie geht es Ihrer Mutter?«, fragte er.

»Ganz gut, sie hat ja ihre Heimarbeit und ihre Evangelien. Und ihre gute Laune hat sie auch noch nicht verlernt. Wie geht es Ihren Töchtern?«

Wilhelms Gesicht verdüsterte sich wieder, sein Blick konzentrierte sich auf seine abgetragenen dunkelbraunen Lederschuhe. »Ich weiß nicht. Sie sind tapfer. Wir haben ja keine Zeit … keine Zeit, richtig zu trauern. Aber ihnen fehlt natürlich die Mutter. Dabei ist es schon fast ein halbes Jahr her.« Er stockte und redete schnell weiter: »Aber damit will ich Sie gar nicht belästigen, entschuldigen Sie bitte.«

Genau das richtige Thema getroffen, dachte Caroline und fuhr sich über ihre Schläfe, um einzelne dunkelbraune Haarsträhnen hinter ihr Ohr zu streichen, die vorwitzigerweise aus der Hochsteckfrisur geflüchtet waren. Tod und Trauer … überall, wo man hinschaute.

»Ach, das ist doch nicht schlimm, Sie sind doch ein Teil der Familie, da … da darf man auch über so etwas reden. Bringen Sie die beiden Mädchen das nächste Mal doch mit! Albert freut sich bestimmt, sie mal wiederzusehen. Ich kann mich hier auch um sie kümmern, falls Sie wollen und geschäftlich zu tun haben. Wissen

Sie, etwas Abwechslung bringt bestimmt gute Laune. Sagt man das nicht so? Wie war denn Ihre Reise?«

»Gerne, danke, das ist nett. Ich bin von einem Nachbarn, dem Fuhrunternehmer Wackler, ein Stück mitgenommen worden, das macht die Reise natürlich angenehmer, als die ganze Strecke zu Fuß zu marschieren.«

»Warum nehmen Sie denn nicht den Zug?«

»Das spart man sich für besondere Gelegenheiten auf, das kostet ja jedes Mal ein paar Münzen. Aber ja, warum nicht. Dann wäre nur noch ein Drittel der Wegstrecke zu Fuß zu gehen.« Er schaute sie an und schien zu überlegen. »Am Ende des Monats ist in Göppingen das Maifest. Ich glaube, dass Albert und Wilhelmine runterkommen wollen. Falls Sie Lust hätten, sich anzuschließen? Ich lade Sie auch auf ein Hähnchen ein. Das gehört dort zum Brauch.«

Caroline lachte. »Das klingt verlockend. Aber nein, nein danke.«

In der Werkstatt klapperte die Tür, und Alberts Stimme erklang.

Wilhelm erhob sich. »Warten Sie auch auf Albert?«

»Ja, aber das hat Zeit, gehen Sie ruhig zuerst.«

»Danke, dann will ich ihn mal begrüßen. Bis bald, Fräulein Hettich. Es war schön, Sie mal wieder zu sehen. Und überlegen Sie es sich doch noch einmal, Reisen bringt auch Abwechslung, und so wie Sie vorhin selbst sagten, auch etwas gute Laune.«

Caroline erfasste die gereichte Hand und schüttelte sie. Ein Grübchen hatte sich neben Wilhelms rechtem Mundwinkel gebildet. Nett, dachte Caroline und erinnerte sich an die Hochzeit von Wilhelms Schwester und ihrem Onkel. Damals war sie gerade mal fünfzehn gewesen, hatte den ganzen Abend lang getanzt, kannte keine hübschere Braut und keine glücklicheren Menschen, auch Wilhelms Grübchen war damals zu sehen gewesen. Zu der Zeit hatte ihr Vater noch gelebt, und sie selbst war das erste Mal verliebt gewesen. In einen Ludwigsburger Gesellen. Das alles schien so weit weg und so unwirklich, als hätte sie eine erfundene Geschichte über Fremde gelesen.

Nachdem Caroline später Albert den Brief zum Lesen gegeben und die Bitte ihrer Mutter, die ein Holzfass benötigte, vorgebracht hatte, wollte sie das Wohnzimmer gleich verlassen und gehen. Sie schlug die Einladung zum Abendessen aus, was sie sonst nie machte. Aber in ihrem Kopf dröhnten die Worte nach: *so große Stücke … ihre Eltern hatten so große Stücke auf sie gegeben.* Es fühlte sich einfach falsch an, hier zu sein, hier zu sitzen, zu lächeln, dem Gespräch der Männer zu lauschen, die über Wilhelms geplante Erweiterung seiner Flaschnerei sprachen. Er hatte sich erst zwei Jahre vor dem Tod seiner Frau selbstständig gemacht, in Räume, Werkzeug, Weißblech und einen Lehrling investiert, das sollte jetzt nicht alles umsonst gewesen sein.

Als Caroline aufstand, hielt Albert sie am Arm zurück, schickte seine Frau los, ein großes Stück Käse einzupacken, und sagte: »Caroline, was meinst du?«

»Zu was? Den Flaschnereiumbauten? Ich denke, dass sich auch hier in Ludwigsburg gerade einige vergrößern. Man spürt förmlich, wie wir uns dank des Bahnhofs verändern. Seitdem die Firma Franck sich hier vor zehn Jahren angesiedelt hat, kommen immer mehr. Bald wird's westlich von den Gleisen eng. Man muss sich anpassen, und das Drücken des Blechs ist ja fast ähnlich wie mit den Formen beim Steingut, ich würde …«

»Nein«, Albert unterbrach sie unwirsch. »Das sind Männerthemen. Ich meine, was dein Bruder vorgeschlagen hat. Denkst du über Russland nach? Dort im Haushalt mitzuhelfen? Ich weiß auch noch, wie verzückt du als Kind den Märchen und Sagen gelauscht hast und immer selbst auf Reisen gehen wolltest, Abenteuer erleben.«

»Ich denke darüber nach, ja, Onkel. Du weißt ja, ich werde auch nicht jünger.« Caroline biss sich auf die Lippe und sah, wie Albert die Augenbrauen hob. »Aber ich muss jetzt gehen.« Sie nickte dem Gast zu. »Herr Märklin, ich wünsche Ihnen viel Erfolg. Mein Vater pflegte stets zu sagen: ›Ohne große Träume kann man nur klein bleiben.‹«

Als sie zur Küche hinausging, spürte sie die Blicke der zwei Männer in ihrem Nacken. Einen kritischen und einen, den sie nicht einschätzen konnte. Es fühlte sich an, als würden kleine Messer in ihren Hals piksen. Caroline erschauerte.

Sie hatte einen Fußweg von einer Viertelstunde vor sich. Sonst genoss sie es, in der stets auf Hochglanz polierten Stadt zu flanieren. Hohe Bäume schirmten den Park des Residenzschlosses von der Straße ab. Mehrere Reihen Grün waren das. Ein Sichtschutz zu den mit Lineal gezogenen Beeten und zurechtgestutzten Pflanzen, die mit ihrem Wachstum der Gunst der Gärtner ausgeliefert waren. Vorbei an breiten Alleen, über den weit offenen Rathausplatz mit seinen stattlichen Gebäuden, an der Töchterbildungsanstalt, immer Richtung Bahnhof. Selbst wenn es dunkel wäre, könnte man den Weg finden, indem man sich an dem lauten Geschnaufe und dem klingenden Lärm orientierte, der von dort seine Kreise zog.

Ohne etwas von ihrem Weg wahrgenommen zu haben, kam sie kurz darauf vor den zwei Gebäuden an, die in einem rechten Winkel einen Innenhof bildeten, in dem der alte Brennofen stand. Sofort stieg ihr der erdige Geruch wieder in die Nase, die Hitze schlug ihr ins Gesicht, wurde das Steingut doch bei über tausend Grad Celsius gebrannt. Im Sommer hörte der Schweiß gar nicht mehr auf, vom Kopf bis zum Bauchnabel zu strömen. Der dumpfe Klang, wenn das fertig Gebrannte rausgeholt wurde und an die Seiten des Ofens stieß, die hellen Stimmen der Geschwister, das Lachen, die Leichtigkeit.

Ein Jahr, bis vor einem Jahr hatte das hier alles noch gelebt, geatmet, und nun?

Mit schnellem Schritt ging sie daran vorbei, heute war keine Zeit, in alten Erinnerungen zu versinken.

In ihrem Elternhaus wohnten die Mutter, ihre beiden Schwestern und Herr Stodinger, der als Arsenal-Schreiber seinen Lebensunterhalt verdiente. Als Arsenal-Schreiber musste sich der Mieter den ganzen Tag mit dem Waffenlager des Militärs beschäftigen, ein Thema, das sich unweigerlich ums Töten drehte, Caroline konnte dem nichts abgewinnen. Im Gegenteil, der Mann war ihr sogar unheimlich. Er schien immer nach Schwarzpulver zu riechen, was schwer auf seinem Gemüt lag, und seine Militärgeschichten langweilten sie schnell.

Ihre Mutter Friederike saß in der Küche am Tisch und nähte. Der Raum hatte sich seit Carolines Kindheit kaum verändert, knarrende Dielen unter ihren Füßen, Holzbalken an der Decke, der große Ofen, der dem Raum schwarze Rußspuren hinzugefügt hatte, die lange Tafel, der Geruch nach Geräuchertem, der Blick durchs Fenster auf den Hof.

»Linchen, bleibst du gar nicht bis zum Abendessen bei Albert?« Mit einem Lächeln sah Friederike auf und legte ihr Arbeitszeug in den Schoß. Falten umschmiegten die Augen, das Gesicht sah aus, als hätte jemand mit einem Modellierwerkzeug in Ton etwas grober gearbeitet.

»Nein, Mutter, ich wollte noch für Dieterich etwas vorbereiten. Ich versprach ihm, einen Entwurf fertig zu machen.«

»Dass der ausgerechnet dich um so etwas bittet. Du weißt, dass darüber geredet wird.«

»Worüber? Dass ich mein Geld nicht als Dienstmädchen, in der Fabrik oder mit Heimarbeit verdiene?«

Friederike zögerte. »Ich bin wirklich von Gott gesegnet, dass er mir so begabte Kinder schenkte. Sag, was gibt es Neues von Albert?«

In Carolines Augen sammelten sich Tränen, sie drehte sich schnell weg, griff nach der Karaffe auf dem Tisch, um sich ein Glas Wasser einzuschenken. Ihre Mutter erhob sich und kam zu ihr, streichelte ihre Wange, so wie sie es früher schon gemacht hatte. Nun mit einer Hand voll dicker Schwielen, so wie man sie sich nur mit langem Arbeiten verdienen konnte, aber sie fühlten sich noch immer weich und vertraut an.

Eine Träne rann aus Carolines Augenwinkel, die sie sich hastig wegwischte.

»Mein liebes Kind, keiner muss sich seiner Tränen schämen. In der Trauer liegt etwas Reinigendes. Gott spricht von ›Die mit Tränen säen, werden mit Freuden ernten‹. Was bedrückt dich denn?«

»Nichts, Mama.« Caroline trank einen kleinen, schnellen Schluck.

»Ist es wegen deinen Brüdern? Einer in Russland, zwei in Amerika, und Sofie spricht jetzt auch schon von Chicago, wobei das doch eher von ihrem Freund ausgeht. Ich bin ja froh, dass ich noch ein paar von euch hier habe.«

»Mama!«, Carolines Stimme klang gequält. »Nein, es ist nichts. Nur so ein …«

Mit einem »Hallihallo, Schwesterherz« wurde die Türe aufgestoßen, und ihre Schwester, die nach ihrer Mutter auf den Namen Friederike getauft worden war, stürmte herein, umarmte zuerst Caroline und gab dann der Mutter einen Kuss auf den Kopf. Mit roten Wangen griff sie nach Carolines Glas und trank es auf einen Zug leer. »Wisst ihr, was es für Neuigkeiten gibt? Nächstes Jahr wird das Schillerfest gefeiert, ganz groß, mit Aufzug und Fackeln, der hundertste Geburtstag fällt mit der Beendigung der Märzrevolution vor zehn Jahren zusammen. Da knallt es in ganz Ludwigsburg, hier ist der alte Schiller ja immerhin groß geworden. Ob er in unserer Stadt wohl Streiche angestellt hat? Und ob er hier das erste Mal verliebt war?«

»Rieke«, mahnte die Mutter mit lauter Stimme.

Doch diese ließ sich nicht beirren, sprach jetzt aber ernster. »Sagte nicht schon Schiller über die Würde der Frauen:

Ehret die Frauen! Sie flechten und weben
Himmlische Rosen ins irdische Leben,
Flechten der Liebe beglückendes Band,
Und in der Grazie züchtigem Schleier
Nähren sie wachsam das ewige Feuer
Schöner Gefühle mit heiliger Hand.«

»Riekchen«, sagte die Mutter erstaunt. »Seit wann zitierst du Schiller, und woher weißt du das mit dem Fest überhaupt schon wieder?«

»Das erzählt man sich unten beim Bäcker, und der muss das ja wissen, der weiß doch alles. Und Caro …«, sie senkte die Stimme, »er hat mich gefragt.«

»Was? Der Bäcker? Was denn? Wie viele Brötchen du wolltest?«

Friederikes Stimme sprang eine Oktave höher. »Nein, Carl Sorn[5]. Ob ich mit ihm mal eine Ausfahrt machen will.«

»Und?«

»Na klar!«

»Schwesterlein, du bist doch viel zu schade für die Männer dieser Welt.«

»Und du zu schlau. Ich bin lieber dumm und heirate und werde Kinder haben und einen schicken Mann, der mir Blumen kauft und mit mir am Wochenende mit dem Zweispänner durch die Stadt fährt.« Ihre Stimme wurde leiser, sodass es nur die Schwester verstehen konnte. »Und mich küsst, küsst, küsst.«

Caro fasste ihre Schwester an den Händen, sagte: »Jünger werden wir wohl nicht mehr«, zog sie in die Küchenmitte, wo sie mit ihr wild durch den Raum tanzte und ein Liedchen trällerte. Die Augen der Mutter folgten ihr, durchdrangen sie. Ob sie den Schmerz sehen konnten, den sie in ihrem Inneren hütete wie einen vergrabenen Schatz? Manchmal war es genau dieser Schmerz, der sie überhaupt spüren ließ, dass sie lebte.

* * *

Die Sonne machte sich bereit, in Sinkflug zu gehen, als Caroline durch die Straßen lief. Die Straßenlaternen warfen gespenstische Kreise auf den Boden. Als die Gaslichter vor wenigen Jahren errichtet worden waren, klagten die Bewohner der Häuser, dass sie aufgrund des hellen Scheins nicht in den Schlaf finden würden. Aber für abendliche Ausflüge waren sie Gold wert. Caro spielte oft ein Spiel, indem sie versuchte, von einem Lichtkreis in den nächsten zu hüpfen, nachdem sie sich vergewissert hatte, dass keiner in der Nähe war. Als Erwachsener hüpfte man ja auf den Straßen nicht mehr. Höchstens ein Bein war gebrochen, oder da lag ein großer Haufen Pferdeäpfel und man kam aufgrund von Matsch nicht drum rum. Caroline eilte am Arsenalplatz vorbei, den lang gestreckten Gebäuden der Kasernen, die der Militärstadt genug Platz für das stehende Heer boten. Im Hintergrund erhob sich die Stadtkirche und zeigte mit ihren Türmen in Richtung Gott.

Als sie vor der Asperger Straße 3 stand, las sie wie immer die großen goldenen Buchstaben, die die Schrift *Neubertsche Buchhandlung* bildeten, und betrachtete die großen Fenster, hinter denen unzählige Bücher, Schreibwaren und Postkarten lagen, dazwischen befanden sich eine Steingutvase mitsamt blau-gelbem Blütenstrauß und nett hindrapiert Gartenwerkzeuge in Miniaturgröße. Der Frühling lockte ja nicht nur die knospenden Blüten hervor, sondern auch die Gärtner mitsamt Ausstattung. Caroline lächelte, diese Idee kam von ihr. Die Firma Dieterich, C. F., Lampen- und Lackierwarenfabrik, für die sie ab und zu arbeitete, fabrizierte Küchengeräte, Gartengeräte, Stallgerätschaften und Werkzeug in Kinderhändegröße. Das war natürlich nur eine kleine Nische ihrer Produktion, das Gros waren Lampen und Lackierwaren. Das Mitgestalten von Auslagen, sodass die Kunden stehen blieben und im besten Fall das Geschäft betraten und etwas kauften, machte Caro großen Spaß. Sie legte den Kopf in den Nacken, schaute an der ersten Etage vorbei, in der sich die Buchhandlung weiter ausdehnte, und sah, dass noch eins drüber, in der zweiten Etage, hinter den zugezogenen Vorhängen, alles hell erleuchtet war. Schnell trat sie neben dem Buchladen durch das schwere Holztor, die Treppen im Treppenhaus hinauf und klopfte an die Tür.

Zögerlich wurde diese geöffnet, und ein verwundertes Gesicht blickte ihr entgegen.

»So spät?« Die Frau[6] hatte große hellblaue Augen, schokoladenbraune Haare, die in einzelnen Strähnen wirr um ihren Kopf hingen.

»Darf ich?« Caroline schob die Tür weiter auf, trat an der Frau vorbei ins Innere und fragte mit ernster Stimme: »Fräulein Caroline, wie geht es Ihnen?«

Die andere antwortete in feierlichem Ton: »Ganz gut, besten Dank. Und Ihnen, Fräulein Caroline?«

Schlagartig veränderte sich der Gesichtsausdruck von beiden, und sie lachten herzhaft. Nachdem sie vor Jahren herausgefunden hatten, dass sie auf den gleichen Vornamen hörten, ließen sie ihre Begrüßung stets nach einem ähnlichen Muster ablaufen. Sie umarmten sich, Caro hängte ihren Mantel an die Garderobe, und sie traten ins Wohnzimmer, wo ein gemütlicher gekachelter Kamin vor sich hin bollerte. Davor standen ein Lehnstuhl, ein kleines Tischchen, auf dem sich ein Stapel Bücher gerade noch so aufrecht halten konnte, und überall tanzten die Flammen von kleinen und großen Kerzen und Petroleumlampen, die damit das ganze Zimmer in Bewegung brachten und interessante Schattenspiele warfen. Somit auch auf ein Ölgemälde, das an der Wand hing und eine Kopie von *Der Sonntagsspaziergang* des Künstlers Carl Spitzweg zeigte. Eine beschauliche Darstellung von einem Weizenfeld unter einem wolkig blauen Himmel und einer hintereinander spazieren gehenden, wohlbekleideten Familie, was nur so von Bürgertum und Ironie strotzte.

»Hat dein Dienstmädchen heute frei?« Caroline zog einen Stuhl näher an den Kamin, schnappte sich das oberste Buch vom Stapel, schaute auf den Titel, auf dem der Name des Autors Theodor Storm stand, klappte es auf und las:

»Da hab ich den ganzen Tag dekretiert;
Und es hätte mich fast wie so manchen verführt:
Ich spürte das kleine dumme Vergnügen,
Was abzumachen, was fertigzukriegen.«

Mit einem Grinsen legte sie es neben den Bücherberg und schlug das nächste auf, was den Titel *Emigrantengeschichten*[7]. *Er-*

zählungen aus dem amerikanischen Leben von Theodor Griesinger trug. Sie las:

»Die nachfolgenden Erzählungen sind vielleicht nicht gerade so passiert, wie sie hier niedergeschrieben wurden; aber sie beruhen auf Tatsachen und hätten können so passieren. Wenigstens kann man die Charaktere, die drin vorkommen, dutzendweise in Amerika finden. Somit hoffe ich, werden diese Emigrantengeschichten nicht bloß zur Unterhaltung dienen, sondern auch hie und da einen darüber belehren, wie es in Amerika zugeht, und besonders wie sich die Deutschen in diesem Lande benehmen und befinden.«

Carolines Augen huschten über die nächsten Seiten, bis sie ihre Freundin fragend anschaute. »Das erste Kapitel heißt *Der reiche Vetter in Amerika* und handelt von einem Robert Keller aus Holzmaden bei Stuttgart. Das ist nicht zufälligerweise ein Verwandter von dir?«

Ihre Freundin Lina, wie sie von Caroline genannt wurde, schüttelte den Kopf und setzte sich zu ihr. »Nein, ich bin zu alt, um nach Amerika auszuwandern. Aber es ist schon sehr abenteuerlich, was unsere Landsleute da erleben. Und Buchhandlungen könnten sie mit Sicherheit dort auch vertragen.« Nach einer kurzen Pause fügte sie hinzu: »Je älter ich werde, desto mehr Wärme brauche ich. Und Ruhe. Liebe Freundin, ich habe mich entschieden.«

»Nein!«

»Doch.«

»Ha, ich finde das echt gut.« Caroline trat zum Fenster und schaute raus. Die Fußgänger schoben sich aus den hellen Klecksen ins Dunkle, vom Dunklen ins Helle, als ob sie eine eigene Version von Schach oder Dame spielen würden. »Ist es jetzt der geworden mit dem passenden Namen?«

Lina nickte und lachte. »Herr Ungeheuer wird demnächst als Gehilfe anfangen. Dann habe ich endlich wieder mehr Zeit. Ungeheuer viel Zeit.«

»Als ob du dann mehr Zeit hättest! Für was? Um noch mehr

Bücher zu lesen? Du verkriechst dich dann nur noch mehr in deiner Höhle. Entweder im Buchladen oder hier.«

»Ja, ja, ich befürchte das«, Lina seufzte. »Aber weißt du, nächstes Jahr ist Schillerfest, und ich will dazu passend eine Neuauflage von Postkarten machen, das dauert alles seine Zeit, und dann muss ich schauen, welchen Beitrag wir zum Fest leisten können. Eigentlich mag ich ja Feste, aber am liebsten als Gast, der einfach nur kommt, guckt, isst, tanzt und dann wieder geht. Komm, schau mal.« Lina zog einen Stapel Blätter vom Tisch und breitete sie vor ihren Stühlen auf dem Boden aus. Es waren einige Bleistiftzeichnungen, die ein Gesicht zeigten, Bücher, Häuser, Straßenzüge sowie einige Zitate wie: *Die Liebe ist der Liebe Preis* oder *Des Menschen Wille, das ist sein Glück.*

Caroline schürzte ihre Lippen und betrachtete sie der Reihe nach. »Ganz nett. Und Lina, hast du am Ende des Monats Zeit?«

»Nett? Nett hört sich so nach … nett an. Das ist mir zu wenig. Ich schlage mir hier nicht die Abende um die Ohren, um ein *nett* zu hören. Das muss *atemberaubend* sein, ein sofortiger Kaufimpuls soll einsetzen, und die ganze Stadt mitsamt den Nachbarstädten soll über meine Postkarten reden!«

Caroline stupste sie in die Seite. Obwohl ihre Freundin fünfzehn Jahre älter war, versprühte sie oft einen jugendlicheren Elan als sie selbst. Manchmal hatte Caro das Gefühl, dass ihr Kopf in einem Steingutpott steckte, der ihr die Sinne dämpfte. Aber sie konnte sich schütteln, wie sie wollte, er klebte fest. Lina war das lebendige Gegenteil von gedämpft, sie hatte nach dem Tod ihres Mannes vor über zwei Jahren die Geschäfte selbst in die Hände genommen, nachdem sie ihr Herzblut und ihre Leidenschaft für Literatur und Kunst während ihrer Ehe so weit entwickelt hatte, dass sie das alles nicht hatte verkaufen und loslassen können. Es kam nicht selten vor, dass sie mit einem Buch auf dem Schoß und heruntergebrannten Kerzen am nächsten Morgen aufwachte. Eigentlich sollte das Dienstmädchen nie freibekommen, alleine, um das Haus zu retten. Oft genug beklagte sich ihre Freundin dennoch, dass sie es als Frau schwer hatte: Bei Vertragsverhandlungen wurde sie nicht ernst genommen, musste sich ständig rechtfertigen, ihre Zähne und Krallen ausfahren, und das unter einem Deckmantel von unterwürfiger Freundlichkeit, so wie es die Männerwelt von Frauen einforderte. Das Unterwürfige zumindest. Von einem Gehilfen versprach sie sich etwas Erleichterung im Alltagsgeschäft, irgendwann war sie es müde geworden, Tag für Tag die gleichen Kämpfe auszufechten.

»Und, hast du jetzt am Ende des Monats Zeit? In Göppingen ist das Maienfest, und ich überlege, dort hinzufahren, mit Onkel Albert und seiner Frau.«

»Nach Göppingen? Mhm, kam nicht Rosina Dorothea Knoer aus Göppingen? Ihr Kochbuch verkaufte sich recht gut. Ihr Spätzlerezept ist auch wirklich zu lecker.«

»Lina!«

»Ach, ähm … ich kann dir das noch nicht sagen, da gehen doch sicherlich gleich ein paar Tage drauf, oder? Du weißt, dass ich hier unabkömmlich bin.«

»Unabkömmlich? Du meinst, deine Bücher fangen an zu weinen, weil du ihnen kein Schlaflied singst?«

Lina schmiss ein besticktes Zierkissen nach Caroline, doch duckte sich diese weg, und das Kissen fegte von einem anderen Tisch einen Stapel Bücher hinunter, der polternd zu Boden fiel.

»Steckt da noch mehr dahinter?« Lina hob das Heruntergefallene auf und drohte ihrer Freundin mit dem Kissen.

»Wie meinst du das? Und ja, ich nehme gerne eine Tasse Tee.«

»Frech wie immer. Liebste Caro, dein Reisen war in den letzten Jahren doch recht eingeschränkt, und das Göppinger Stadtfest soll sehr nett sein. Nett. Aber?«

Während Lina ihr aus einer Teekanne etwas in eine weiße Steinguttasse füllte, die noch aus der Hettischen Fabrik stammte und blaue Blumen auf eierschalfarbenem weißem Untergrund zeigte, zuckte Caroline mit den Schultern. »Ach weißt du, Carl hat geschrieben. Ob ich nach Russland ziehen will, um auf seine Kinder aufzupassen und ihm bei der Fabrikarbeit zur Hand zu gehen. So ganz dezent im Hintergrund.«

Während ihre Freundin die Augen verdrehte, fuhr sie fort: »Und Onkel Albert sieht mich wohl als Verschwendung an das weibliche Geschlecht an … als Mann hätte ich doch das Unternehmen von Vater übernehmen und retten können. Carl hatte es immerhin zehn Jahre versucht. Aber du weißt ja, dass wir nie mehr als zwei bis drei Angestellte hatten. Wir konnten so gar nicht groß werden. Auch dass Mutter nicht weitermachen wollte, das übersieht er total. Außerdem fehlte uns das Geld, trotz der ganzen Auszeichnungen bei den Messen, wir mussten erst mal die Restschulden nach Vaters Tod tilgen. Dabei hätten wir die Konkurrenz aus Schramberg an den Hörnern packen können, unsere Qualität war so viel besser …« Caroline seufzte schwer.

»Mach dich doch damit nicht immer so verrückt, nicht alle Pläne im Leben gehen nun einmal so auf, wie man es sich wünscht. Nach vorne schauen! So. Warum reist du also nach Göppingen?«

»Bei Albert war heute der Herr Märklin, und der hat mich mit den anderen eingeladen.«

»Märklin? Das ist doch Alberts Schwager von seiner ersten Frau, oder? Ist sie nicht so jung gestorben?«

»Ja, mit fünfunddreißig. Schrecklich war das. Erst zwei Totgeburten, und dann stirbt sie auch noch selbst. Sie war so eine liebe, nette Person. Ich bewundere meinen Onkel, wie er seinen Humor bewahren kann, bei der ganzen Trauer in seinem Haus. Er hatte ziemlich lange bis zu seiner zweiten Ehe gewartet, über fünf Jahre, und dann lebt das dritte Kind nur einen Tag. Das war hart. Ich glaube, dass diese Trauer um die Toten ihn und seinen Schwager auch so verbindet. Märklin blieben von seinen zehn Kindern auch nur zwei. Und dann auch noch seine Frau.«

Lina räusperte sich. »Der Märklin, der ist Flaschner, nicht wahr?«

Caroline nickte. »Und ich will auch mal hier raus, ich brauche Zeit zum Nachdenken. Etwas Abstand.«

Lina legte ihren Kopf schräg. »Wenn du nach Russland ziehst, dann hilft mir hier ja gar keiner mehr mit den Schaufenstern, dem Aufräumen, Auspacken, der Buchhaltung, und wer trinkt dann meinen Tee aus? Der ist so teuer und selten, was mach ich denn dann mit dem ganzen Geld, was ich spare? … Ich bin jetzt schon dagegen.«

Die Freundinnen umarmten sich, und Lina flüsterte. »Ich finde es gut, wenn sich bei dir etwas verändert. Du bist eine so tolle Frau und hast so viele Ideen. Oder willst du dir einen Mann aus der Kaserne angeln? Deine Schwester hat da doch einen netten Kavalier gefunden, oder nicht?«

Die Augen von Caroline füllten sich mit Tränen. »Nein. Bestimmt nicht. Von Männern bin ich genug enttäuscht worden.«

»Caro, Liebes. Das war einer. Ein einziger. Und nicht alle sind so. Glaube mir.«

»Der wohlfeile, schnelle, sichere und regelmäßige Transport von Personen und Gütern ist einer der mächtigsten Hebel des Nationalwohlstandes und der Civilisation nach allen ihren Verzweigungen.«

Friedrich List

Kapitel 2

In Bewegung

EIN PAAR MONATE SPÄTER, JUNI 1858,
ZWISCHEN LUDWIGSBURG UND GÖPPINGEN

Jedes Mal, wenn der Zug über die Gleise ratterte und dabei ins Schaukeln geriet, jubelte es aus der Sitzgruppe hinter ihnen. Drei Mädchen mit hellen Kleidern und niedlichen, mit Bändern verzierten Hütchen hielten sich an den Händen und lachten, bis die Gesichter nur noch aus einem einzigen Sonnenschein bestanden. Zuweilen zwickten sie sich gegenseitig in die Seiten oder klatschten vor Begeisterung. Im geschlossenen Abteil saßen so viele Menschen, dass sogar der Lärm sich manchmal hoch über die Köpfe erhob, um sich eine Auszeit zu gönnen. Eine Reihe hinter ihnen gackerte ein Huhn, das von einer Bäuerin auf dem schürzenbekleideten Schoß festgehalten wurde, in einer anderen Reihe grunzte ein Schwein, und neben ihnen stapelten sich drei Koffer neben einem einzelnen Mann, die wohl nicht mehr in den Gepäckwagen gepasst hatten. Caroline tippte auf einen Handelsreisenden, der mit Musterkoffern unterwegs war, denn sonst sah man selten Männer mit so viel Gepäck. Es war so ein Gedränge und ein Lärm, wie es Caroline sonst nur von Märkten kannte, wenn es eine Theatervorführung gab. Sie schaute aus dem Zugfenster und versuchte, so wenig wie möglich zu atmen. Die Landschaft zog vorbei, so schnell, dass der Blick Mühe hatte, den Bewegungen zu folgen. Kaum hatten die Augen einen Baum erfasst, lag er schon hinter ihnen, es blieb keine Zeit, Einzelheiten, wie den Wuchs der Äste oder Details wie einen Vogel im Nest wahrzunehmen. Und doch konnte sie den Blick nicht abwenden. Es war fast ein Gefühl von Fliegen, was sie dabei empfand. So oft kam sie nicht in den Genuss dieses schnellen Reisens. Warum auch, ihr Leben fand in Ludwigsburg statt. Was das für ein Unterschied zu früher war, als man in einer Kutsche gesessen hatte und von einem müden Gaul gezogen worden war. Jetzt konnte man nicht einfach am Wegesrand anhalten, um mit einem Bauern über die Ernte oder Neuigkeiten aus der Gegend zu reden. Der Zug riss einen fort von den Düften und dem Spüren der Umgebung, es blieb nur noch das Schauen.

Albert saß neben ihr und unterhielt sich mit seiner Frau Wilhelmine, die Caro gegenüberhockte. »Weißt du noch, was damals in den Zeitungen stand? Dass die Lok explodieren würde und die Menschen wegen der Geschwindigkeit verrückt werden könnten. Unser menschliches Gehirn wäre von dieser Weise zu reisen zu verwirrt. Behauptete zumindest ein Gutachten des Obermedizinalkollegiums[8]. Dabei ist ein Pferd im Galopp auch nicht so viel langsamer.«

Wilhelmine beugte sich vor und nahm seine Hand. »Stand nicht auch in der Zeitung, dass die Schienen auf dem sandigen Untergrund des Bahndamms verrutschen würden?«

Ihr Mann lächelte. »Oder dass der Lärm und der Dampf die Pferde auf den Chausseen durchgehen ließen. Es ist ja gut, wenn man mit einer gesunden Portion Skepsis auf Neuerungen schaut, aber das war abstrus, findest du nicht?«

»Mhm. Es dachten ja auch einige genau andersherum. Das war doch der Namensvetter von dir, auch ein List, der das alles befeuert hat. Die Lust am Reisen liegt euch wohl im Blut.«

»Na ja, das ist jetzt schon stark übertrieben, meine Liebe. Mit Friedrich List kann ich nicht mithalten. Ich glaube, dass keiner aus der stark verzweigten Verwandtschaft das überhaupt nur ansatzweise schafft. Seitdem er sich nach seiner Rückkehr aus Amerika in Augsburg niedergelassen hatte, sah man auch wenig von ihm. Und wir waren ja nur sehr entfernt verwandt.«[9]

Seine Frau fragte: »Ist er nicht mit Robert und Clara Schumann befreundet?«

»Ja, so heißt es, auch Heinrich Heine soll bei ihm ein und aus gegangen sein.«

»Siehst du, da passt er ja gar nicht zu uns. Soll man nicht lieber unter seinesgleichen bleiben?«

»Mein Liebes, er ist doch schon seit zehn Jahren tot. Uns bleibt nur *seinesgleichen* übrig, wir haben da gar keine Wahl!«

Während Wilhelmine verlegen schwieg, drehte Caroline ihren Kopf. »Seinesgleichen? Wir sind doch alle *seinesgleich.* So als Mensch unter Menschen. Und was Friedrich List da geschaffen hat, bewundere ich sehr. Mutter übrigens auch. In einem Zeitungsbericht stand, dass er schon vor dreißig Jahren das Streckennetz in ganz Deutschland ausbauen wollte. Er schien in seinem Kopf bereits ganz klare Vorstellungen gehabt zu haben, wie und wo sich diese Strecken verzweigen sollten. Er war unserer Zeit um einiges voraus.«

Albert zog die Augenbrauen hoch und sagte nach einer kleinen Pause: »Ja, du hast recht. Es ist immens wichtig, in die Zukunft zu blicken. Ohne Menschen wie ihn würden wir noch auf Pferdekarren sitzen und von den Dampfmaschinen und Eisenbahnen so weit weg sein wie der heilige Georg vom Bett der jungfräulichen Prinzessin.«

Seine Frau lachte. »Dass du immer auf eurem armen Schutzheiligen so rumreiten musst.«

»Ich bitte dich, Liebes, warum sollte er nicht die Prinzessin zur Frau nehmen, die er vor einem Drachen gerettet hatte? Das leuchtete mir schon als junger Bub nicht ein.«

Caro lachte mit, ihr Onkel hatte das Talent, Vergnügtheit zu versprühen, wie es auch ihre Mutter konnte.

Mit einem Stirnrunzeln fuhr Albert fort: »Na ja, eigentlich kann ja jeder so, wie er will. Manche ein bisschen mehr, andere ein bisschen weniger. Doch soll man auf die Bibel hören, die im *Alten Testament* sagt: ›Darum sieh, es kommen Tage, da werde ich ihm Küfer senden und die werden es umfüllen, und seine Gefässe werden sie leeren, und ihre Krüge werden sie zerschlagen.‹ Wie ihr seht, haben wir schon ziemlich lange einen ganz guten Ruf.«

»Hm«, machte Wilhelmine. »Und Küfer sind nicht nur gottgeschickt, sondern stets in Bewegung. Wie steht es eigentlich um Otto, wann macht der seinen Meister?« Ihr Blick huschte zu Caroline. »Er lässt dich grüßen und fragt, wie es dir geht.«

»Ja?«, mehr fiel Caroline dazu nicht ein, und sie drehte sich wieder so, dass sie aus dem Fenster schaute. Otto arbeitete als Küfer für Albert. Wenn sie auf dem Hof war, kam er oft raus und versuchte, sie in ein Gespräch zu verwickeln, vorausgesetzt, sie war nicht schneller und vor der Unterhaltung geflüchtet. Sie hob das Kinn und kniff die Augen zusammen. Wie alt musste sie noch werden, um endlich Ruhe vor den Heiratsvermittlungsversuchen zu haben? Ihr Blick schweifte über die Linie am Horizont, die nie stillstand. Berge, Täler, Felder, Hügel, ein Rauf und Runter. Es erinnerte sie an die Laterna magica. Das Staunen, als sie zum allerersten Mal diesen Zauberapparat gesehen hatte. Ein topfgroßes Gerät, mit einem langen, runden Zylinder vorne dran, der aussah wie ein Elefantenrüssel, und einem zweiten Zylinder obendrauf, wie ein Schornstein, dazu noch viele bunte, handbemalte Glasstreifen, die vorne in den Blechkörper gesteckt wurden und somit große runde Bilder an die Wand warfen. Wenn der Vater einen Hebel bewegte, fraß ein Esel Stroh, eine Eisenbahn fuhr in den Bahnhof ein, oder über eine Weltkugel bewegte sich ein Schiff, und da der Hausherr die Grimmsche Märchensammlung mochte, eilten zudem fantastische Figuren und unheimliche Hexen durch den Raum.

Caroline hätte große Lust, solche Landschaften an die Wände zu malen. Häusergroß, kirchenhoch ... Aber das Malen erlernen, das richtige Malen mit Ölfarben und auf Leinwand, das durften ja nur die Töchter aus besseren Kreisen, denen es erlaubt war, Muße zu haben, um damit später ihre Männer unterhalten zu können. Somit blieben ihr Kreidestriche auf der Straße und eine Schachtel voller Buntstifte von der Firma Staedtler[10], die auf so spannende Namen wie Azurblau oder Meergrün getauft waren. Sie hatte lange bitten und betteln müssen, bis man ihr als Kind diese Erwachsenensache zum Geburtstag geschenkt hatte. Aber es hatte sich gelohnt, wie sich im väterlichen Betrieb und heute bei ihrer Arbeit für Dieterich zeigte. Als Kind besaß sie eine Puppe aus Pappmaschee mit geschnitztem Holzkopf und kleinere aus Papier, mit denen konnte sie immerhin die Geschichten nachspielen. Geschichten, die von der Laterna magica oder auf dem Rummel beim Theater erzählt wurden. Damals war ein Konzert mit den Werken von Brahms oder Wagner eine seltene Sensation. Das malte auch Bilder in den Kopf. Und die Melodien wurden noch wochenlang in den Straßen der Stadt gepfiffen. Meistens blieb es jedoch bei Marschmusik, was auf den Paradeplätzen gespielt wurde, und Blasmusik bei den Volksfesten. Das war eher in die Beine gegangen.

Albert seufzte: »Vor lauter Dampf könnte man meinen, draußen nebelt einer die Landschaft ein. Caroline, erzähl mal, was verkauft sich denn bei Dieterich gerade besonders gut? Also was für Dinge aus Blech?«

Caroline schob ihre Unterlippe vor, was sie immer machte, wenn sie nachdachte. »Meinst du, welche Lampenformen gerade gekauft werden? Seit der württembergischen Gewerbe-Ausstellung in Cannstatt vor zwei Jahren hat die Firma ziemlich expandiert. Ich persönlich mag den Bereich Kinderspielzeug gerne, da würde ich behaupten, dass sich die Gartengeräte gerade sehr gut verkaufen. Warum fragst du?«

»Weil es mich interessiert, das kannst du mir gleich näher beschreiben … Wie lange willst du denn dort noch arbeiten?«

Caroline stockte kurz und antwortete: »Ich weiß nicht, aber Arbeit gibt es dort ja genug, ich habe zuletzt Entwürfe für …«

Der Rest des Satzes ging in einem lautstarken Pfeifen des Zuges unter, das alle anderen Geräusche verschlang und den vorbeiwankenden Ein- und Zweispännern zeigte, wer der König der Straßen war. Eine hügelige Ebene eröffnete sich vor ihnen, wie ein ausgebreitetes grünes Tischtuch, auf dem die Fils eine tiefe blaue Furche geschnitten hatte. Schon früher war diese Strecke als west-östlicher Handelsweg genutzt worden, der vom Filstal bis zur Schwäbischen Alb führte, heute erledigte das in schnellerer Form die Ostbahn.

Mehrere Berge erhoben sich. Albert drängte Caro etwas zur Seite und spielte Reiseführer: »Meine Damen, ich darf Sie mit den Herren dieses Landes bekannt machen. Die Drei-Kaiser-Berge. Hinten links, das ist der Hohenstaufen, daneben der Hohenrechberg und der Stuifen. Und die kleinere Erhebung hier vorne dran, das ist das Hörnle. Der Hohenstaufen, das ist quasi der Haushügel Göppingens. Wie der Name bereits verrät, hat das was mit dem wohlgeborenen Geschlecht der Staufer zu tun, und es soll dort sogar mal eine Burg gegeben haben. Aber seht, wir sind gleich da!« Er zückte seine Taschenuhr, klappte den Deckel auf und nickte anerkennend. »Tatsächlich. Von Stuttgart bis Göppingen sind es eine Stunde und achtundzwanzig Minuten.«

* * *

Das längliche, lichtdurchflutete Bahnhofsgebäude war imposant anzusehen und stach mit seiner reinweißen Farbe hervor. Das zweigeschossige Bauwerk stand auf acht hohen Torbogen, die wie Pforten in andere Welten wirkten. Das Erdgeschoss war so hoch gebaut, als ob die Lok selbst persönlich bis zum Ticketschalter vorfahren müsste. Der erste Stock war nicht weniger prächtig, in der Länge passten zehn hohe Fenster hinein, und auf der Breitseite waren es drei.

Die Fahrgäste rauschten wie ein Schwarm Fische in die Halle, füllten sie mit ihren Körpern und Lärm aus. Die drei Ludwigsburger bahnten sich ihren Weg und traten ins Freie, blickten auf eingezäunte Bepflanzungen von Büschen, kleinen Bäumen, roten Blumenstauden, auf Kutschen und Damen mit Schirmchen, die sie vor der Sonne schützen sollten. Allerdings schien diese nur sehr schwach, vermutlich sollten die bunt bespannten Schirme einfach spazieren geführt werden.

»Da seid ihr ja!« Wilhelm Märklin kam auf sie zu und begrüßte sie freudig. Er zog seinen hohen Hut vor den Damen, schlug seinem Schwager kräftig auf die Schulter und nahm sich gleich zwei der Gepäckstücke. Er hatte eine Arbeitshose an mit Hosenträgern, die sich über ein hellblaues Hemd spannten. Darüber trug er einen dunklen langen Mantel, der elegant wirkte. Es hatte zeitlich wohl nicht gereicht, sich komplett umzuziehen. Caroline grinste, das kannte sie nur zu gut. Ihr Vater hatte es früher auch immer sehr eilig gehabt, zum Leidwesen der Mutter, die es nicht gerne sah, wenn der Sonntagsstaat mit Arbeitskleidung gemischt wurde.

Wilhelm führte sie fröhlich plaudernd die Straßen entlang. Es ging über eine Brücke, die den Blick auf einen kleinen Fluss, den Mühlkanal, freigab. Rechts und links waren die Häuser bis ans Wasser gebaut. Einfache Fachwerkhäuser, die hier am Rande des Gerberviertels standen. In einigen der geöffneten Fensterrahmen hing die Bettwäsche zum Auslüften. Kinder spielten im Nass, ließen kleine Boote aus Birkenrinde schwimmen. Es roch säuerlich und streng, und doch wirkte der Ort verwunschen und malerisch. Auf der anderen Seite des Wasserlaufs marschierten sie am ersten Haus der Stadt vorbei, dem Hotel zu den Aposteln, das sogar Platz für eine Konzert- und Theaterbühne hatte, wie Wilhelm betonte. Die Straßen wurden breiter, waren wie mit einem Zollstock gezogen, die Häuser elegant und die Einkaufsstraßen belebt. Bis jetzt hatte Caroline gedacht, dass ganz Göppingen vor allem aus krummen Bauernhäusern und Viehställen bestehen würde, aber das hier mutete richtig modern an. Sie kamen zu einem großen rechteckigen Platz, der laut eines Straßenschildes *Schlüsselgraben*[11] hieß, und dessen Ränder von verschiedenen Gebäuden gesäumt wurden: eine Bäckerei und Mostschenke, das Hotel Krone, neben dem sich eine einfache Scheuer befand, Handwerkerhäuser wie ein Schreiner und ein paar noblere Gebäude mit hübschen weißen Fronten. Es herrschte ein munteres Treiben, die Straßen und Vorplätze wurden gefegt, mit Zweigen und Schleifen die Fassaden der Häuser geschmückt, die Stadt putzte sich heraus.

Vor einem Eckhaus blieb Wilhelm stehen. »Ich hoffe, ihr habt ausreichend Appetit mitgebracht, tretet ein.« Er öffnete schwungvoll die Haustür, und ein warmer Bratenduft mit einer Note Honig erinnerte Caroline daran, dass sie sogar sehr hungrig war.

Wilhelms Töchter begrüßten sie freundlich mit einem Knicks, eilten dann ins Esszimmer, um die letzten Gläser und Töpfe auf den Tisch zu stellen. Die ältere Tochter Rosine war zwölf und hatte wie ihre vier Jahre jüngere Schwester Sophie die dunklen Haare zu zwei langen Zöpfen geflochten, beide trugen über ihren weiten dunklen Kleidern helle Schürzen. Während Sophie die Ankömmlinge unverhohlen musterte, um sich kurz darauf auf den Schoß von Wilhelmine zu setzen, betrachtete Rosine sie mit einem skeptischen Gesichtsausdruck. Caroline fühlte sich wie eine Milchkuh auf dem Markt, die leider nicht den Erwartungen entsprach. Zu grau und zu wenig Milch. Beim Essen war das Mädchen schweigsam, während sich Albert und Wilhelm über die neuesten Zeitungsmeldungen unterhielten. Vor allem die Tatsache, dass ein Kapitän Johnson den wichtigsten Fluss im Südwesten Nordamerikas, den Colorado, erforscht und festgestellt hatte, dass er mit einem Tiefgang von drei Fuß bis zur Einmündung des Virgin River mit einem Dampfschiff befahrbar war, regte sie zu langen Diskussionen über die fortschreitende Industrialisierung an.

Albert räusperte sich. »Aktuell werben sie in der Lokalpresse für eine freie Überfahrt an das Kap der Guten Hoffnung. Für tüchtige Arbeiterfamilien zumindest. Man soll sich dort einer englischen Ackerbau-Kolonie anschließen. Lustigerweise nannten sie die Ecke Ost-London. Mehr englisch geht ja nicht. Und das Klima soll dort angeblich so sein wie in Australien. Hört sich verwirrend an, oder?«

Seine Frau lächelte. »Nie wieder frieren im Winter, das wäre schon was.«

Wilhelm überlegte. »Na ja, wer weiß schon, wie das Klima in Australien so ist. Da gibt es sicherlich auch Berge und vielleicht auch Schnee. Ich würde eher das andere Angebot annehmen. Nach Rio Grande do Sul in Südbrasilien. Dort werden ledige Handwerker mit Handkuss genommen. Es kostet nur zehn preußische Taler Kostgeld, und man kann ab Hamburg mit dem Schiff dorthin reisen. Vor Ort dann zugesicherte Ausübung seines Handwerks und die Möglichkeit, Land zu übernehmen. Na, wär das was?« Er grinste seine Töchter an. Die Jüngere strahlte zurück, Rosine kniff die Lippen zusammen.

Caroline nahm ihr Glas in die Hand und trank einen Schluck. »Wer weiß schon, ob es nicht auch Kälte in Südbrasilien gibt. Und wenn es bloß menschliche ist. Übrigens, das Essen schmeckt sehr gut, vielen Dank! Wer hat das denn gekocht? Du, Rosine?«

Rosine starrte auf ihren Teller. Wilhelm schaute Caroline verdutzt an. »Unser Dienstmädchen, aber es ist richtig, dass Rosine geholfen hat. Nett, dass Sie fragen. Oder, Rosine?«

Doch das Mädchen blickte unverwandt auf ihr Essen.

Nachdem die Mahlzeit beendet war und die Frauen zusammen mit dem Dienstmädchen alles in die Küche geräumt hatten, führte Wilhelm sie durchs Haus, über den Hof und zeigte in der Werkstatt stolz seine neuen Errungenschaften. Aus zwei Fenstern glitt Licht in den kleinen rechteckigen Raum. Dazwischen stand ein schwarzer Ofen, dessen breites Rohr sich durch die Wand ins Freie bohrte. Rundherum hingen vier Regalbretter, die mit Löchern versehen waren, um Werkzeug Platz zu geben. Holzhämmer, Scheren, Trichter, unterschiedlich spitz zulaufende Metallstäbe, die oben einen breiten Griff hatten oder einen in Kugelform. Es gab Werkzeug, was aussah wie Reiben aus der Küche oder wie unterschiedlich große Siebe. Neben einem niedrigen Tisch, auf dem allerhand Werkzeug lag, stand eine lange schmale Bank, die wie ein flach geklopfter schlanker Birkenstamm anmutete, und daneben saß ein halber, eingekerbter Baumstumpf auf dem Boden, aus dem ein abgeplätteter Metallgegenstand herausragte und Caroline an einen Amboss in graziler Ausfertigung erinnerte. Auf kleinen Bänken unter den Fenstern stapelten sich fertige Waren: Töpfe und Blechschüsseln, und in einem Regal neben der Tür lagen Regenrinnen. Es roch hier etwas dumpf, Staub hing in der Luft und tanzte vor den Fenstern, auf der Suche nach einem Durchlass.

Wilhelm zeigte raus ins Freie. »Als ich damals das Bürgerrecht beantragte, musste ich zusichern, dass meine Kundschaft nicht hier vor Ort ist. Ich sollte keine Konkurrenz zu den hiesigen Flaschnern sein.« Er lachte einmal kurz auf. Bitterkeit klang durch. »Konkurrenz. Als ob ich Konkurrenz wäre. Ich bin ja froh, wenn ich meine Töchter versorgt bekomme und endlich etwas expandiere …«

Albert legte ihm die Hand auf die Schulter. »Na, Wilhelm, du hast hier in Göppingen doch beste Ausgangsbedingungen. Nur vier andere Flaschnermeister vor Ort und jetzt mit der Bahn. Selbstständigkeit dauert außerdem, da muss man sich ja was aufbauen. Wer weiß, was die Zukunft noch so alles bringen wird. Deine Waren werden immer Abnehmer finden, jeder braucht nun mal Regenrinnen und Töpfe.«

Sein Schwager schnalzte mit der Zunge. »Und Fässer und Bottiche in Ludwigsburg! Weißt du, wenn nicht dieser Druck ständig …«

Caroline rempelte gegen eine Werkbank, und ein Stapel Blechteller fiel scheppernd hinunter. Die Männer schienen jetzt erst wieder wahrzunehmen, dass Frauen anwesend waren, und schwiegen. Mit einem »Entschuldigen Sie bitte« hob Caroline das Heruntergefallene auf, strich dabei über die kühle glatte Oberfläche. Bei ihnen zu Hause gab es schon immer nur Teller und Tassen, von denen sich reliefartig Blumen, Blätter, Landschaften oder Tiere abhoben. Als Kind hatte sie das hügelige Geschirr oft ehrfürchtig berührt, sich bei langweiligen Gesprächen der Erwachsenen weit fort geträumt. Aber dieses einfache Blech. Wie konnten Menschen von diesen schlichten Tellern essen? Gedankenversunken streckte sie ihre Hand zum letzten aus und stieß dabei mit Wilhelms Finger zusammen, der ebenfalls danach griff.

»Ent… entschuldigen Sie bitte«, Wilhelm schaute ihr kurz in

die Augen, legte den Teller auf die restlichen. »Morgen früh wissen wir vor dem Kirchenläuten, ob das Fest stattfinden wird oder einen Tag später. Das hängt hier stark vom Wetter ab. Aber der Juni wird uns da wohl nicht enttäuschen, also ich denke nicht, dass es regnen wird, dafür ist der Himmel heute auch zu blau. Also ohne Regen findet das Fest statt, wollte ich sagen. Aber es gibt ja gerade keine Wettereintrübung.« Jetzt lächelte er sie an, als ob es Carolines Verdienst wäre, dass es keine Wolken gab. Manchmal wünschte sie es sich tatsächlich, dass sie das Wetter beeinflussen könnte oder die Stimmung von Menschen. Wenn Wilhelm lächelte, dann schien sich in ihrem Inneren etwas zu lösen. Etwas, das viel zu lange schon verknotet gewesen war.

»Für heute Mittag habe ich mir etwas Besonderes ausgedacht, wenn mein lieber Schwager mit seiner Familie schon einmal zu Besuch ist. Wir fahren mit der Kutsche zum Hohenstaufen und machen dort einen kleinen Spaziergang.«

Albert sah seine Frau fragend an, die mit einer unmerklichen Bewegung den Kopf schüttelte. Caroline wusste, dass ihr seit einigen Wochen ein Husten zu schaffen machte, der mit Schwindel einherging.

Ihr Onkel antwortete: »Meine Frau muss wohl dankend ablehnen, sie wird sich für eine Ruhepause zurückziehen, aber ist das nicht auch zu anstrengend für dich, Caroline?«

Caroline stampfte auf. »Danke, Albert, aber ich denke, dass ich mir durchaus zutraue, den Berg zu bezwingen. So hoch ist er nun auch wieder nicht. Außerdem stehen da ja auch gar keine Bäume[12] im Weg, wie ich vom Zug aus gesehen habe, somit kann ich mich schon mal nicht verlaufen.«

Wilhelm lachte. »Sie müssen die Wanderung ja auch nicht alleine machen, wir werden von Friederike Wackler mitgenommen. Sie ist vom …«

»Fuhrunternehmen aus der Nachbarschaft, das Sie das letzte Mal nach Ludwigsburg ein Stück mitgenommen hatte, oder?«, unterbrach ihn Caroline.

»Richtig. Fräulein Hettich, bei Ihnen muss man wirklich aufpassen, was man erzählt. Sie merken sich ja alles.«

Mit einem Grinsen ergänzte Albert: »Bei Caroline muss man vor allem aufpassen, was man ihr zeigt. Unseren Küfern nahm sie einmal einen Meißel und einen Hammer weg, spannte ein Stück Holz ein und hätte sich fast auf den Finger geklopft. Nicht umsonst ist das ein Männerberuf. Nicht wahr?«

Caroline schürzte ihre Lippen.

»Na ja, einem Küfer hatte das ja durchaus gefallen. Otto ist einer meiner besten«, an Wilhelm gewandt, erzählte er mit einem bedauernden Ton weiter. »Aber sie mag ja nicht.«

»Lieber Onkel, nicht alles, was man im Leben angeboten bekommt, muss einem gefallen, oder? … Die Kutschfahrt startet draußen an der übernächsten Ecke, wo die großen Ställe waren, nehme ich an?«

Auf das Nicken von Wilhelm teilte sie mit, dass sie vorgehen werde, sich ein wenig warm laufen. Bevor einer etwas darauf sagen konnte, war sie durch die Tür verschwunden.

Draußen auf der Straße blickte Caroline sich schnell um. Sie war alleine. Ihre Wangen glühten, und sie biss sich auf die Unterlippe. Was war das denn? Sie fühlte sich wie ein kleines Mädchen, das keine Lust hatte, sonntags in die Kirche zu gehen. War sie nicht schon abgestumpft, was diese Sprüche über ihre Ehelosigkeit anbelangte?

Sie schritt die Straße entlang, bog gegenüber der Stadtkirche in die Kirchstraße ein und blieb bei einer Kutsche stehen, vor die ein helles und ein rostbraunes Pferd gespannt waren. Lautes Schnauben und Hufscharren begrüßten sie.

Sie trat näher heran und tätschelte den Hals des rostbraunen. Dieser blähte seine Nüstern, streckte den Kopf in die Höhe, wobei er die Augen verdrehte und die Innenseite der Oberlippe nach außen stülpte. Dann rieb er seinen Kopf an Carolines Arm.

»Sie scheinen einen neuen Freund gefunden zu haben.« Eine Frau in einem eleganten dunkelbraunen Kleid mit Jäckchen und passendem Hut trat zu ihr und musterte sie. »Dabei ist Ferdinand recht wählerisch.«

»Ähm, tut mir leid, ich wollte nicht … ich wollte …«

Die Frau wischte mit ihrem Ärmel über ihre Nase und lachte. »Alles gut, Ferdinands Freunde sind auch meine, darf ich mich vorstellen?« Sie streckte ihre Hand aus. »Friederike Wackler.[13] Ich habe Sie hier noch nie gesehen, sind Sie zu Besuch? Hey, Bursche, pass doch auf …« Sie drehte sich zu einem Jungen, der Gepäck in die Kutsche lud und dabei eine Schachtel in den Schmutz fallen ließ. Mit einem Seufzer wandte sie sich wieder an Caro. »Wenn man nicht alles selbst macht, aber entschuldigen Sie, Sie wollten gerade erzählen, wen Sie hier besuchen?«

»Nein, wollte ich nicht«, Caroline lachte. »Caroline Hettich, angenehm, Ihre Bekanntschaft zu machen, und ich besuche den Schwager meines Onkels, Wilhelm Märklin, aber eigentlich sind wir da, um auf die Maifeier zu gehen.«

Wieder kam dieser kurze, prüfende Blick, der nicht nur Carolines Alter, den Zustand ihres Gebisses und den Wert ihrer Klamotten auf eine neutrale Weise beurteilte, sie nicht in eine Kategorie zu packen schien, sondern Eckdaten sammelte. »Märklin, soso. Dann sind Sie hier ja genau richtig. Heute ist zwar noch keine Maifeier, aber eine Kutschfahrt ist mindestens genauso gut. Es wird noch ein Gast meines Hauses daran teilnehmen, aber steigen Sie doch gerne schon einmal ein.«

Bevor Caroline etwas erwidern konnte, saß sie in der Kutsche, einen Becher fruchtigen Saft in der Hand. Sie blieb aber nicht lange alleine, kurz darauf hockten Albert, Wilhelm mit seinen Töchtern und ein junger Mann namens Theodor Engel, der sich als Student der Theologie und Geologie[14] vorstellte, neben ihr. Er hatte eine hohe Stirn und helles, gelocktes Haar, worunter hellblaue Augen blitzten, die interessiert die Umgebung musterten. Friederike thronte vorne auf dem Kutschbock, daneben der Knecht, der mit der Zunge schnalzte und mit einem Knallen die Peitsche zwei Handbreit über den Rücken der Pferde zog. Als sie aus der Sichtweite der Stadt auf dem Land entlangfuhren, ergriff Friederike selbst die Zügel und ließ die Pferde mit einem »Auf, meine Hübschen, zeigt mal der Eisenbahn, wie das richtig geht« in Trab fallen.

Nach einer knappen Dreiviertelstunde stand die Kutsche still. Der Hohenstaufen ragte vor ihnen auf wie ein riesiger Kegel.

»Na hoffentlich bricht der Vulkan nicht ausgerechnet heute aus«, witzelte Albert, als er Caroline die Hand zum Aussteigen reichte.

Der Student, der als Erstes die Kutsche verlassen hatte und gebückt über einem Stein stand, um diesen näher zu betrachten, schaute ihn verdutzt an: »Vulkan? Nein, mein Herr, das ist garantiert kein Vulkan. Er ist ein Rest der Schwäbischen Alb. Da er aus härterem Gestein besteht, konnte er der Erosion trotzen. Zeugenberg nennt man das. Er zeugt quasi von früher. Als das hier alles noch ganz anders ausgeschaut hat.«

»Aha«, antwortete Albert.

»Was meinen Sie mit *wie das früher ausgeschaut hat?*« Caroline ließ ihre Augen über den Untergrund wandern.

»Wir laufen hier quasi auf dem Boden eines Meeres. Stellen Sie sich vor, Sie reisen zweihundert Millionen Jahre zurück in der Geschichte, dann würde es hier so warm sein, dass die Herrschaften Eis in ihren Getränken bräuchten. So heiß wie in den Tropen. Mit Korallenriffen, Palmen und Sandstränden. Das muss wunderschön gewesen sein.«

»Hier ein Meer?«, staunend blickte Caroline die Bäume und den steinreichen Untergrund an.

»Ja, und Sie hätten sich in Acht nehmen müssen, vor den Meeresdinosauriern, die hatten so spitze Zähne wie die geschliffensten Messer.«

»Hier?« Caroline stutzte. »Sie nehmen uns doch auf den Arm, oder?«

»Nein, nein, wertes Fräulein Hettich, schauen Sie, man findet alte Spuren von damals, die man Fossilien nennt. Daher lässt sich so einiges recht gut konstruieren.«

Während Caroline ihn immer noch zweifelnd betrachtete, erzählte Engel begeistert weiter.

»Es gibt heute noch Tiere, die auf die Dinosaurier zurückgehen sollen, Sie müssen sich das mal vorstellen! Tiere, die es schon seit fast zweihundert Millionen Jahren gibt. Das ist eine Zahl, da versagt mein Hirn. Zweihundert Millionen Jahre!«

Caroline betrachtete den Boden nun mit ganz anderen Augen, als ob Bilder der Laterna magica darüber zögen und eine zweite Tiefe legten. »Aber widerspricht das nicht dem, was in der Bibel steht, dass Gott die Erde und all ihre Lebewesen geschaffen hat? Sie studieren doch hauptsächlich Theologie und wollen Pfarrer werden, wenn ich das richtig verstand?«

»Ja, aber das ist kein Widerspruch. Gott ist der Anfang von allem.«

»Mhm«, Caroline überlegte. »Bei Genesis steht: Im Anfang schuf Gott Himmel und Erde. Die Erde aber war wüst und wirr, Finsternis lag über der Urflut, und Gottes Geist schwebte über dem Wasser. Gott sprach: Es werde Licht. Und es wurde Licht. Gott sah, dass das Licht gut war. Gott schied das Licht von der Finsternis. Und so hat er doch alles erschaffen. So, wie es heute ist. Also perfekt, so wie Gott selbst auch vollkommen ist. Da gibt es doch keinen Platz für Entwicklungen über Millionen von Jahren.«

Der Student lächelte. »Am vierten Tag sprach Gott: Das Wasser wimmle von lebendigen Wesen, und Vögel sollen über dem Land am Himmelsgewölbe dahinfliegen. Gott schuf alle Arten von großen Seetieren und anderen Lebewesen, von denen das Wasser wimmelt, und alle Arten von gefiederten Vögeln. Gott sah, dass es gut war. Gott segnete sie und sprach: Seid fruchtbar und vermehrt euch und bevölkert das Wasser im Meer, und die Vögel sollen sich auf dem Land vermehren.«

»Und?«, fragte Caroline, als er keine Anstalten machte weiterzureden.

»Gott sagt nichts davon, dass sich Dinge nicht verändern dürfen, im Gegenteil, er spricht davon, dass sich seine Geschöpfe vermehren sollen, das beinhaltet auch, dass sich etwas weiterentwickelt.«

»Aber«, fing Caroline an, als Albert dazutrat.

Er unterbrach sie: »Meine Nichte kann einem Löcher in den Bauch fragen, ich weiß. Sagen Sie, wo studieren Sie noch mal gleich Geologie?«

»In Tübingen, bei Friedrich August Quenstedt.«

»Aha?«, sagte Albert.

Engel lachte wieder. »Quenstedt kennt man auch nur, wenn man beruflich etwas damit zu tun hat. Er ist der bedeutendste Geologe im Königreich Württemberg, gerade erst hat er sein Buch *Der Jura* veröffentlicht, wo er seinen aktuellen Forschungsstand über die Fossilien der Schwäbischen Alb verarbeitet.« Er machte eine Pause und zeigte in Richtung der Äcker, an denen sie vorbeigefahren waren. »Der steinige Boden ist zwar für die Bauern schlecht, aber für uns Geologen ein großer Gewinn. Vor allem in den Jurakalken und in den Schiefern haben sich viele Fossilien erhalten.«

»Kann man diese Fossilien denn bereits besichtigen?«, fragte Albert, verwickelte ihn in ein Gespräch und lief mit ihm weiter. Caroline blieb stehen. Zurückgelassen und ignoriert. Sie bemerkte, dass Friederike ihr zuwinkte, und trat dazu, wie diese gerade zwei Becher aus einem Korb nahm, dann eine Flasche Saft herausholte und das nach Äpfeln duftende Getränk einschenkte. Als hätten es Rosine und Sophie geahnt, kamen sie angerannt und tranken hastig in großen Zügen, bis die Becher leer waren.

Friederike fragte: »Fräulein Hettich, haben Sie auch Durst?«

Caroline schüttelte den Kopf.

»Eine Stunde knackig hochmarschieren«, Friederike hatte sich zu den Mädchen gedreht und erklärte weiter, »dann packe ich uns oben auch etwas Leckeres aus, ja?«

Die beiden Mädchen grinsten erfreut und stoben mit einem lauten Juchzen voraus.

Caroline half, die Flaschen und Trinkgefäße wieder in einem

der Körbe zu verstauen, und fragte: »Bekomme ich denn auch etwas Leckeres, wenn ich mit hochwandere?«

Friederike drohte ihr belustigt mit dem Zeigefinger. »Wenn Sie sich dann auch so schön freuen können wie die Kinder, dann ja. Und … was halten Sie von Engel?«

»Interessant ist das, was er erzählt. Wie spannend, sich vorzustellen, auf einem Meeresgrund spazieren zu laufen.«

»Ganz ohne Taucherglocke!« Friederike lächelte. »Ja, Herr Engel ist ein inspirierender Quell, mein Mann schätzt ihn sehr. Er ist wohl auch mit den Brüdern Haueisen befreundet.«

Caroline schaute fragend.

»Ach, Sie haben noch gar nicht von unseren berühmten Göppingern gehört? Das sind die Söhne des hiesigen Hutmachers Haueisen, die in die Neue Welt ausgewandert sind. Mit ihren Unternehmungen sind sie recht erfolgreich. Alle Jahre trudelt dann mal ein Brief über ihre neuesten Errungenschaften von ihnen ein, und sie werden gefeiert wie Könige[15].«

Nachdem der Knecht Steine zur Sicherung vor die Räder der Kutsche gelegt und die Pferde angebunden hatte, brach die kleine Gesellschaft auf. Hinter den Mädchen stapften Albert und Wilhelm, in ein Gespräch vertieft, der Knecht trug den großen Korb, Friederike plauderte mit Caroline über das Maienfest, und nachfolgend kam der Student Engel, der sich mehr für den Boden interessierte als für den Ausblick oder ein weiteres Gespräch.

Dabei lohnte sich der Ausblick durchaus. Es ging bereits eine Steigung den Berg hinauf, und so konnte man über die ersten Wipfel der Bäume blicken. Es öffnete sich eine grüne Weite vor ihnen. Das Land lag ihnen zu Füßen, das Herz kam zur Ruhe. Rehe sprangen über die Felder, Greifvögel zogen am Himmel ihre Kreise, und weit entfernt sah man die bunten Kleckse der Häuser der Stadt.

Als sie fast oben angekommen waren, näherte sich Caroline ihrem Onkel und dessen Schwager, die sich unterhielten.

»Hast du schon einmal darüber nachgedacht, weitere Waren in dein Angebot mit aufzunehmen?«, fragte Albert.

»Ja, natürlich. Aber mir fehlt die Zeit. Ursprünglich war das so geplant, bevor …«

»Nein«, meinte Albert und unterbrach das Gespräch, das in eine falsche Richtung abzudriften drohte. »Ob du nicht selbst erweitern willst. Bei uns in der Stadt sind es Blechteile in kleiner Form, die ganz gut gekauft werden.«

»Blechteile in kleiner Form?«, wiederholte Wilhelm.

Caroline trat zwischen die Männer. »Albert meint damit, dass die Firma Dieterich in Ludwigsburg recht viel Blechspielzeug herstellt. Deswegen hattest du mich also im Zug danach gefragt, lieber Onkel. Vielleicht kann ich ja …«

Albert blickte sie grimmig an. »Caroline, manchmal denke ich, dass dein Vater dir etwas zu wenig Respekt beigebracht hat. Er hätte dich nicht so in die Geschäfte mit einbeziehen dürfen, sondern dich mehr ins Haus stecken. Hausfrauendinge machen. Ich …«

»Entschuldigen Sie vielmals, meine Herrschaften«, Friederike klatschte in die Hände, um damit die Mädchen herzulocken, die laut lachend über die zugewucherte Wiese rannten, über kleine Büsche hüpften und Gänseblümchen pflückten. »Ich würde vorschlagen, dass wir hier oben ein kleines Picknick machen. Sehr bescheiden, aber mit vollem Magen lässt sich die Aussicht besser genießen, nicht wahr?«

Als sie sich auf einer Decke niederließen, setzte sich Wilhelm neben Caroline. »Fräulein Hettich, Sie haben mein Interesse geweckt. Also … also was Sie gerade erwähnt hatten mit dem Spielzeug. Wissen Sie, ich habe für meine Töchter auch schon Dinge aus Blech zum Spielen hergestellt, ein paar wenige, aber vielleicht können Sie mir berichten, was in Ludwigsburg gefragt ist.«

Abends saß Caroline mit ihrem Onkel und dessen Frau im Speisesaal des Hotel Kronen, nur ein paar Häuser von Märklins Werkstatt entfernt. Das Fest hatte Gäste aus der ganzen Umgebung angezogen, was einen Lärmteppich, gestrickt aus verschiedenen Dialekten, in den Raum legte.

Wilhelmine sah blass aus, hatte dunkle Schatten unter den Augen.

»… und Herr Märklin ist mit dieser Frau Wackler befreundet?«, fragte Caroline.

Albert nickte und spießte ein Stück Schnitzel auf seinem Teller auf. »Ja, er hat wohl schon öfters die Transportdienste in Anspruch genommen, und als Geschäftsleute kennt man sich hier sowieso. Spätestens sonntags nach dem Kirchgang steht man zusammen. Dieser Engel ist ja ein schräger Vogel.« An seine Frau gewandt, erklärte er, um was für eine Art Student es sich dabei handelte.

»Ich fand ihn nett. Was der alles über die Geschichte dieser Gegend und den Boden zu erzählen hatte. Aufregend!«, ergänzte Caroline. In einer Tasche ihres Kleides verwahrte sie zwei kleine Steine, die er ihr geschenkt hatte. Der eine sah aus wie ein Schneckenhaus, das er Ammonit nannte, und der zweite war glatt und länglich und lief an dem einen Ende in eine rundliche Spitze aus. Ein sogenannter Donnerkeil, der etwas mit den heutigen Tintenfischen zu tun hatte. So richtig etwas darunter vorstellen konnte Caroline sich nicht, sie hatte noch nie in ihrem Leben einen Tintenfisch gesehen. Dieses Tier sollte acht Beine haben und einen Kopf so groß wie ein Kartoffelsack. Das hörte sich mehr nach einer erfundenen Figur aus einem Märchen an.

»Aufregend?«, wiederholte Albert. »Besserwisserisch, würde ich sagen. Oder naseweis.«

Seine Frau zerteilte mit der Gabel die Speisen auf ihrem Teller, ohne dabei viel zu essen. »Als naseweis würde ich ja die älteste Tochter von Märklin bezeichnen. So eine sture kleine Göre.«

Caroline schaute ihre Tante verwundert an. »Warum das denn?«

»Hast du nicht mitbekommen, wie sie ständig ihrem Vater am Tisch diese bösen Blicke zugeworfen und erst nach dem dritten Auffordern beim Abräumen mitgeholfen hat? Man merkt halt, dass da keine Frau mehr im Haushalt ist.«

»Ist das so schlimm?«, fragte Caroline.

Albert schaute sie an. »Rosine ist fast kein Kind mehr, da müssen Disziplin und Gehorsam herrschen. Aber das ist nicht für alle selbstverständlich. Weißt du, ich mag dich fast so gerne wie eine eigene Tochter, aber auch du bist schon lange kein Kind mehr und solltest an deine Zukunft denken. Und deinen Kopf nicht für jeden Furz hergeben und auf alles und jeden anspringen. Was ist denn eigentlich mit der Korsettfabrik? Deine Schwester arbeitet da doch. Und mit deinen Händen bist du doch ganz geschickt, gingst ja deinem Vater bei allen möglichen Belangen immer zur Hand.«

Der Rest des Essens verlief schweigend. Zumindest an diesem Tisch.

»Jedes Volk und fast jedes Zeitalter eines Volkes
hat einen veränderten Zustand der Unfreiheit
und der Freiheit, und hat dann auch einen
anderen Begriff und selbst ein anderes Ideal der Freiheit.«

Friedrich List

Kapitel 3

Freiheit

Der Morgen des Maienfestes begann mit Glockenläuten. Dumpf und bronzen durchdrang es Mark und Bein. Am Himmel hatte sich die Sonne bereits ihren Weg gebahnt und schien sich genauso auf einen vergnüglichen Tag zu freuen wie die Menschen unter ihr auf der Erde.

Nach einem Frühstück lief Caro mit ihrem Onkel und Tante über den Schlüsselgrabenplatz, um die Märklins für den Kirchgang um zehn Uhr abzuholen. Caroline hatte ihren Sonntagsstaat an. Unter ihrer schwarzen Samtmütze lugten ein paar gedrehte Locken hervor, der Rest der Haare war zu einem Knoten auf dem Hinterkopf hochgesteckt. Über etlichen Unterröcken trug sie einen weit schwingenden hellbraunen Rock, darüber eine weiße Bluse und eine hüftlange Jacke, die die gleiche Farbe hatte wie der Rock. Überall strömten Männer mit Hüten und geputzten Schuhen und Frauen, die mit dem Morgenglanz um die Wette strahlten, aus den Häusern. Als sie allerdings vor dem Märklinschen Haus standen, drang von dort ein Streitgespräch heraus.

Wilhelms Stimme wirkte gereizt: »Nein, ich verbiete es dir. Heute geht das nicht. Und jetzt hör endlich damit auf.«

»Aber Vater«, klagte Rosine. »Das war doch versprochen.«

»Jetzt haben wir Gäste. Da bleibst du gefälligst bei uns. Verstanden? Was sollen die denn denken?«

Albert pochte mit dem Türklopfer gegen die Holztür, und das Gespräch verstummte schlagartig. Der Eingang öffnete sich, und hinter einen lächelnden Wilhelm trat eine mürrisch dreinblickende Rosine, die mit verschränkten Armen hinterherstapfte, als ob sie zu ihrer eigenen Beerdigung unterwegs wäre. Dabei trug sie und auch Sophie, wie die anderen Kinder, die Caroline schon auf dem Platz gesehen hatte, ihr schönstes Kleid und war mit neuem Hut auf dem Kopf und einem bunten Blumenstrauß in der Hand geschmückt. Aber das war das einzige Lichte, was sie verbreitete.

Das Gotteshaus war festlich mit Zweigen verschönert, und Caroline hätte wetten können, dass sogar die Kerzen vorne am Altar frisch poliert waren. Verstohlen musterte sie Rosine, die neben ihr in der Bankreihe saß. So viel unterdrückte Wut, so lebendig und energiegeladen. Caroline hob den Kopf, blickte direkt in die Augen von Wilhelm. Er hatte sie angestarrt. Jetzt lächelte er verlegen, drehte sich zur Kanzel.

Wie lange hatte er sie wohl schon angeschaut? Eine Wärme breitete sich auf ihren Wangen aus, bis sich ihr Gesicht so anfühlte, als ob sie zu nah und zu lange beim Brennofen gestanden hätte. Von der folgenden Predigt bekam sie kein Wort mit.

Nach einer unendlichen Weile entließ ein Glockengeläute sie ins Freie. Die Menschen sammelten sich an den Straßen. Ein Umzug bis zum Festplatz stand auf dem Programm. Von Weitem erhaschte Caroline einen Blick auf Friederike Wackler, diese war in Begleitung des Studenten und hatte sich bei einem etwas pausbäckigen Mann mit Kinn- und Schnurrbart eingehängt. Sie trug die göppische Tracht, die aus einer Art schwarzer Haube bestand, die unter dem Kinn gebunden war, einem schwarzen langen Oberteil mit einem weißen gestickten feinen Muster darauf und einem karierten Tuch, das vorne ineinandergeschlungen und auf Brusthöhe zusammengesteckt war. Der schwarze Faltenrock hing bis zu den Knöcheln hinunter, ließ einen Blick auf weiße Strümpfe und schwarze, schmal zulaufende Schuhe frei. Der Mann trug Kniebundhose, schwarze Weste über weißem Hemd sowie einen knielangen schwarzen Mantel. Der Hingucker war sein Hut, der bestimmt zwei Hand lang nach vorne flach und schmal zulief und hinten mit einer Krempe abschloss. Überall verteilt standen andere Erwachsene in der gleichen Tracht und gaben dem Fest etwas Eingeschworenes.

Der Festumzug wurde von drei jungen Erwachsenen eröffnet, die bunt geschmückte Maibäume trugen, dahinter liefen die Maiköniginnen und Maikönige, welche die besten Schüler der oberen Klassen waren. Alle in den schmucksten, farbenprächtigsten Kleidern. Blasmusikkapellen marschierten zwischen den nachkommenden Schulklassen und sorgten für eine schnellere Gangart der Teilnehmer sowie Mitklatschen und Mitwippen der Schaulustigen.

»Wilhelm!«, eine hübsch gekleidete blonde Frau, ungefähr so alt wie Caro selbst, drängte sich vorbei und blieb neben ihm stehen. Sie zupfte an seinem Ärmel, redete recht leise, wobei sie vertraulich die Köpfe gegeneinander hoben, bis sie mit einem breiten Lächeln verschwand. Hübsch, dachte Caroline, und ihr Magen zog sich zusammen. Sie konnte allerdings nicht sehen, dass Wilhelms Gesicht alles andere als erfreut aussah.

Die Menge schloss sich dem Festzug an, und so wanderte man bis zur Karlstraße. Nachdem die letzten Töne des Schlussliedes *Herr, Dir ist niemand zu vergleichen* verklungen waren, trat ein hochgewachsener Mann mit Vollbart auf eine kleine Bühne und erhob das Wort. »Endlich können wir wieder zusammenkommen, um das Fest des Frühlings und der Jugend zu feiern. Und das heute zum ersten Mal in der Geschichte von Göppingen auf dem neuen Festplatz. Natürlich konnten wir gar nicht anders, als es *Maienwasen* zu nennen. Auch wenn die anderen Namensvorschläge durchaus kreatives Potenzial durchblicken ließen. Mein persönlicher Favorit war ja *Rummelplatz fürs Vieh.*«

Die Leute lachten, und man sah es ihnen an, wie sie sich genau nach so etwas gesehnt, ein Ventil gesucht hatten, um ihre Lebensfreude rauszulassen.

»Die Sonne hat ihren Siegeszug angetreten und lockt mit ihrer Wärme die Blumen hervor, verjagt die letzten frostigen Erschauerungen, die uns der Winter zugesetzt hat. Wir blicken voller Stolz auf unsere Kinder, auf die Schüler, die der Tradition entsprechend hier auf dem Festplatz zusammenkommen, um mit Tanz und Gesang das blühende Leben zu feiern, um die Mütter stolz zu machen und nicht zu vergessen, den Hutmachern von Göppingen gutes Geld in die Kassen zu spülen.«

Erneut bahnte sich ein Lachen seinen Weg durch die Masse.

»Nach alter Väter Sitte wollen wir das Fest hier mit Spielen beginnen, es ist uns ein besonderes Anliegen, alle Kinder am heutigen Tage vereint zu wissen. Dazu bitte ich die Lehrer, sich an ihre Einsatzorte zu begeben, den Eltern seien Muße und leckere Speisen gegönnt, auch für Getränke ist gesorgt. An dieser Stelle auch ein Dankeschön an die Kirche und an die Stadt und dass es mit dem Tanz weiterhin so fortgeht wie auch in der Vergangenheit. Die Unarten werden sich wohl im geziemlichen Rahmen halten, da bin ich mir ganz sicher, es gibt ja genug Augenpaare, die darauf achten. So. Die Speisung der Kinder findet wie gewohnt statt, und es ist auch reichlich für Geschenke gesorgt. Danke für die fleißigen Spender. Möge das Fest beginnen. Auf eine fröhliche, wundervolle Sonnenzeit. Mögen die Kinder sich im Fleiß beim Lernen und weiterhin im Wohlverhalten gestärkt fühlen. Auf, auf!« Er klatschte in die Hände, und schlagartig setzte ein Murmeln und Lärmen ein, als ob der bunte Tumult nur für den kurzen Augenblick der Ansprache die Luft angehalten hätte und dann da weitermachte, wo er zuvor gestoppt hatte.

Caroline sah Wilhelm fragend an, der erklärte ihr: »Die Kirche will das Tanzen seit Jahren verbieten. So von wegen Gefährdung der Sitten. Aber bis jetzt hat sich der Bürgerausschuss jedes Mal durchgesetzt. Was wäre denn ein Fest ohne Tanz!«

»Und was meinte er mit den Geschenken und der Speisung?«, erwiderte Caro.

»Ein Ziel dieses Festes ist, dass die Kinder unabhängig von ihrem Stand zusammen Spaß haben sollen. Die Ärmsten werden heute so richtig dick und rund gefüttert, könnte man so sagen. Und bei den Spielen gibt es als Preise dann Geschenke, aber eigentlich gibt es die immer für alle. Also auch die Verlierer bekommen etwas. Mhm … ich glaube, Bleistifte und Buntpapier hatten wir letztes Jahr. Aber es gab auch schon Federn und Griffel, Taschentücher oder Hosenträger.«

»Schön«, sagte Caroline und blickte zu der Bühne, auf der sich eine Klasse versammelte und dreistimmig die Volksweise *Wie lieblich schallt durch Busch und Wald des Waldhorns süßer Klang* anstimmte. Im Anschluss traten noch weitere Kindergruppen auf, musizierten, sangen oder zeigten ein kurzes Schauspiel. Danach wurden die Kinder in das Vergnügen entlassen, sie verteilten sich tobenderweise über den Platz und stellten sich an verschiedenen Stationen hintereinander auf, um an Spielen teilzunehmen, die von den Lehrern geleitet wurden. Den freien Platz auf einer der beiden Tribünen beschlagnahmte eine Musikkapelle. Davor gab es einen Tanzplatz, einen für die Kinder und vor der anderen Tribüne einen für die Erwachsenen. Die Musiker raschelten sich durch ihre Noten, vereinzeltes Prusten zeugte davon, dass die Blasmusikinstrumente von Spucke gesäubert wurden, indem hindurchgepustet wurde, einige Eltern sammelten sich davor, bereit zum Tanzen.

Caroline hielt Ausschau nach den Mädchen und erblickte Rosine, die nicht weit entfernt von ihnen in einer Reihe stand und gerade vortrat. Sie pustete durch ein Blasrohr, zielte auf eine bemalte Scheibe und jubelte. Offensichtlich hatte sie das getroffen, was sie hatte treffen wollen. Sophie rannte ein Stückchen weiter zu einer Truppe Kinder, die sich um ein langes Seil scharten und in zwei Gruppen zum Seilziehen aufgeteilt wurden. Daneben ragten Kletterbäume empor, an deren Spitzen Würstchen befestigt waren, und ein paar Schritte seitwärts fanden Ballspiele statt.

Die Musik setzte ein, und die ersten Paare drehten sich dazu im Kreise. Überall sah man lachende Gesichter und eine Fröhlichkeit, die nicht ansteckender hätte sein können.

»Caroline«, Friederike Wackler trat zu ihnen und nickte lächelnd in die Runde. »Caroline, wie lange sind Sie denn in Göppingen zu Gast?«

»Äh, bis morgen, warum?«

»Ich dachte, vielleicht trifft man sich noch mal. Aber dann bei Ihrem nächsten Besuch!«

»Das ist sehr nett von Ihnen, vielen Dank!« Caroline schaute scheu zu Wilhelm. »Aber ich weiß nicht, wann ich wieder hier sein werde.«

Friederike rückte die mit roten Steinen verzierte Brosche zurecht, die ihr Tuch zusammenhielt. »Es war mir ein Vergnügen, Sie getroffen zu haben. Kommen Sie das nächste Mal doch einfach vorbei, ich würde mich freuen. Noch ein schönes Fest.« Mit einem zweiten Nicken verabschiedete sie sich und trat ein paar Schritte weiter zu der Gruppe um ihren Mann, die angeregt über den Vulkan diskutierte, der vor zwei Wochen einige Orte zu seinem Fuße verschüttet hatte. »Grässlich«, drang es von den Frauen und »beeindruckend« von den Männern.

Unter einem Zeltdach waren Tische aufgebaut, der sogenannte Familienstand, dort stellten fleißige Helfer Hefekränze und unzählige Kuchen auf lange Tafeln und schnitten sie in Stücke. Große Sutterflaschen mit Most reihten sich nebeneinander wie Soldaten bei einer Musterung. Die gräulichen Steingutflaschen waren teilweise mit einer blauen Malerei aufgehübscht, und ihr Inhalt sorgte für weiteren Schwung, falls die Energie nachlassen sollte.

»Rosine?«, suchend blickte sich Wilhelm um. Seine ältere Tochter schien spurlos verschwunden zu sein. Sie war bei den anderen Kindern nicht mehr zu sehen. Nur Sophie saß auf einer Bank und hielt eine Wurst in der einen und ein Brötchen in der zweiten Hand. Unruhig lief Wilhelm die Reihen der Menschen entlang. Wenige Minuten später stand er wieder da. Er trat nahe an Caroline und sagte mit halblauter Stimme: »Ich will hier keinen Aufruhr verursachen«, sein Blick zuckte zu seinem Schwager, der allerdings in aller Ruhe zum Rhythmus der Blasmusik mitwippte und aus einem Bierglas trank. »Ich bin kurz weg. Falls Sophie mich sucht, wissen Sie Bescheid, ja?«

Caroline legte ihm beruhigend ihre Hand auf die Schulter. »Es wird schon nichts sein. Suchen Sie in Ruhe. Ich bin mir sicher, dass alles gut ist.«

Eine Viertelstunde später und nachdem sie ihrem Onkel erklärt hatte, dass Wilhelm kurz mal austreten war, kam er wieder zurück. Mit seiner Tochter. Die noch grimmiger aussah als am Morgen, wobei sich Caroline wunderte, dass das überhaupt möglich war.

»Danke«, raunte Wilhelm ihr zu. »Sie war bei ihrer Freundin, die seit Wochen mit einem gebrochenen Bein zu Hause liegt. Ich will ja nicht den Eindruck erwecken, als ob ich mit der Erziehung total versage. Aber sie ist schon ein …«

»Eigener Kopf«, ergänzte Caroline. »Und das muss auch nicht unbedingt schlecht sein. Solche Köpfe können die Welt verändern.«

»Meinen Sie?«, fragte Wilhelm.

»Mein Onkel würde Ihnen jetzt raten, ordentlich Züchtigung zu betreiben«, abwartend betrachtete sie ihn.

Wilhelm schüttelte seinen Kopf. »Nein, das mach ich nicht. Wissen Sie, ich bin in einem Waisenhaus groß geworden, da wurde mehr gezüchtigt als geredet. Das war falsch, so will ich nicht sein. Ich muss mir was anderes für Rosine überlegen, auch wenn ich nicht weiß …«

»Schön!«, sagte Caroline.

»Bitte?«

»Schön, dass Sie auch einen eigenen Kopf haben und das nicht so machen, wie es Ihnen vorgelebt wurde.« Caroline betrachtete eine Weile die schmucken Reiter, die auf der Straße neben dem Platz ihre Pferde im Schritt gehen ließen, die Hälse der Rösser gebeugt wie ein Halbkreis. »Könnten Sie so etwas nicht auch machen?«

»Bitte?«

»Na, die Pferde. Sie sind ja auf runde oder halbrunde Dinge festgelegt, falls ich Sie gestern richtig verstanden habe, aufgrund der Formen. Aber würde das nicht gehen? Das gibt es doch auch schon von anderen zu kaufen. Also Blechpferde.«

Der Ausdruck auf Wilhelms Gesicht veränderte sich, er schmunzelte. »In Ihrem Kopf arbeitet es ja wirklich die ganze Zeit … Und ich weiß nicht, das müsste ich mal ausprobieren, ich denke aber eher nicht. Ich mache Töpfe und Schüsseln, so feine Details wie Nüstern oder Ohren bekäme ich nie hin.«

Caroline lächelte zurück. Na klar arbeitete es in ihrem Kopf die ganze Zeit, war das nicht normal? Wenn sie die Straßen entlanglief und spielende Kinder betrachtete oder auf Märkten Handwerkern zusah oder Eichhörnchen im Park Nüsse verbuddeln oder einfach Wolken am Himmel, dann schossen ihr oft von ganz alleine Ideen ein. Manchmal brachte sie diese als Skizzen der Firma Dieterich vorbei. Oft genug entstanden daraus zunächst erste Muster, und wenn sich diese verkauften, wurde eine Produktion im höheren Maße angesetzt. Doch leider waren viele der Skizzen unbrauchbar, da man sie nicht nachbauen konnte, aber das hielt Caroline nicht davon ab, das zu zeichnen und umzusetzen, was sie wahrnahm.

Die Sonne hatte den höchsten Stand hinter sich gelassen und beugte sich dem Erdengrund zu. Wilhelm und Caroline hatten Hähnchen gegessen, säuberten sich die Finger und tupften sich die Lippen, um die fettigen Glanzspuren wegzuwischen. Auf der Tanzfläche für die Kinder hüpften die Kleinsten wild durcheinander, die Älteren bewegten sich zur Musik zu zweit über den Holzboden, wobei so manche Hand sich vertraut an die Hüfte des Tanzpartners schmiegte. Zum Schrecken der Geistlichen. Die Musiker auf der zweiten Tribüne stimmten leise ihre Instrumente. Es brummte und summte überall wie in einem Bienenkorb.

»Schade, dass es Ihrer Tante schon wieder schlechter geht und Albert sie zur Unterkunft begleitet hat«, sagte Wilhelm.

»Ja, sie kränkelt seit Wochen, und es wird nicht besser. Ich mache mir auch ernsthaft Sorgen. Vor allem der Husten will einfach nicht weggehen.« Nach einer kurzen Pause fügte sie hinzu: »Vielen Dank, dass Sie mich zum Tanz eingeladen haben.«

»Das bin ich Ihnen schuldig, wo ich Sie doch hierhergelockt

hatte mit der Versprechung, dass Ausflüge in andere Gegenden gute Laune verschaffen. Oder waren das nicht Ihre Worte in Ludwigsburg gewesen?« Er lachte kurz. »Wissen Sie, das Reisen ist so gar nicht meins. Es ist natürlich schön, wenn ich Freunde oder Verwandtschaft besuchen kann, aber am liebsten würde ich in der Werkstatt bleiben und meine Arbeit voranbringen. Mein Lehrling ist fleißig, aber ich bräuchte mehr von seiner Sorte, um das zu schaffen, was ich mir vorstelle.«

»Was stellen Sie sich denn vor?«

»Einen blühenden Betrieb, der die neueste technische Ausstattung hat und das ganze Königreich Württemberg beliefert.«

»Warum denn so bescheiden? Warum nicht auch ins Königreich Bayern oder ins Großherzogtum Baden? Und fährt der Zug nicht direkt an den Bodensee? Da könnte man ja gleich in die Schweiz expandieren. Mein Vater erzählte, dass dort deutsche Güter gerne genommen werden.«

Sie schauten sich an. Ein neues Lied setzte ein, und er geleitete sie zur Tanzfläche. Als sich ihre Hände berührten, er seinen Arm um sie legte, spürte sie, dass etwas anders war. Es fühlte sich auf einmal richtig an. Hier zu sein, sich mit Wilhelm zu unterhalten, seinen markanten Duft einzuatmen, der immer leicht nach Metall und Lack zu riechen schien.

»Wussten Sie, dass auch Frauen als Handelsreisende unterwegs sind?«, fragte Caroline.

»Ähm … ich denke, dass hin und wieder eine Witwe versucht, das Geschäft ihres Mannes aufrechtzuerhalten, bevor sie selbst in Armut versinkt. Aber das ist höchst selten der Fall, Frauen sind ja eher schüchtern und trauen sich so etwas nicht. Nicht nur das, sie werden ja auch nicht unbedingt immer akzeptiert … oder ihnen fehlt auch der Zugang zu den Waren, zu dem Wirtschaftlichen und so. Warum fragen Sie?«

»Warum müssen die Frauen denn erst ihre Männer beerdigen, dass sie auf Reisen gehen können? Geschäftlich, meine ich. Ich würde so etwas mit großem Vergnügen machen.«

»Ja, so richtig schüchtern scheinen Sie mir nicht zu sein«, Wilhelm grinste und drehte Caroline so schnell im Kreis, dass sie vor Spaß laut aufjuchzte.

Sie tanzten drei Lieder nacheinander, als Wilhelm seinen Schwung verlor, ins Stocken geriet und stehen blieb. Caroline scherzte etwas von »alte Männer« und »außer Puste kommen«, als ihr Blick automatisch in die Richtung ging, in die er starrte. Eine Gestalt stand da, regungslos, die sie zu beobachten schien, mit einem fratzenhaften Ausdruck auf dem Gesicht, doch wand sie sich schnell wieder ab und verschwand zwischen den anderen Menschen. Eiskalt lief es Caroline den Rücken hinunter. Das war die blonde Frau gewesen, die sich beim Umzug an ihr vorbeigedrängt hatte, um mit Wilhelm so vertraulich zu reden. Doch diesmal hatte sie etwas Animalisches an sich gehabt, fast wie ein Raubtier, das seiner Beute auflauerte und die Zähne fletschte. Und das konnte nicht nur an der Dämmerung gelegen haben.

»Lass uns was trinken«, Wilhelm fasste ihre Hand und zog sie weg. »Alte Männer haben leider keinen Dampfantrieb, aber es gibt hier ja genug, was uns wieder in Gang bringen kann, oder?« Er blinzelte ihr so vergnügt zu, dass sie das verstörende Bild verwischte und in eine dunkle Ecke in ihrem Inneren sperrte.

Die Musiker gaben ihr Bestes, um die Tanzbeine so richtig in Schwung zu bringen und den Tänzern rote Wangen zu zaubern. So viel gute Laune, so viel Lächeln. Die Tanzfläche wurde der Mittelpunkt der Stadt Göppingen, der Mittelpunkt von Energie, die sich auf ansteckende Weise verbreitete und all die Last der letzten Jahre verpuffen ließ wie Seifenblasen, die sich am Waschtag beim Schrubben übers Waschbrett erhoben.

»Danke«, sagte Caroline, als Wilhelm sie zurück zu ihrer Unterkunft brachte. »Man fühlt sich so richtig lebendig, wenn man getanzt hat.«

Wilhelm schaute sie von der Seite an. »Fräulein Hettich, mir ist noch nie eine Dame vorgestellt worden, die lebendiger ist als Sie.«

Verschämt blickte sie auf den Boden, ein Schleier legte sich über ihre Augen, sodass sie nicht mehr klar sehen konnte, und sie stolperte über einen Stein. Wilhelms Hand schnellte automatisch nach vorne, hielt sie fest, half ihr dabei, sich aufzurichten, zog sie näher an sich, und seine Lippen legten sich auf ihre. Zaghaft, flüchtig, auf dem Sprung wie ein scheues Reh. Caroline erwiderte den Kuss, streichelte dabei mit ihren Fingern über seine Wange.

»Es … es tut mir leid«, stammelte Caroline und löste sich von ihm. Ihr letzter Kuss lag schon viele Jahre zurück. Aber verlief der Abend bis jetzt nicht so, als ob er nur darauf ausgelegt wäre, in diesem Kuss zu gipfeln? Es hatte sich doch gut angefühlt. Warum drangen automatisch diese Worte aus ihrem Mund? Warum ging sie auf Distanz?

Wilhelm fasste ihre Hand und zog sie die Straße weiter. »Caroline, ich bitte Sie. Ich muss mich doch ent…«

»Dich«, flüsterte sie und drückte seine Hand. »Wenn du mich schon um etwas bittest, dann wenigstens im vertrauten Ton.«

»Kann ich dich bald wiedersehen?«, fragte er zögernd. Und ihr Nicken brachte seine Augen zum Glänzen.

* * *

Die Wochen krochen ins Land, wie zäh fließender Brei vom Löffel tropfte.

Caroline hatte ihrem Bruder dankend abgeschrieben, sie sei sich der Ehre bewusst, dass er ausgerechnet an sie gedacht habe, aber vielleicht komme ja auch eine der anderen Schwestern infrage. Ihr war bei der Fahrt nach Göppingen klar geworden, dass sie diese Gegend liebte. Die sich leicht erhebenden Hügel, die Täler, Ludwigsburg, Stuttgart und Göppingen. Was genau war es, das Heimat ausmachte, zermarterte sich Caroline seit Tagen den Kopf. War es die Landschaft, das Vertraute daran, oder die Mundart, wie die Menschen hier sprachen und sich auch aufgrund von kleinen Veränderungen in der Mimik und Gestik blind verstanden? Oder die Nähe zu ihrer Kindheit, ihrer Mutter und den Schwestern? Sie wusste es nicht, sie wusste nur, dass Russland sie nicht glücklich machen würde. Das wäre eher so etwas wie eine Flucht gewesen, eine Flucht vor sich selbst. Sie hatte das Gefühl, dass ihr Schicksal hier in Deutschland auf sie wartete.

Es knarzte, als ihre Mutter in die Küchenstube kam, wo sie auf einem Stuhl saß, die Stricknadeln untätig in ihrem Schoß liegend.

»Liebes«, ihre Mutter riss sie aus den Gedanken. »Hier, ein Brief. Aus Göppingen. Sag mal, das ist jetzt schon der vierte oder …«

»Jetzt nicht, Mutter«, damit zupfte Caroline ihr den Umschlag aus der Hand und eilte aus dem Zimmer. Ungeachtet der Wolle und der hölzernen Nadeln, die zu Boden fielen. Den Brief wollte sie draußen in der Sonne lesen.

»Mach doch langsam«, hörte sie von hinten noch die mütterliche Stimme. Aber das konnte sie nicht. Nicht, nachdem der Stein gerade erst ins Rollen gekommen war.

Liebste Caroline,
ich habe mich sehr über Deine Zeilen gefreut. Du weißt mittlerweile, dass ich kein Freund vieler Worte bin oder langer Texte. Sei Dir versichert, dass sobald Sophie wieder gesundet ist, ich eine meiner Warenrouten durch Ludwigsburg verlaufen lasse und zu Besuch komme. Vielleicht kannst Du es ja einrichten, dass wir uns dann sehen können? Bei Albert fände ich es am unverfänglichsten.
Wie geht es Dir denn? Was machen Deine Zeichnungen und Entwürfe? Mein Versuch, ein Pferd zu formen, ist schiefgegangen. Leider. Auch wenn ich das Blechstück über kleine Metallenden treibe, funktioniert das nicht mit den Nüstern oder Ohren. Noch nicht. Ich habe das Gefühl, dass sich alles gerade viel schneller weiterentwickelt, als man das Werkzeug kaufen kann. In den Städten benutzen einige Flaschner sogenannte Drückerbänke, das

muss ich mir mal anschauen, damit kann man feiner arbeiten. Dazu hat sich mein Geselle den Daumen eingequetscht. Ich würde nie behaupten, dass Mädchen mehr jammern als Jungs. Jetzt nicht mehr. Ich denke an Dich.
Viele Grüße
Dein Wilhelm

Als sie vor der Tür des Buchladens stand und den Türgriff runterdrückte, wusste Caroline, dass sie zwei Möglichkeiten hatte: Entweder platzen oder jemanden einweihen. Sich das von der Seele reden, was sich seit dem Tanz bei dem Maifest in ihr nicht aufgehört hatte weiterzudrehen und immer schneller wurde.

Die Türglocke bimmelte in ihrem vertrauten hellen Ton. Es war Caroline, als könnte sie einzelne Worte aus dem Klang heraushören: *Alles wird gut – alles wird gut – alles wird gut*. Der Duft von Büchern umschloss sie gleich wie eine wohlig warme Decke. Es roch etwas dumpf nach Staub und ein bisschen herb nach frischer Druckerfarbe, worin Spritzer von fruchtigen und schweren Parfums hingen. Hinten im Laden war ihre Freundin Lina mit einer Kundin im Gespräch. Die andere Dame hatte ganz der Mode entsprechend einen weit ausgestellten weinroten Rock über einer Krinoline an, die für den Halt und den Durchmesser sorgte. Die Taille wurde von einem breiten Gürtel betont, das Oberteil lag eng an, und die weißen Spitzen am Ausschnitt ließen fast keinen Blick auf die Haut zu. Auf ihren hochgesteckten Haaren trug sie einen Hut, der sich der Kopfform perfekt anschmiegte und den gleichen Farbton hatte wie das Kleid, verziert von zwei weißen Federn, die der Länge nach daran befestigt waren und etwas Leichtigkeit in die Strenge brachten.

Die Frau sprach mit hoher Stimme: »Haben Sie in der neuesten Ausgabe von *Über Land und Meer* den Bericht über die Privatgestüte des Königs gelesen? In Scharnhausen züchtet König Wilhelm I. wohl Vollblut-Araber. Ich würde ja zu gerne mal einen reiten, sie müssen so schön sein. Und so orientalisch.«

Die Buchhändlerin nickte freundlich und suchte in einem Regal nach einem Buch. Die Kundin fuhr fort: »Aus Medina von einem Pascha und aus Ägypten von einem Vizekönig stammen einige der Pferde. So edel! Solche Exemplare sieht man hier in Ludwigsburg beim Militär eher nicht.« Ein fast ehrfurchtsvoller Ausdruck lag auf ihrem Gesicht. »Lieber Militär und Kasernen als Industrie und Proletariat, oder nicht?«

Mit einem »Hier, endlich« zog Lina ein Buch heraus. Es hatte einen roten Einband, und in einer Goldprägung stand der Titel mittig zu lesen: *Baedekers Schweiz.* Darunter im gleichen Goldton: *Mailand Genua Turin.* »Diesen hier kann ich Ihnen wärmstens empfehlen. Karl Baedeker ist dafür bekannt, dass er selbst alles vor Ort erwandert hat.« Lina schlug die ersten Seiten auf. »Hier, sehen Sie? Es gibt einen praktischen Teil, mit zum Beispiel den Dampferfahrplänen, dann einen übers Land selbst mit Berichten über die Geschichte, die Kunst und am Ende die *Merkwürdigkeiten,* also Orte, die er zur Besichtigung empfiehlt.«

Die Kundin nahm das Buch mit einem skeptischen Gesichtsausdruck in die Hände und blätterte lustlos um.

Lina betonte: »Ähnlich wie im Stuttgarter Blatt *Über Land und Meer* haben Sie hier sehr viele Bilder. Wobei es natürlich meistens Karten sind.«

Caroline trat dazu. »Oh, die Schweiz. Entschuldigen Sie bitte sehr, dass ich mich einfach so einbringe. Aber sagt man nicht, ein Baedeker irrt nie? Besonders die Empfehlungen für die Gasthäuser und Bäder finde ich sehr ansprechend.« Sie merkte, wie die Kundin ihre Kleidung musterte und wohl feststellte, dass sie aus einer anderen gesellschaftlichen Schicht stammte. Caroline fuhr fort: »Ich selbst bin nur als Begleitung meines Vaters gereist, ein angesehener Handwerker, der schon persönlich für den König gearbeitet hat … und in den Zügen sieht man diese Baedeker in den Händen der nobelsten Reisegesellschaften. Es spart wohl viel Zeit, in der man sich sonst die Details vor Ort erfragen müsste.«

Die Kundin schmunzelte, bedankte sich und verließ kurz darauf gut gelaunt mit ihrem neuen Kauf den Laden.

Lina nickte ihr zu, bediente noch zwei Herren und trat anschließend zu ihr. »Danke für deine Hilfe vorhin. Ich glaube, die Frau hätte noch ewig über Pferde geplauscht. Übrigens, hinter dem Tresen stehen die zwei Kisten mit neuen Büchern. Die mögen einsortiert werden. Eigentlich hatte ich dich etwas früher erwartet. So in etwa vor zwei bis drei Stunden.«

Caroline fiel siedend heiß ein, dass sie das ja sogar versprochen hatte. Jesses, wie konnte sie das nur vergessen.

»Herr Ungeheuer macht seine Arbeit bravourös. Er ist pünktlich, zuverlässig und vor allem pünktlich. Hatte ich bereits erwähnt, dass er pünktlich ist?«

»Ja, ich hab es schon verstanden. Tut mir leid.« Caroline grinste schräg, ging zu den Kisten und packte stapelweise Bücher aus. Nach einer Weile merkte sie, dass Linas Augen auf ihr ruhten. »Caroline, was ist los?«

»Warum, was soll denn sein?«

»Sonst bringe ich deinen Redefluss kaum zum Stoppen, und heute bist du schweigsamer als eine tote Ratte.«

Caroline lachte und betrachtete die Schaufensterauslage, die sie heute erneuern wollte. Dummerweise hatte sie auch das vergessen und keine neuen Aufsteller mitgebracht. »Ich bin nicht schweigsam, ich bin nur in Gedanken vertieft.«

»Ich glaube, es wird Zeit für eine Tasse Tee. Etwas sagt mir, dass da eine interessante Geschichte auf mich wartet. Dreht die sich vielleicht sogar um … um Göppingen?«

Caroline lächelte, sie konnte gar nicht anders. Ihre Mundwinkel zogen sich selbstständig in diese Position und wollten nicht wieder zurückspringen.

»Eine sehr interessante Geschichte also! Auf, die Bücher laufen ja nicht weg. Und selbst wenn, dann kämen sie nicht weit. Mhm, es ist fast Zeit für Ladenschluss.« Damit steckte Lina den Schlüssel ins Schloss, drehte ihn um, klappte das Schild im Fenster auf *Ge-*

schlossen und schob Caroline vor sich die Treppen nach oben. Bald hörte man in der Küche das prasselnde leise Rauschen des Wassers im Teekessel. Die beiden Frauen saßen sich am Küchentisch gegenüber. Lina griff zu der Obstschüssel, in der Erdbeeren lagen. »Lang zu, die sind frisch und so süß. Mach dir keine Sorge wegen der Bücher, zur Not muss Herr Ungeheuer morgen ein, zwei Stunden dranhängen. Dafür habe ich ihn ja auch, oder nicht? So, jetzt erzähl. Was habe ich verpasst?«

Und Caroline redete sich die Seele frei, erzählte, wie sie nachts aufwachte und darüber nachdachte, einen bescheiden lebenden Flaschner zu ehelichen, der bereits zwei Töchter hatte. Und eine davon schien eine echte Herausforderung zu sein. Dazu müsste sie ihr gewohntes Umfeld verlassen.

»Weißt du, liebe Lina, als neu Dazugezogene hat man es immer ein bisschen schwer. Das dauert, und wie will ich in meinem Alter dort Fuß fassen? Eigentlich habe ich das Thema Familie und Kinder bereits abgehakt …«

»Das macht dir Angst«, sagte ihre Freundin in einem ruhigen Ton.

Caroline schaute ihr in die Augen. »Ja. Das macht mir sogar sehr viel Angst.«

»Wann kommt er denn?«

Verblüfft antwortete Caroline: »Woher weißt du das?«

Aber ihre Freundin schenkte ihr nur ein Schmunzeln als Antwort.

»Ich denke mal, spätestens in zwei oder drei Wochen.«

»Genug Zeit, dass du dich damit beschäftigst.«

»Mit was? Mit der Angst?«

»Ja, klar. Weißt du, Dinge können dir nur so lange Angst bereiten, bis diese vertraut erscheinen. Erst dann kannst du sie mit klaren Augen betrachten und entscheiden.«

»Du redest von dir, oder?«

»Natürlich. Wie sollte ich dir raten, wenn ich das nicht schon selbst erlebt hätte? Caroline, es macht dir Angst, dich auf einen

Mann einzulassen, vielleicht Kinder zu bekommen und auch von hier wegzuziehen. Das muss auch gut überlegt werden. Das finde ich nur vernünftig, wenn auch einmal eine Spring-ins-Feld wie du zum Nachdenken kommt und überlegt, was das Leben einem so bietet. Und vor allem, was du so willst.«

Carolines Stimme flüsterte: »Als ob wir Frauen viel wollen dürften.« Energischer fuhr sie fort: »Aber ich will etwas reisen. Du hättest mir wohl nicht die Bücher von Walter Scott ausleihen dürfen.« Sie lachte, und eine Sehnsucht legte sich in ihren Ton. »Ich will sehen, was es an Schönheiten gibt. Aber immer wieder zurückkommen können zu einem festen Ort. Einem Ort, den ich selbst als Zuhause mitgestalten kann. Nicht nur die Tochter sein oder die Schwester oder die Gouvernante. Ich will, wie mein Vater, etwas selbst mit den Händen gestalten, etwas bewirken. Obwohl ich eine …«

»Obwohl du eine Frau bist. Ja, Caroline. Du bist eine Frau, und glaube mir, eine ziemlich einnehmende! Da könnten sich so einige Männer etliche Scheiben von abschneiden. Aber lass dir Zeit. Über Veränderungen, vor allem so große, muss man gut nachdenken. Ach, das Wasser kocht.« Lina sprang auf, goss das Wasser auf Teeblätter, die in den Tassen herumzirkelten, und erzählte, was in den letzten Tagen so vorgefallen war. Vor allem über die fortschreitenden Ärgernisse der schlechten Anbindung der Stadt an den Bahnhof. Morastige Wege, die nicht einmal mit einem Handkarren befahrbar waren, dank der Treppenstufen. Derjenige, der das geplant hatte, gehörte vor einen Ochsenwagen gespannt und sollte selbst jeden Tag die Lasten transportieren. Vorwärts und rückwärts!

* * *

Drei Wochen später saß Caroline am Esstisch bei Albert. Mit dabei dessen Frau und Wilhelm Märklin.

»Schön, dass du dir dafür Zeit nimmst und das machen willst«,

Albert redete mit seinem Schwager über einen Anbau der Werkstatt, wofür er Regenrinnen benötigte.

Es gab Kaffee und Kuchen und viel zu viel belangloses Geplänkel, wenn man zumindest Caroline gefragt hätte. Sie suchte immer wieder den Blick von Wilhelm, bis ihre Tante Wilhelmine zu ihr sagte: »Kannst du mir mal bitte in der Küche helfen?«

Das Dienstmädchen wurde zum Abräumen geschickt, und Wilhelmine setzte sich auf einen Holzstuhl, der vor einem hohen Regal voller Töpfe und Pfannen stand. Sie wirkte sehr blass und zerbrechlich, fast wie eine Puppe. »Caroline, heute benimmst du dich wirklich merkwürdig, ist etwas?«

Die Angesprochene fuhr zusammen, als ob sie bei einer Lüge ertappt worden wäre. »Nichts. Ich … es ist nur …«

»Mach dir mal keine Sorgen. Wenn es zu eng wird, dann können wir euch immer noch helfen. Du weißt, dass ihr immer auf uns zählen könnt.«

Im ersten Moment war Caroline verwirrt, sie wusste nicht, was ihre Tante meinte, bis ihr einfiel, dass ihre Mutter plante, weitere Räume des Wohnhauses zu unterteilen und zu vermieten. Wohnraum war in Ludwigsburg heiß begehrt. Dazu hatte Caroline ihre kleine Anstellung bei Dieterich verloren. Diese hatten jetzt einen begabten jungen Mann, der ausgezeichnete Vorschläge technisch einwandfrei als Skizzen anfertigte. Der hatte das auf einer Fachschule gelernt. Ihre Tätigkeit dort war ja nie eine richtige Beschäftigung gewesen, eher ein Hilfsdienst, in den sie damals über ihren Vater reingekommen war. Vielleicht war es auch nie mehr als eine Gefälligkeit gewesen, dachte Caroline. Aber eine zweite Stimme in ihrem Kopf antwortete: Nein, sie haben durchaus einige deiner Ideen umgesetzt. Das war dann zumindest eine finanzielle Gefälligkeit, die die Firma sich selbst geschenkt hat. Nichtsdestotrotz brauchte Caroline bald etwas anderes. Auch ihre Rolle bei Lina war unsicher. Auf lange Sicht wollte ihre Freundin im Buchladen kürzertreten und spielte sogar mit dem Gedanken, irgendwann alles zu verkaufen. Als Frau konnte Caroline den Buchladen selbst nicht übernehmen. Dies lag nicht an einem Mangel am Verständnis der Abläufe, auch wirtschaftlich erklärte Lina ihr beizeiten gerne, worauf zu achten war, aber Frauen war rein gesetzlich so etwas untersagt. Für alles Geschäftliche brauchte es einen Mann oder Ausnahmeregelungen, die so viel Papierkram und Erlaubnisse umfassten wie drei aufeinandergestapelte Bibeln. Und sie konnte sich nur für ausgewählte Schmöker begeistern, in ihr flammte nicht eine so umfassende Liebe zu allen Drucksachen zwischen zwei Buchdeckeln wie bei Lina.

Ein Hustenkrampf schüttelte ihre Tante.

Caroline trat schnell hinzu und tätschelte ihren Rücken, beeilte sich, ihr ein Glas Wasser zu geben.

»Es ist … es ist gleich vorbei«, keuchte Wilhelmine kraftlos. Ihr Gesicht war so farblos, dass es fast durchsichtig erschien.

Die Köchin kam besorgt herbeigeeilt und schob ihrer Herrin einen kleinen Schemel unter die Füße. Der Husten wollte und wollte nicht aufhören. Zusammen mit dem Dienstmädchen brachten sie die Kranke ins Schlafzimmer, öffneten die Fenster, betteten den geplagten Körper ins Weiche.

Als Caroline zurück ins Esszimmer kam, verstummte das Gespräch auf einen Schlag. »Ich soll Wilhelmine entschuldigen, ihr geht es nicht gut, sie hat sich etwas hingelegt, freut sich aber darauf, später wieder zur Gesellschaft dazuzustoßen.«

Albert schloss kurz die Augen, sein Lächeln war versiegt. »Es wird immer schlimmer, aber die Ärzte sagen, sie können nichts machen.« Nach einer Pause fügte er hinzu: »Manchmal glaube ich ja, dass ein Fluch auf mir lastet, jeder, den ich liebe, geht an meiner Seite zugrunde. Es tut mir leid«, damit stand er auf, ging hinaus, und kurz darauf hörte man, wie die Haustüre ins Schloss fiel.

Die beiden Zurückgebliebenen starrten sich an.

Zwischen ihnen herrschte eine Stille, als ob die Welt vergessen hätte, sich weiterzudrehen. Es existierten nur diese zwei Augenpaare, die ineinander blickten, um das Wesen des anderen in sich aufzunehmen. Beide wussten, dass Worte dieses Magische zerstören würden, aber es war kein Zustand, in dem man lange verharren konnte.

Wilhelm sagte leise: »Ich habe mir schon die ganze Zeit gewünscht, mit dir alleine zu sein … aber nicht unter diesen Umständen.« Er schielte in Richtung Küche, vergewisserte sich, dass niemand kam, und legte seine Hand auf die ihre. »Hallo, Linchen. Ich freue mich sehr, dich wiederzusehen.«

»Blicke nicht zurück.
Es kann dir nichts mehr helfen.
Blicke vorwärts!«

Friedrich Schiller, Wallensteins Tod

Kapitel 4

Angekommen

EIN DREIVIERTELJAHR SPÄTER,
FEBRUAR 1859, GÖPPINGEN

Wilhelm sah blendend aus. Er hatte sich einen schwarzen Anzug geliehen, in dem er wie ein wohlbetuchter Kaufmann wirkte. Dazu hielt er sich so gerade, als ob er einen Besen verschluckt hätte. Seine hellen Haare waren ordentlich frisiert und klebten wie angelötet am Kopf. Caroline sah ihn an, spürte seine Freude und empfand in ihrem Inneren selbst ein Glücksgefühl. Sollten all die Zweifel endlich besiegt sein, sollte sie hier zur Ruhe kommen? Ihre Mutter hatte ihr zum Abschied gesagt, dass spätestens mit Kindern, möge Gott ihnen welche schenken und lassen, die letzten Wunden der Vergangenheit verheilen würden. Von Carolines zwölf Geschwistern waren nur zwei innerhalb des ersten Lebensjahres gestorben. Als ihre Mutter zweiundvierzig Jahre alt gewesen war, war ihr jüngster Bruder auf die Welt gekommen, der seit einem Jahr in die Lehre ging. Die Zeit raste so schnell. Gestern waren sie noch Kinder gewesen und hatten mit Murmeln auf dem Hof geklickert, und heute versuchte man, sich genauso ernst zu benehmen, wie einem das Leben mitspielte.

Wilhelm stand auf, schaute in die Runde. Freunde, Bekannte und Geschäftspartner redeten laut durcheinander und tranken immer wieder auf das Wohl des frisch vermählten Brautpaares. Auf ihn und Caroline. Er klopfte mit einem Löffel gegen sein Weinglas, bis Ruhe in dem großen Saal einkehrte. »Liebe Gäste, es ist mir eine große Ehre, mit euch heute unsere Hochzeit zu feiern. Euch meine wunderschöne Braut Caroline vorzustellen und mit euch auf unser Glück anzustoßen. Und natürlich auch danke für die vielen Präsente. Greift tüchtig zu, und nachher wird getanzt. Wir kommen ja nur einmal so jung zusammen wie heute!«

Wie auf ein Kommando hoben sich alle Gläser, und *Ein Hoch auf die Brautleute* ertönte einstimmig. Sophie flitzte mit ein paar anderen Kindern im Saal umher, hübsch zurechtgemacht mit hellem Blümchenkleid und Schleifchen im Haar, auch der Lehrling Georg war anwesend, er gehörte ja zum Hausstand dazu. Rosine kam durch die Tür herein, stellte sich zu Caroline, sagte steif »Frau Märklin«, ließ ihren Blick über die Tafel schweifen, über die Gläser, das Besteck, stützte sich mit einer Hand am Tisch ab, so unglücklich, dass sie dabei ein Glas voll Rotwein umstieß. Es floss und floss und wollte gar nicht mehr aufhören. Von der Tischdecke auf Carolines Kleid, auf den Boden, überall sprossen tiefrote Flecken. Die Braut sprang erschrocken auf, tupfte hastig mit einer Papierserviette die Tropfen auf. Versuchte, die Flüssigkeit damit aufzusaugen, die weiße Unschuld wiederherzustellen. Tränen sammelten sich in ihren Augen. Ihr ausgeliehenes Festkleid! Das schönste Kleid, das Caroline jemals getragen hatte. Wie aus weiter Ferne nahm sie die erschrockenen Geräusche und Worte aus der Gästemenge wahr. Sah, wie die Metzgersfrau in den Saal schaute, herauseilte und mit einer Tasse Salz zurückkam. Caroline musste sich setzen, und das Salz wurde auf die Flecken gestreut. »Warte, bis es sich vollgesogen hat, dann kalt auswaschen«, drang es an ihr Ohr. Was das jetzt kosten würde! Zu den anderen Ausgaben dazu. Ob sie es überhaupt wieder sauber bekäme? Sie mussten doch sparen. Sie hatten zuvor ein erstes Hochzeitsfest in Ludwigsburg mit der Verwandtschaft und ihren Freundinnen gefeiert. Dorthin waren auch Wilhelms Geschwister eingeladen gewesen: der Bruder Carl, der als Goldfabrikant in Altensteigdorf arbeitete und mit seiner Frau Friederike teuer gekleidet erschienen war, und Wilhelms Schwester Johanna Grunauer, verheiratet mit einem Pfarrer in Basel. Besonders mit Johanna hatte sich Caroline auf Anhieb gut verstanden und belustigt Erzählungen über die Verwandtschaft von Wilhelm gelauscht. Wilhelms Großvater hatte als Bäckerobermeister in Ludwigsburg gearbeitet, und väterlicherseits waren fast alle Onkel und Tanten im Süden Deutschlands entweder selbst Apotheker oder mit Apothekern verheiratet, und somit wurde mit dem Märklinblut nicht nur die Frömmigkeit mit den Pfarrern mitgeliefert, sondern auch eine gewisse Präzision und Gründlichkeit. Die Hochzeitsfeier war wunderschön gewesen, Caroline war sich wie in einem prunkvollen Traum vorgekommen, so mussten sich Prinzessinnen aus den Märchen fühlen.

Aber das jetzt, das war eine Katastrophe.

Caroline sah, wie Wilhelm den Mund öffnete, auf seiner Stirn stand eine tiefe Zornesfalte, doch der Mund klappte wieder zu. Sprachlos.

Rosine war erstarrt. Ihre Augen weit aufgerissen, ganz dunkel, man konnte fast keine Augenfarbe erkennen.

Wilhelm hob die Hand, als ob er seiner Tochter eine Ohrfeige verpassen wollte. Caroline schüttelte den Kopf, sprang auf, sodass das ganze Salz herunterrieselte, rief »Nein!«. Rosines Augen schienen fast nur aus Schwarz zu bestehen. Dunkelheit breitete sich aus, und Caroline wurde kalt. Sie beugte sich zu dem Mädchen und sagte: »Rosine, ist nicht schlimm, das passiert mal.«

Doch das Mädchen schluchzte laut auf und stürzte aus dem Saal, als wäre der Leibhaftige hinter ihr her. Umklammerte dabei mit der einen Faust etwas so hart, dass die Knöchel ihrer Hand rot hervortraten.

Friederike Wackler kam herbeigeeilt, hakte Caroline unter, verschenkte bezauberndes Lächeln und die Gewissheit, dass gleich alles wieder gut werden würde. Obwohl sich Caroline wehrte, steckte sie kurz darauf in einem von Friederikes festlichen Kleidern. Eine rotgoldene Brosche zierte vorne ein blau-weißes Tuch, das Kleid selbst war etwas zu groß und in der Taille mit einem Band zusammengehalten, was aber unter dem zarten Jäckchen aus weicher Wolle, was sich an ihren Körper schmiegte wie ein Kätzchen, fast keinem auffiel.

»Was ist nur mit diesem Mädchen los?«, hatte Friederike geflüstert, als sie Caroline dabei geholfen hatte, die Haare zu richten. »Mir kam es fast so vor, als hätte sie das mit Absicht gemacht.«

Caroline hatte den Kopf geschüttelt. »Nein, bestimmt nicht … Rosine, die braucht einfach etwas Zeit.« Ihre Stimme hörte sich in ihren eigenen Ohren falsch an. Dieser Blick des Mädchens, etwas daran war eigenartig gewesen. War das wirklich nur ein Missgeschick? Aber sie hatte keine Zeit gehabt, darüber nachzudenken. Es hatte sie eine große Überwindung gekostet, wieder in den Saal zu gehen. Das war so peinlich. Einige der geladenen Gäste hatte sie heute zum ersten Mal gesehen. Wichtige Geschäftskunden von Wilhelm, was mussten die jetzt über sie denken? Und Friederike! Sie kannten sich ja nur flüchtig, Caroline hatte sich zunächst geweigert, sich etwas von ihr auszuleihen, aber ihr einziges richtig festliches Kleid war vom Umzug noch zerknittert. Das konnte sie nun wirklich nicht tragen. Nicht am Tag ihrer Hochzeitsfeier in der neuen Heimat. So hatte es Friederike nicht allzu schwer gehabt, sie dann doch noch zu überreden.

Die Schatten draußen wurden länger, die Stimmung im gemütlichen Inneren stieg. Fünf Musiker spielten zum Tanz auf. Die Klarinette und Trompete führten mit lustig hüpfenden Melodien, wurden von einer tiefen Tuba rhythmisch begleitet, die wiederum von einem Horn und Posaune harmonische Unterstützung bekam. Es klang einfach wundervoll, und irgendwann hatten auch die Gäste vergessen, dass Caroline in einem Kleid herumlief, das ihr weder gehörte noch richtig passte. Später tauchte Rosine wieder auf, setzte sich grummelig ans andere Ende des Raums und ließ sich vom Lehrling überreden, mit ihm zu tanzen. Die Musik ging direkt in die Beine, vor allem, wenn der Kopf über den Dächern bei den Wolken schwebte.

Jetzt bin ich verheiratet, dachte Caroline, als sie alleine mit ihrem Mann in der Schlafstube war, und blickte ihn an, wie er sein Hemd auszog und sich auf die Bettkante setzte, um sich der Socken zu entledigen. Das Haus war bereits warm und vertraut. Hier würde sie sich wohlfühlen.

»Frau Märklin«, Wilhelm drehte sich um. »Hast du dich schon an deinen neuen Namen gewöhnt, oder soll ich dich noch eine Weile Hettich nennen? Hettichlein?« Er küsste ihre Hand, arbeitete sich den Arm entlang, bis er an ihrem Ohrläppchen angekommen war.

Sie kicherte. »Da bin ich doch kitzelig.« Sie schob ihn von sich weg. »Wann hast du dich eigentlich in mich verliebt? Also wann genau?«

Er trug jetzt nur noch seine Weißware, lange, helle Beinkleider, der Oberkörper war von der ganzen Arbeit muskulös und gut definiert, und Caroline gefiel, was sie sah. Mit einem gestellten Seufzen schlug er das Bettlaken über sich. »Mhm, ich denke, als ich sah, dass du was von meiner Arbeit verstehst.«

»Was?«

»Als du nach dem Hammer gegriffen und meine wertvollen Bleche verbogen hast.«

Caroline verschränkte die Arme vor der Brust, aber mit einem lauten Prusten lachte Wilhelm los. »Ach Linchen, was soll ich denn sagen? Dafür gibt es doch keinen festen Zeitpunkt. Gefallen hast du mir schon immer. Aufgefallen … ich denke, als ich dir im Garten deines Onkels mein Herz ausgeschüttet habe. Das war so ein Augenblick.« Er zog ihr langsam die Decke vom Oberkörper. »Oder auf dem Fest, als wir tanzten, als ich dich in meinem Arm hielt oder …« Er legte seine Hand auf ihren Bauch, streichelte die leichte Rundung, die sich durch das Hemdchen andeutete.

Caroline küsste ihn. Verschloss den Mund, der ihr so viel Liebes schon gesagt hatte, der ihr ein schönes Leben versprach. Er war ein einfacher Flaschnermeister, wie er stets betonte. Aber einer, der Visionen hatte und Ziele, das gefiel ihr. Auch das, was in ihr heranwuchs, gefiel ihr, sehr sogar. Sie hatte erst bei der Hochzeitsfeier in Ludwigsburg gemerkt, wie sehr sie sich danach gesehnt hatte, gesehnt nach einer Familie. Einer eigenen Familie, die ihr ganz alleine gehörte. Und die in einigen Monaten ein drittes Kind beglücken würde. Ihr eigenes Kind!

Kurz bevor sie die Augen schloss, zuckte ein Gedanke durch ihren Kopf. Es war der Blick! Der Blick von Rosine, der nicht zur Situation gepasst hatte. Er war überhaupt nicht erschrocken gewesen, sondern abwartend, fast lauernd. Eine Eiseskälte kroch ihr vom unteren Rücken bis in den Nacken, aber als Wilhelm ihr das Hemd auszog, war da kein Platz mehr dafür. Es gab in diesem Moment nur ihren Mann, die zarten Berührungen zwischen ihnen und das Glücksgefühl, das in ihr zu wohnen begonnen hatte.

* * *

»Was soll ich?« Caroline schaute so erschrocken wie ein kleines Mädchen, das erfahren hatte, dass für die nächsten Jahre ihr Geburtstagsfest sowie Weihnachten ausfallen sollten.

Wilhelm blickte ernst. »Aber ich bitte dich. Was denkst du denn, wie wir das hier machen sollen? Du kannst doch jetzt nicht auf Reisen gehen!«

Sie schluckte, merkte, wie der Boden unter ihren Füßen wankte. »Aber, wir hatten doch …«

»Ja, ja, ich weiß, aber wir müssen sehen, wie das möglich ist, und du bist jetzt ja erst mal schwanger.«

»Aber … das dauert noch.«

»Und wer macht den Haushalt? Kümmert sich um die Mädchen? Dann wollen wir bald noch umziehen.«

»Das geht schon irgendwie.« Carolines Stimme hatte jegliche Kraft verloren.

Sie saßen zusammen mit den Töchtern beim Abendessen. Seit der Hochzeitsfeier waren mehrere Wochen vergangen, und der Alltag hatte Einzug gehalten. Früh am Morgen verließen Wilhelm und sein Lehrling den Frühstückstisch, die Kinder gingen in die Schule. Caroline kümmerte sich dann um den Abwasch, eilte zum Einkaufen, kochte, räumte auf, besserte Kleidungsstücke aus, fegte, schleppte Wasser vom Sauerbrunnen herbei, wusch die Wäsche, hackte Holz, feuerte den Ofen an, sorgte dafür, dass es mittags und abends etwas zu essen gab. Das Dienstmädchen arbeitete zwar für sie, aber Wilhelm hatte ihre Arbeitszeit und den Lohn halbiert. Es war klar, dass sie sich bald etwas Neues suchen würde. Mit der Hälfte eines gewohnten Gehalts kam man nicht plötzlich so über die Runden, dabei mochte Caroline die kleine Fee, wie sie sie insgeheim nannte, recht gerne. Auch mit Sophie kam Caroline gut zurecht, ein liebes Mädchen, das sich offensichtlich freute, eine Stiefmutter bekommen zu haben. Es freute sich sogar darüber, bald große Schwester zu sein, und streichelte regelmäßig den dicker werdenden Bauch. Nur Rosine war nicht zu fassen, mal nett wie der Sonnenschein, dann düster wie der dunkelste Regentag. Und Gewitter gab es mit ihr regelmäßig.

Die Mädchen hatten das Gespräch am Tisch aufmerksam verfolgt. Rosine erhob sich. Sie verzog sich oft direkt nach dem Essen, ohne ein Wort zu sagen. Auf der einen Seite wirkte sie schon so selbstständig, fast erwachsen, bis das Kindliche im Verhalten aufblitzte, Hilflosigkeit, wenn sie nicht mehr weiterwusste. Und in diesen Augenblicken schien Rosine sich selbst zu hassen, dafür, dass sie Schwäche zeigte, dass sie berührbar war, verwundbar.

»Rosine, bleib bitte noch«, Wilhelms Stimme klang ernst. »Ich habe bei deinen Sachen einen Florin gefunden. Woher hast du den?«

»Du hast was?« Rosine starrte ihn entgeistert an. »Du hast meine Sachen durchwühlt?«

»Ja, nicht nur deine. Georg vermisst den Beutel mit seinen Ersparnissen, da sah ich es als meine Pflicht an, selbst die Sache in die Hand zu nehmen. Und die größeren Beträge, die dir gehören, die verwahre ja eigentlich ich. Und einen Florin? Das ist ja ein außerordentlicher Reichtum.«

»Der Florin ist nicht von Georg«, sagte Rosine mit fester Stimme.

»Ja?«, abwartend betrachtete Wilhelm seine Tochter.

»Nichts.«

»Du sagst mir jetzt, von wem du den Florin bekommen hast.«

»Nein!« Rosine drehte sich um und rannte aus dem Haus.

Wilhelm machte Anstalten, Rosine hinterherzueilen, aber Caroline schüttelte den Kopf. »Das bringt jetzt nichts, sie ist eh weg. Sie kommt erst wieder, bevor es richtig dunkel ist.«

Ihr Mann seufzte, legte seine Arme um seine jüngere Tochter, als ob er sich an ihr festhalten wollte. Ein Bild voller Besorgnis, Verletzlichkeit, was an Caroline rührte. Aber diesmal fühlte sie nicht das warme Gefühl in ihrem Inneren, das sie bis jetzt für Liebe gehalten hatte, diesmal fühlte sie einen Zorn auf Wilhelm in sich glimmen, einen Zorn darauf, dass er sie nicht reisen ließ. Früher oder später würde sich dieser einen Weg nach außen bahnen. Eher früher als später, da kannte sie sich selbst nur zu gut.

Es war Ruhe eingekehrt im Hause Märklin. Alle schliefen, alle, bis auf eine.

Caroline saß am Küchentisch, stippte eine Feder in ein Tintenfass und ließ mit schwarzen Linien Buchstabe um Buchstabe entstehen, die ihren Gruß in ihre alte Heimat trugen, zu Lina. Ihre heiß vermisste Freundin.

… weißt Du noch, wie wir uns bei dem Fest begegnet sind? Dir fielen Bücher aus einer Kiste, und als ich Dir half, diese aufzuheben, fasste ich mir ein Herz und fragte, ob Du auch gebrauchte hast, die Du billiger verkaufst. Es ist schon seltsam, wenn man so darüber nachdenkt, wie das Zuhause, in das man von Gott gegeben geboren wird, das gesamte Leben beeinflusst. Wie ungerecht es sein kann, was für einen Start man mitbekommt, was für ein anderer Mensch …

Caroline schaute an ihrem schlichten Hauskleid hinunter, das an einer Stelle gestopft war, was sie unter der Schürze verbarg. Ihre Hände waren rau von der ganzen Hausarbeit, sie hatte hier viel mehr zu tun als zuvor bei ihrer Mutter. Und Ruhe trat hier nur ein, wenn die Nacht sich bereits in den Straßen breitgemacht hatte. Sie legte ihre Hand auf die Wölbung ihres Bauches. Nichts, sie spürte einfach nichts. Das Kind sollte sich doch bereits bewegen! Strampeln und zeigen, dass es lebendig war. Eine kalte Hand fasste nach ihrem Herzen. Was, wenn sie wie Albert den Fluch der Familie geerbt hatte und nur tote Kinder auf die Welt bringen konnte? Ihre Kehle wurde trocken, und sie schluckte. Sie hatte schon einmal ein Kind verloren, das würde sie ein zweites Mal nicht überstehen. Die erste Frau von Albert war daran zerbrochen, sie erinnerte sich noch ganz genau, wie diese nach der zweiten Totgeburt in sich zusammengefallen und daran zugrunde gegangen war. Auch wenn die Nachbarinnen sagten, dass das normal sei, auf jedes gesunde Kind kämen drei tote, wie sollte das ein Mutterherz verkraften können? Wenn man die zarte blasse Haut des Babys streicheln konnte, die Augen sah und den kleinen Mund, der nie die Möglichkeit gehabt hatte, zu lachen und die Welt willkommen zu heißen. Wie sollte man da die Kraft finden und weiter die Luft atmen, die dem eigenen Kind nie gegönnt war? Sie stockte, wen konnte sie nur um Rat fragen? Friederike hatte keine Kinder, diese lebte ganz für das Fuhrunternehmen, genauso wie Lina für ihren Buchladen. Vielleicht ihre Schwester Emilie? Doch wäre das nicht unschicklich, da Emilies Kind vor zwei Jahren tot auf die Welt gekommen war? Aber auch Emilie war erneut schwanger geworden. Ihre Mutter? Würde sie sich damit nicht eine riesige Blöße geben und zeigen, dass sie unfähig war, auf eigenen Füßen zu stehen?

Caroline seufzte und setzte den Stift wieder an, beendete den Satz.

… man hätte werden können. Aber vielleicht ist dafür auch noch später Zeit. Du bist mir ein Vorbild, das wollte ich Dir schon immer einmal gesagt haben. Wie Du das nach dem Tod Deines Mannes geschafft hast, das verdient meinen größten Respekt.

Alle müssten sie dafür respektieren, dachte Caroline, es war unglaublich, wie sich Lina mit so vielen Männern ständig auseinandersetzen musste. Ob Kunden oder Geschäftspartner, immer wieder sollte sie ihre Geschäftstüchtigkeit beweisen, dass die Buchhandlung florierte und expandierte und zudem, dass sie verstand, was sie da in den Regalen stehen hatte. Sie konnte ja nur verkaufen, was sie auch anpreisen konnte. Frauen seien nicht dazu geeignet, so komplexe Inhalte zu begreifen, und einige sagten direkt, dass es kein Wunder sei, dass aus Linas Ehe keine Kinder entsprungen seien, das ganze Lesen und darüber Nachdenken habe die Gebärmutter ausgetrocknet. Als ob ausgerechnet Lina den Inhalt der Bücher nicht kapieren würde, Caroline lachte laut auf, hielt sich sofort die Hand vor den Mund. Sophie hatte einen so zarten Schlaf, nicht, dass sie … Caroline hatte den Gedanken noch nicht zu Ende gebracht, da hörte sie ein Tapsen, ein Quietschen, welches das Öffnen der Türe begleitete, und da stand sie. Verschlafen, mit zwei geflochtenen Zöpfen und einem breiten Gähnen auf dem niedlichen Mädchengesicht.

»Sophiechen, komm«, sagte Caroline in einem leisen Ton und zog sie in ihren Arm. »Ich bring dich wieder ins Bett.« Die steile Treppe zum Dachgeschoss hoch sang Caroline ein leises Lied, wie sie es schon früher ihren Geschwistern vorgesungen hatte:

»In der Hecke auf dem Ästchen
baut ein Vögelein sich ein Nestchen.
Legt hinein die Eierlein,
brütet aus die Vögelein,
rufen alle Piep Piep Piep,
kleiner Schatz, ich hab dich lieb.«

Etwas später steckte Caroline den Brief in einen adressierten Umschlag und klebte ihn zu. Entschlossenheit stand ihr ins Gesicht geschrieben, sie wusste, was sie machen wollte, um ihr pochendes Herz zu beruhigen. Von Ludwigsburg aus war es nur ein Weg von zwei Stunden nach Besigheim, wo ihre Schwester Emilie wohnte. Diese war nur ein Jahr jünger als sie und stand ihr von allen Geschwistern am nächsten. Früher hatten sie zusammen Streiche ausgeheckt, im Wald gespielt oder am Fluss. Flüsterten sich lachend ihre ersten Geheimnisse zu und wussten automatisch, was die andere dachte. Emilie bewunderte sie, für ihre ruhige Hand beim Malen, für ihre Ideen, sie war wie ihr Schatten, der mal vor ihr oder hinter ihr wanderte, sie immer begleitete, bis sie ihren späteren Mann kennenlernte. Sie veränderte sich, Caroline konnte es gar nicht in Worte fassen, was es genau war, aber es fühlte sich an, als ob jemand das Feuer in ihr gelöscht hätte und anstelle von züngelnden Flammen nur schwarzer Rauch übrig geblieben war. Der Übergang von Spielkameradin zur Ehefrau verlief schneller als der Wechsel zwischen zwei Jahreszeiten. Emilies Ehemann arbeitete als Oberamtsrichter, da musste man wohl den Humor an der Garderobe abgeben. Vor Gericht wurde ja wenig gelacht, das war bekannt. Eigentlich vermied Caroline es, sie zu besuchen, weil sie mit ihm nicht warm wurde, im Gegenteil, sie fand ihn sogar recht unsympathisch. Aber er behandelte Emilie gut, und das war das Wichtigste. Sie lebte in einer Zeit voller Umbrüche. Zwei Brüder hatten sich in Amerika selbstständig gemacht und waren wohl recht erfolgreich, der eine als Salonbesitzer, der andere als Hairdresser, und ihre Schwester Sofie wollte mit ihrem Mann Herrmann Schumann ebenfalls nach Chicago ziehen, wo dieser als Postoffiziant arbeiten würde. Von ihrem Onkel Heinrich waren fünf von dreizehn Kindern nach Amerika ausgewandert. Diese verteilten sich auf New York und Philadelphia, soweit sie wusste, wobei Caroline keine Ahnung hatte, wo welche Stadt in diesem riesigen Land überhaupt lag. War das alles nur Zufall? Erwischte einen das Schicksal wie ein Regenguss auf offenem Feld? Oder steuerte das tatsächlich Gott? Hatte dieser ein riesiges Buch aufgeschlagen vor sich liegen und notierte die Lebenswege für alle Menschen auf der Welt? Entschied er, wer starb und wer zu Reichtum kam? Caroline wischte sich über ihre müden Augen. Sie ging in die Vorratskammer, zog einen Krug hervor, in dem ein kleiner Rest fette Sahne schwamm, und tupfte davon eine winzige Portion auf ihre Hände. Es kühlte sofort und zog in die Haut ein, hinterließ einen glänzenden Schimmer und roch vertraut nach Stall und Kühen. Wetten, dass am nächsten Morgen die Katze wieder neben ihr im Bett liegen würde?

Der Morgen begann mit einem lauten, tirilierenden Vogelgesang, der mit den ersten Sonnenstrahlen durch das Dachfenster drang. Der Lehrling erhob sich, um unten das Feuer zu entfachen. In einer Stunde würde Marie, das Dienstmädchen, kommen. Sie war eine Bauerstochter und musste morgens beim Melken der Kühe helfen, danach fuhr sie auf dem Kutschbock in die Stadt hinein. Ihr Vater und Bruder lieferten die Milch aus, und sie ging Caroline zur Hand. Über sie bekam die Familie verschiedene Lebensmittel wie Eier und Fleisch zu einem guten Preis, was recht praktisch war, und heute wollte sie Brennnesseln für einen frischen Salat mitbringen.

Wilhelm schmiss die Katze aus dem Bett, zog Caroline zu sich und bedeckte ihren Mund mit seinem. Ihr stockte der Atem. Er hielt wenig von der neumodischen Methode, ein Stück Leinentuch in zerriebenes Pulver zu tauchen, um damit die Zähne abzureiben. Er befreite zwar manchmal mit einem Holzspan die Zähne von groben Essensresten und spülte abends mit einem Schluck Bier den Mund aus, aber genau das war es ja, was sie jetzt schmeckte. Bier gepaart mit einem fauligen Geruch. Das würde sie ihm noch abgewöhnen. Und nicht nur das, das war so sicher wie das Amen in der Kirche.

Seine Hand tastete sich ihren Körper entlang zu ihrem Po, streichelte ihn, sein Atem beschleunigte sich. Doch etwas stimmte nicht, ihr Magen gurgelte, und ein Geschmack nach Essig drang in ihren Mund. Mit einem »Entschuldige« befreite sie sich aus der Umklammerung, schlüpfte aus dem Bett, riss die Bettpfanne hervor und übergab sich.

Wilhelm lachte, tätschelte ihren Rücken. »Das geht auch vorbei, mein Liebes.« Er stand auf, streifte seine Kleidung über und ging nach unten, um den Lehrling anzutreiben.

Rosine und Sophie saßen aufrecht nebeneinander in ihrem kleinen Bett, das sie sich teilten, und starrten sie mit großen Augen an. Caroline tupfte mit der Ecke ihres Hemdes ihre Mundwinkel ab und lächelte blass. »Alles gut, aber ich glaube, ich habe heute Morgen keinen Appetit. Was habt ihr für einen Hunger? So klein wie eine Maus oder so riesig wie ein Löwe?«

Seitdem sie eingezogen war, hatte sich die Buchmenge im Haus vervierfacht, was nicht besonders schwer war, da Wilhelm nur zwei Bücher besaß, eine Bibel und ein Liederbuch, so wie es typischerweise in den meisten Haushalten anzutreffen war. Caroline hatte unter anderem ein Bilderbuch über exotische Tiere aus fernen Ländern mitgebracht, und die beiden Mädchen kamen aus dem Staunen gar nicht mehr heraus. Die Welt war nicht nur groß, sondern bunt und abenteuerlich!

»Löwe?« Caroline beugte sich nach vorne, krümmte ihre Finger zu Krallen und jagte die Mädchen mit einem lauten Grollen nach unten.

Klong, dröhnte es dumpf aus der Werkstatt. Wilhelm bearbeitete mit einem Hammer ein längliches Blechstück, das über einem oben abgerundeten Holzblock lag. Der Lehrling fegte in einer anderen Ecke Blechreste zusammen und schüttete diese in einen Korb.

Wilhelm hielt in der Bewegung inne und schaute seine Frau an, die gerade zur Tür hereinkam. »Du bist mein Glücksbringer«, sagte er und lächelte. »Ich habe schon wieder einen neuen Auftrag für Regenrinnen hereinbekommen.«

»Ich dachte, du darfst in der Stadt nichts annehmen?«, antwortete sie und rückte in einem der Regale einen Stapel Blechschüsseln zurecht.

»Mhm«, sein Gesichtsausdruck veränderte sich. »Das hängt von der Menge ab. Erst wenn ich nur noch hier vor Ort verkaufe, wird sich die Konkurrenz wohl an die Zunft wenden und sich bitterlich beschweren.«

»Dann wird es Zeit, dass du auf Reisen gehst, um andere Bestellungen einzuholen, oder?« Caroline hatte sich eine Tasse in Miniaturform aus einem anderen Regal genommen. Wilhelm stellte diese aus den Abfällen her, aus den Resten, die beim Schneiden des

Blechs übrig blieben. Seine Töchter hatten bereits eine richtige kleine Puppenhausfrauenausstattung aus Blechgeschirr. Vor allem Sophie liebte es, immer wieder für ihre imaginären Freunde und die geschnitzten Holzpuppen zu kochen und diese zu bedienen. Der Renner war Brotsuppe, manchmal klaute sie einen Brotkanten und streute dann winzige Krümelchen auf die Teller. Solange das keine Ratten anlockte, war das ja ganz goldig.

Wilhelm musterte sie. »Ja, das muss ich wohl bald wieder machen. Du wirst hier gebraucht, Caro, das weißt du, oder?« Sein Ton hatte eine merkwürdige ernste Färbung angenommen. Selbst der Lehrling hörte mit dem Aufräumen auf und verließ mit einem sich entschuldigend anhörenden Murmeln die Werkstatt.

»Was meinst du denn damit?«, fragte Caroline.

»Gestern traf ich Rosines Lehrerin in der Stadt. Sie hat sich erkundigt, ob es meiner Tochter wieder besser gehe, sie fehle wohl öfters im Unterricht, weil sie krank sei. Das teilten ihr dann die Klassenkameradinnen mit.«

Caroline schaute verblüfft. Rosine war kerngesund und verließ jeden Morgen das Haus pünktlich zur Schulzeit.

Nach einer Pause fuhr Wilhelm fort: »Ich glaube, sie braucht eine strenge mütterliche Hand, die kannst nur du ihr geben. Das ist deine Aufgabe. Und kläre das mit dem Florin für mich, ja?«

Caroline runzelte die Stirn. »Und ich soll das richten, was in den letzten Jahren …«

»Caro!«, seine Stimme durchschnitt den Raum. »Du bist jetzt meine Frau, und das gehört zu deinen Aufgaben.« Eine Weichheit legte sich über sein Gesicht, und er trat zu ihr, küsste ihre Haare. »Ich bin sehr dankbar, dass du in mein Leben getreten bist, das weißt du, oder? Ich war schon kurz davor, jede Hoffnung zu verlieren. Jede Hoffnung, dass das Leben es doch noch gut mit mir meint.«

Sie nickte, schaute zu Boden und verließ die Holzhütte, ohne ihr eigentliches Anliegen, dass sie ihre Schwester besuchen wollte, vorgebracht zu haben.

Ein paar Wochen später traf ein Brief ein, der Caroline zuerst in Erstaunen versetzte und dann ihre Wangen rötete. Ihre Schwester Rieke hatte sich mit ihrem Sorn verlobt und lud sie zu ihrer Feier ein.

»Ich kann nicht, ich kann nicht weg«, Wilhelm saß am Abendtisch, schüttelte seinen Kopf und schob sich einen Löffel Kartoffelsuppe in den Mund. »Du weißt, dass es mir wichtig ist, pünktlich abzuliefern, und das mit einer guten Qualität.«

»Ja, natürlich«, Caroline rückte lustlos die Kartoffelstückchen in einer Acht in der Schüssel herum. Sophie schien es nicht mitzubekommen, dass die Stimmung auf einen Schlag um einige Grad gesunken war. Sie plauderte weiter wie ein frisch geschlüpfter Wasserfall und erzählte von den wichtigen Ereignissen des Tages, von ihrer Freundin, die sich beim Hüpfen ein Knie aufgeschlagen hatte und deren neue Haarschleife in den Dreck gefallen war.

Wilhelm stellte den Teller zur Seite und blätterte die Zeitung auf. Er teilte sich das Lesen immer in Portionen ein, morgens die ersten zwei, drei Seiten mit den Neuigkeiten aus Göppingen, die sich oft um vermisste oder aufgefundene Hunde, Lehrlingsgesuche und Werbeanzeigen der ansässigen Kaufleute und Handwerker drehten, dazu kamen Hausverkäufe und kurze politische Notizen. Abends nahm er sich mehr Zeit und las im letzten Teil die ausführlichen Berichte über Geschehnisse der Umgebung und politische Entwicklungen im Ausland. Hinter den bedruckten Seiten, auf die Caroline nun blickte, erklang seine Stimme: »Schau mal, Roth hat schon wieder eine Viertelseite Werbung für seine Korsette geschaltet.«

Caroline blinzelte. Ihr Kopf schien leer zu sein. Sie fühlte sich ausgehöhlt. Wie ein Topf, der von Löchern durchbohrt war.

»Caro, Liebes, ist alles gut?« Wilhelm blickte sie über den Rand der Zeitung an.

Sie nickte.

»Warum reist du denn nicht mit den Mädchen? Dann könnt ihr auch bei Albert vorbei.« Er faltete die Zeitung zusammen. »Und ich habe noch eine Lieferung, nur etwas Kleines, aber das kannst du dann mitnehmen nach Ludwigsburg.«

Caroline lächelte, sollte sie sich doch nicht in ihm getäuscht haben? »Da!«, sie wurde ganz aufgeregt und lehnte sich im Stuhl zurück. Ihre Hände umfassten ihren Bauch. »Ich hab es gespürt. Ganz deutlich.« Und mit leiser Stimme fügte sie, für die anderen nicht hörbar, hinzu: »Es lebt!«

Mit einem Jauchzen sprangen die Mädchen auf und legten ebenfalls ihre Hände auf die kleine Kugel. Wilhelm schickte ihr einen Luftkuss über den Tisch, entfaltete die Zeitung erneut und versank dahinter. »Deine Freundin, die Wackler, bietet jetzt geführte Ausflüge an in die Umgebung. Mit irgendwelchen Themen. Als ob die Leute Zeit für so was hätten. Sachen gibt's …«

»Geschmeide und Geräte von Silber und Gold trägt nicht mehr zur Bequemlichkeit bei als das von Stahl und Zinn, aber die mit diesem Besitz verbundene Auszeichnung reizt zu Anstrengungen des Körpers und des Geistes, zur Ordnung und Sparsamkeit, und diesem Reiz verdankt die Gesellschaft einen großen Teil ihrer Produktivität.«

Friedrich List

Kapitel 5

Unter Dampf

ZWEI WOCHEN SPÄTER,
ANFANG MAI 1859

Der Zug fauchte wie eine alte Katze, ächzte und schob sich die Gleise entlang, als ob er Mühen hätte vorwärtszukommen. Die Sonne schmunzelte aus dem Blau heraus und schickte wohlwollende Wärme hinunter.

Caroline fühlte sich wie ein alter Hase, was das Zugfahren anbelangte. Sie wusste, dass zuerst das durchdringende Pfeifsignal ertönte, dann die Türen lautstark zugeklappt wurden, dass es immer mal wieder in den Bahnhöfen zu unangekündigten Pausen kam, weil sich die eine oder andere Kuh entschlossen hatte, ihren Allerwertesten nicht von den Gleisen zu schieben, dass es innerhalb des Abteils eine Melange aus den verschiedensten Lärm- und Duftquellen gab und dass es sich manchmal lohnte, einfach mit geschlossenen Augen dazusitzen. Die vorbeiziehende Sonne ergab so hinter den Augenlidern Lichtpunkte, die lustige Reigen tanzten und manchmal in leichte Träume übergingen, die alles Gewesene und Werdende mit einzubeziehen schienen. Zuweilen ballten sich auch einzelne lose Gedanken, die Tage zuvor flatterhaft in ihrem Kopf umhergespukt hatten, zu einer konkreten Masse, sodass sie diese zu fassen bekam und beim Aussteigen aus dem Zug eine neue Zeichnung von einem Spielzeug mit im Gepäck hatte oder einen neuen Ansatz, wie sie als Frau die Verkaufsgespräche starten konnte.

Mit geschlossenen Augen hörte sie auch die Gespräche der Mitreisenden viel intensiver, der Hörsinn schien sich zu schärfen, sobald es nichts mehr zu sehen gab. Ob es sich dabei um ein gebrochenes Bein eines Pferds vom Bauern Hubert handelte, um die gestiegenen Kosten der Marktstände oder wer mit wem und wo. Heute saßen in der Bankgruppe hinter ihr zwei Männer, die sich über das Reisen im Allgemeinen unterhielten. Da der Gepäckwagen aus irgendwelchen Gründen nicht am Zug angehängt war, hatte der eine zwei große schwere Koffer und mehrere Beutel um sich herum verteilt. Er trug leichte Reisekleidung, wobei seine Stiefel ganz und gar von Staub bedeckt waren. Der zweite Mann war in einen schwarzen Anzug mit Hut nach der neuesten Mode gekleidet, reiste mit einem kleinen Lederkoffer und schien einen gehobenen Posten zu besetzen. Vielleicht als Beamter oder Bankangestellter. Er bewegte seine Hand gezierter als so manche Dame und zog beim Sprechen das Gesicht in die Länge, als ob er an allem und jedem etwas auszusetzen hätte. Caroline konnte einen Blick auf die beiden werfen, als Sophie aufsprang und aufgeregt in ihrem Abteil hin- und hereilte, um ihren Ball, mit dem sie spielte, aufzuheben. Der Geschäftsreisende hatte Carolines Interesse geweckt, spätestens nachdem die Worte »Handelsvertretung für Blech- und Spielzeugwaren« gefallen waren. Sie lauschte angeregt der Unterhaltung.

Der Elegante sagte mit einer hohlen Stimme: »Das könnte ich nicht ertragen, tagein, tagaus auf den Straßen unterwegs zu sein, zwischen all dem Pöbel und dem einfachen Bauernvolk auf Pritschen in den billigsten Gasthöfen übernachten zu müssen … Es geht nichts über ein komfortables warmes Zuhause mit bequemen Betten. Ohne Wanzen, versteht sich.«

Der zweite Mann hüstelte verlegen. »Jedem das Seine, und wenn es nicht das Bauernvolk gäbe, würde wohl die Butter auf dem Tisch fehlen, oder haben Sie eine eigene Kuh?« Bevor der andere ihn unterbrechen konnte, erzählte er schnell weiter. »Mittlerweile kann ich es mir ja auch leisten, große Strecken mit dem Zug zurückzulegen. Dazu sehe ich mehr von der Welt als so viele andere, da nimmt man den einen oder anderen Wanzenbiss gerne in Kauf.«

»Wo führt Sie die Reise denn so hin?«, fragte der Erste, und man hörte deutlich ein großes Quäntchen Spott aus der Stimme tropfen. »Reisen Sie einmal quer durch Württemberg und dann wieder zurück?«

»Ach, auch. Ich beginne meine Reise im März, nach Ostdeutschland, wissen Sie, in Leipzig trifft man sich zur Ostermesse, danach besuche ich Westdeutschland und fahre bis nach Holland. Waren Sie schon mal dort?«

Der andere blieb eine Antwort schuldig, und Caroline vermutete, dass er den Kopf geschüttelt hatte, denn der Vertreter fuhr mit seiner sanften, eindringlichen Stimme fort. »So viele Blumen und Kanäle, traumhaft, wobei ich meine Sommerroute eigentlich noch atemberaubender finde, da geht es über Berlin und Hamburg nach Dänemark, Schweden und Norwegen. Die verstehen was von Gebirge und Fjorden, das sage ich Ihnen. Aber bestimmt sind Sie schon mal in den Norden gekommen, bei Ihrer guten Stellung bei der Bank, oder?«

Caroline schien richtig geraten zu haben: ein Bankangestellter. Ein Grinsen machte sich auf ihrem Gesicht breit.

Wiederum folgte eine kleine Pause, bis der Handelsreisende fortfuhr: »Aber das ist ja nicht alles, ich vertrete insgesamt acht Firmen neben der meinigen. Ich habe Lizenzen auf deren beste Stücke, und die wollen auch, dass ich die südlichen Hauptstädte abklappere: Prag, Wien, Budapest, Venedig und Salzburg, um nur ein paar zu nennen. Und auf ranzige Unterkünfte muss ich leider verzichten, da meine Kundschaft gerne in die vornehmen Hotels kommt. Dort präsentiere ich dann auch meine Musterkoffer und meine Musterbücher. Sie verstehen?«

»Aha. Dann holen Sie sich vor Ort Personal dazu?«

»Sie meinen, ob ich jemanden brauche zum Übersetzen? Nein, wissen Sie, ich spreche die Sprachen der Länder, die ich bereise. Brauchen Sie das nicht auch für Ihre Kunden? Oder sprechen bei Ihnen alle Deutsch?«

Rosine stupste Caroline unsanft an der Schulter an, sodass diese erschrocken die Augen aufriss.

»Mir ist langweilig«, sagte das Mädchen. »Und ich hab Hunger. Sind wir denn bald da?«

»Natürlich, meine Hübsche«, Caroline schielte bedauernd über ihre Schulter zu den beiden Männern, zog aus einem beigen Leinenbeutel eingepackte Brote heraus, ein kleines Heft und ein paar Malstifte. »Hier, iss erst mal was, und dann können wir ja malen. Oder wollen wir ein Spiel spielen? Ich sehe was, was du nicht siehst?«

»Au ja«, quetschten die beiden Mädchen aus vollen Mündern heraus, sodass Brotkrumen über die beiden älteren Damen, die neben ihnen saßen, sprühten. Aber heute war ein Tag der Sonne und kein Platz für schlechte Laune. Die beiden Frauen wischten die hellen Flecken von ihren Röcken und schenkten ihnen freundliche Blicke.

Warum konnte nicht jeder Tag ein Sonnentag sein?

* * *

»Seid ihr groß geworden!« Carolines Mutter nahm die beiden Mädchen an den Händen und führte sie durch den Garten zu den Obstbäumen. Es gab zwar nur die rosa und weißen Blüten zu bewundern, aber es hing ein herrlich fruchtiger Duft über allem, sodass man den Sommer kaum abwarten konnte.

»Das waren doch keine zwei Monate«, rief Caro ihnen hinterher, aber da hatten sich ihre Schwestern Rieke und Pauline bereits rechts und links bei ihr untergehakt und zogen sie lachend und salbadernd ins Haus. Sie sprangen zwischen den Themen hin und her, wie Hasen Haken schlugen. Wie ihr die Schwangerschaft bekomme, ob sie Angst vor der Geburt habe, wie Wilhelm so sei, ob sich die Entscheidung richtig anfühle, nach Göppingen gezogen zu sein, weg von den Kasernen, apropos Kasernen, Riekes Verlobter sei beim Reiterregiment. Was für ein hübscher Mann, Caro kenne ihn ja, und seit er befördert worden war, sehe er in seiner neuen Uniform noch viel schnieker aus. Wie es wohl wäre, das erste Mal sich so richtig nahezukommen, wer alles zu der Verlobungsfeier eingeladen sei, dass Emilie nicht komme und wie die Familie von Carl Sorn wohl auf die bevorstehende Hochzeit reagieren würde.

Caroline stockte. »Wie? Seine Eltern wissen noch nichts davon?«

Rieke schaute verlegen zu Boden. »Du weißt ja, dass sie aus Stuttgart sind und sich eher zur besseren Gesellschaft zählen, ich bin da … du weißt schon.«

»Nein, weiß ich nicht!« Caroline war selbst erstaunt, welch scharfen Ton ihre Stimme angenommen hatte. »Dein Vater war königlicher Hoflieferant. So etwas in der Art zumindest, er entwarf die Modelle, die das Königshaus später als Geschirr und Figuren schmückten. Können sie das auch von sich behaupten?«

»Caro«, sagte Pauline, »lass es doch.«

»Nein, sieh es bitte so, wie es ist. Er kann von Glück sagen, dass er dich zur Frau bekommen wird. Als ob der Stand automatisch gutes Benehmen und Schicklichkeit mit sich bringen würde.«

Rieke zupfte an Caros Kleid, das sich etwas über ihren Bauch spannte. Er war in etwa so groß wie Sophies Ball, mit dem sie im Zug gespielt hatte. »Willst du dich nicht etwas ausruhen?«

»Von was? Vom Geschaukel im Zug?« Caro wusste, dass ihre Schwestern sie so gut kannten wie keine anderen. Natürlich war sie müde. »Ich will mich nur kurz auf das Sofa setzen, die Füße etwas hochlegen. Wisst ihr noch, was Mutter für dicke Beine bei ihrer letzten Geburt bekam? Und warum kommt Emilie denn nicht zur Feier?«

»Das wissen wir auch nicht, sie hat sich entschuldigen lassen mit Unwohlsein, vielleicht setzt ihre Schwangerschaft ihr stärker zu als dir deine.«

»Vielleicht«, sagte Caro. Doch ein komischer Geschmack blieb hängen, seit wann ließ sich ihre Lieblingsschwester eine Familienfeier entgehen? Sie wohnte ja nur wenige Stunden zu Fuß entfernt, das war mit der Kutsche ein Katzensprung. Emilie hatte bereits aus gesundheitlichen Gründen ihre Hochzeitsfeier mit Wilhelm verpasst, aber konnte ihr tatsächlich über so lange Zeit dauerübel sein?

Die Verlobungsfeier erfolgte am nächsten Tag im kleinen Kreis: Carls Eltern, seine Geschwister und zwei Kameraden waren eingeladen, sowie Carolines Familie mitsamt Albert, Wilhelmine und Riekes Busenfreundinnen, die sich schon zu Kindheitstagen gegenseitig mit Schnee beworfen hatten. Es ging etwas steif zu. Albert hatte zusammen mit der Mutter tief in die Tasche gegriffen und im Nebenzimmer des Wirtshauses Zum alten Apostel decken lassen. Es war nicht nur das beste Haus in der Stadt, sondern auch das teuerste, aber was machte man nicht alles, um die Eltern des Verlobten zu beeindrucken? Die Bedienung sorgte dafür, dass der Wein eifrig nachgeschenkt wurde, und als nach dem Essen drei Musiker dazukamen, um etwas Schwung reinzubringen, hatten sich bereits die Zungen gelockert, und es sah aus, als ob der Hochzeit nichts im Wege stehen würde. Rieke sah auch zu bezaubernd aus in ihrem hellgelben Kleid voller Rüschen. Rosine und Sophie rannten mit den anderen Kindern um die Wette und wiegten sich im Takt der Musik.

»Linchen«, Caros Mutter setzte sich zu ihr und musterte sie. »Was macht das Geschäft?« Es war zu typisch, dass ihre Mutter wirtschaftliche Fragen stellte.

»Wir ziehen ja um, vergrößern uns. Wilhelm hat dank seines alten Jobs bei Rau recht gute Kontakte zu den Firmen, die die modernsten Maschinen herstellen. Er ist sehr motiviert. Und der Lehrling scheint bereits eingelernt zu sein, zumindest in den grundlegenden Dingen, und geht ihm schon recht gut zur Hand. Aber wir hoffen, bald was zu finden, das auch einen eigenen Laden hat, dann könnten wir gleich vor Ort verkaufen, so wie damals bei Papa. Das wäre wunderbar.«

Die Mutter betrachtete sie schweigend, als ob erst nachdem Caro mit dem Reden aufgehört hatte, die eigentlich wichtigen Informationen kämen. »Weißt du, Liebes, immer wenn Menschen anfangen, alles mit *gut* und *wunderbar* auszuschmücken, ist meist das Gegenteil der Fall. Was ist los?«

Carolines Blick zuckte zu ihrem Bauch, und ihre Hand legte sich schützend darauf.

»Ach, ich verstehe.« Ihre Mutter streichelte über ihren Kopf. »Vertraue auf Gott! Vertraue auf deinen Körper und deine Kraft. Du bist ein starker Mensch mit einem starken Willen, Caroline Hettich. Keiner kommt deinem Vater so sehr nach wie du.«

Zwei Lieder später saßen die beiden Frauen noch immer an dem Tisch und hatten die Hände aufeinandergelegt. Und Caroline war sich sicher, dass alles gut werden würde. Sie war die erstgeborene Tochter ihres Vaters und ihrer Mutter. Und das Päckchen, was jeder Mensch auf Erden zu tragen hatte, hatte sie längst den Berg hoch- und wieder hinuntergeschleppt, jetzt war Zeit für Glück. Für ihr ganz persönliches Glück. Doch als sie ihre Schwester Rieke mit ihrem Verlobten so verliebt zusammen tanzen sah, spürte Caro einen Stich in der Seite. Das sah so viel leichter aus. Das Leben von Rieke würde später daraus bestehen, Hausfrau zu sein, Kinder großzuziehen, die Angestellten zu organisieren und zu präsentieren. Aber Caro wollte ja die Frau eines Handwerkers sein. Das hatte sie sich selbst ausgesucht. In vollem Bewusstsein.

* * *

»Wie lange bist du denn jetzt unterwegs, ich sehe dich doch noch mal?« Vorwurfsvoll blickte Lina sie an. »Ich bin ja fast noch mehr Familie als deine … deine echte Familie. Du weißt, was ich meine, nicht?«

»Na klar weiß ich das. Und wenn ich wieder hier bin, komme ich gleich zu dir, ja? Länger als drei Tage werde ich wohl nicht unterwegs sein, ich habe komischerweise noch gar keine Antwort von Emilie erhalten, so langsam mache ich mir echt Sorgen.«

»Ach was, schlechte Nachrichten reisen schneller als gute. Sollte etwas sein, hättest du das bereits erfahren. So, Caro, ich wünsche dir eine leichte Reise. Du wolltest noch den neuesten Tratsch aus Stuttgart hören, somit musst du ja wieder bei mir vorbeikommen. Ob du willst oder nicht. Und über Wilhelms Geschäft wollten wir auch noch reden, du hast da immerhin eine ordentliche Mitgift reingesteckt, war das nicht fast so viel, wie er selbst an Vermögen in die Heirat einbrachte? Denk da immer dran, wir lassen uns nicht rumschubsen.«

»Nein, wir lassen uns nicht schubsen«, Caroline lachte.

Mit einem Kuss auf die Wange verabschiedeten sich die beiden Freundinnen, und Caroline schwang ihren Beutel über die Schulter. Wenn sie zügig marschierte, würde es knapp drei Stunden dauern, bis sie vor dem Haus ihrer Schwester stand. Praktischerweise waren die Mädchen bei ihrer Mutter geblieben, so musste sie nicht bei jeder Blume oder jedem Käfer stehen bleiben, das tat sie selbst eh schon oft genug.

Nach dem dritten Klopftremolo öffnete endlich jemand die Türe. Es war ein prächtiges Stadthaus mit einem riesigen Garten. Alles wohlgepflegt und gut in Schuss. Man sah dem Anwesen schon von Weitem an, dass hier wohlhabende Herrschaften lebten. Ein schmaler Spalt tat sich vor ihr auf, und ein zierliches Dienstmädchen schaute so vorsichtig hindurch, als würde sie eine wilde Horde Räuber erwarten.

»Einen schönen guten Mittag, ich würde gerne meine Schwester Emilie besuchen.«

Das Dienstmädchen machte keine Anstalten, die Türe ganz zu öffnen, im Gegenteil, sie schüttelte den Kopf, sagte leise: »Das geht leider nicht, kommen Sie doch bitte nächste Woche wieder«, und wollte den Eingang schließen.

Caroline stellte schnell ihren Fuß in die Öffnung, schob sich mit einem Ruck hindurch. »Entschuldigen Sie bitte, aber ich bin die Schwester und bin zu Fuß von Ludwigsburg hierhergekommen. Eine Pause und eine Erfrischung wären nett.« Verwunderung färbte ihre Stimme. »Und wo ist denn die Hausherrin … ist was passiert?«

Die Augen des Dienstmädchens zuckten die Treppe hoch in den ersten Stock, verlegen zupfte sie sich am Ohrläppchen. »Nein, nein, es ist nichts passiert … aber … aber Frau Gulden ist gerade unpässlich.«

»Sie wird doch nicht …?« Vor Schreck blieb Caro der Mund offen stehen. Ungeachtet der Höflichkeitsetikette ließ sie ihren Beutel auf den Boden sinken und eilte die Treppe nach oben zum Schlafgemach.

»Emilie«, ihre Stimme überschlug sich, als sie gegen die Türe pochte. »Emilie, mach doch bitte auf.«

Und Emilie[16] öffnete. Sie stand im Dunklen, Caro konnte nur spärlich ihr Gesicht erkennen. Aber wie ihre Schwester so gekrümmt dastand, wie eine alte Bauersfrau, wirkte sie um Jahre gealtert. Emilies Hand stützte ihren dicken Bauch, der aussah wie ein riesiger runder Kürbis. Schwerfällig winkte sie sie in die Schlafstube, wo die Vorhänge zugezogen waren. Alles lag in einer eigentümlichen Dämmerung, das Bett, der Tisch mit den Stühlen, und ein zugehängter Spiegel, wie man es sonst nur machte, wenn jemand gestorben war.

Caro trat an ihrer Schwester vorbei ins Innere, roch den Muff, den Körper ausdünsteten, wenn sie seit Tagen nicht gewaschen waren und die Luft keine Chance hatte, sich mit neuer zu vermischen, sich einmal auf den Kopf zu stellen und im Kreise zu drehen.

Das Dienstmädchen erschien, aber Emilie schickte sie mit einem »Sag Bescheid, sobald mein Mann nach Hause kommt. Und die Köchin soll anfangen, alles herzurichten« weg.

»Schwesterherz, es ist doch niemand …«, Caroline zeigte zum Spiegel.

»Nein. Ich … ich …«

Mit einem kurzen Blick in die Runde trat Caro zu den Vorhängen, riss diese zur Seite und eins der Fenster auf. »Du brauchst

Licht, um …!« Aber als sie sich wieder umdrehte, blieben ihr die Worte im Halse stecken.

Ihre Schwester hatte ein geschwollenes Gesicht, ein Hämatom schillerte braun-grün direkt an ihrem rechten Auge, ein großer roter Fleck auf der gegenüberliegenden Wange. Bevor sie die Ärmel mit einer schnellen Bewegung herunterziehen konnte, hatte Caro auch dort blaue Flecken wahrgenommen, sie sahen aus wie die Abdrücke einer Hand. Die Hübscheste der sechs Schwestern war nicht mehr wiederzuerkennen. Über ihr verformtes Gesicht hingen fettige Haarsträhnen, das Hauskleid hatte Flecken, und ihre Fingernägel waren abgekaut und ungepflegt.

»Emilie, was um Gottes willen …«

Diese senkte ihren Kopf, dicke Tränen tropften neben ihren Füßen auf den Boden, sie schwankte, Caro konnte sie gerade noch stützen und auf das Bett sinken lassen.

In diesem Moment kam das Dienstmädchen herein, sah erschrocken zu dem geöffneten Fenster. Sie musste gar nichts sagen, an den weit aufgerissenen Augen erkannten die Schwestern, dass der Gatte eingetroffen war.

Laute Stiefel polterten bereits die Treppe hoch, und in der nächsten Sekunde stand Maximilian vor ihnen. Emilie starrte auf die andere Zimmerseite, auf den verdeckten Spiegel. Sie schien sich meilenweit weg in einer anderen Welt zu befinden.

Ihr Mann trug einen Strauß bunter Feldblumen in der Hand, auf seinem Gesicht zeigte sich ein Lächeln, aber die braunen Augen waren zusammengekniffen und erfassten die Situation. »Meine liebe Emilie, das ist für dich, mein Herz.« Er gab die Blumen dem Dienstmädchen, das damit den Rückzug antrat und nach unten eilte. »Ich wusste gar nicht, dass wir heute Besuch erwarten. Sind Sie schon lange unser Gast?«

»Nein, ich bin gerade erst eingetroffen, Herr Gulden«, Caroline erhob sich, zupfte ihr Kleid zurecht.

Er trat einen Schritt nach vorne, streckte seine Hand zur Begrüßung aus. Carolines Gesicht versteinerte. Als sie aber im Augenwinkel sah, wie Emilie scharf die Luft einsog und sich Tränen in ihren Augen sammelten, ging sie auch auf ihn zu und kam der geforderten Begrüßung nach. Er presste ihre Finger, als ob er sie zerquetschen wollte, aber sie verkniff sich ein lautes Aufstöhnen, sagte stattdessen: »Ich wollte nur nach meiner Schwester sehen, da sie ja der Verlobungsfeier fernblieb. Viele Grüße soll ich im Namen der ganzen Familie ausrichten. Und die allerbesten Wünsche, was die Geburt des neuen Erdenbürgers anbelangt.«

Mit einem »Danke« entließ er sie. »Es ist nett, dass Sie den weiten Weg auf sich genommen haben, aber Sie sehen ja selbst«, er zeigte auf seine Frau. »Leider ist sie gestürzt und muss sich ausruhen. Ein Tollpatsch war sie ja schon immer. Manchmal frage ich mich, wie sie überhaupt einen geordneten Tagesablauf ohne die Köchin und der Dienstmädchen hinbekommen würde.«

»Dann ist es ja gut, dass Sie so viel verdienen, dass Sie sich Personal und Hilfe leisten können.«

Maximilian fuhr sich mit der Zunge unter der Oberlippe entlang, sodass diese als dicker Schwulst hervortrat. »Ja, als Oberamtsrichter stehe ich im Mittelpunkt der Gesellschaft. Da ist es umso unvorteilhafter, wenn die Frau einen mit ihrem Aussehen so bloßstellt. Schließt die Vorhänge!«, die letzte Anweisung galt dem Dienstmädchen, das wieder in der Tür aufgetaucht war und der Aufforderung mit einem Knicksen folgte.

Mit einer Handbewegung scheuchte er Caroline aus dem Zimmer, und kurz darauf auch aus dem Haus. Ruhe sei das, was ihre Schwester benötige, um sich zu erholen und das Baby zu schonen. Caroline wolle ja nicht schuld sein, wenn Emilie sich aufrege und zum zweiten Mal ein totes Kind zur Welt bringen würde. Sie könne ihr ja schreiben. Doch jetzt wusste Caroline, warum sie keine Antwort erhalten hatte. Jetzt war ihr so einiges klar.

Zwei Stunden später öffnete sich die Hintertür des Hauses, und die Köchin trat hinaus, raffte ihre Röcke und schritt die Straße entlang. Caroline, die ein Stück die Straße hinauf hinter einem Busch versteckt gewartet hatte, eilte ihr hinterher. Sie zog die erschrockene Frau in eine Hauseinfahrt. »Ich weiß nicht, ob Sie sich noch an mich erinnern, ich bin Emilies Schwester. Können Sie ihr das bitte geben?« Caroline reichte ihr einen Zettel und einen Geldschein, den die Köchin schnell in eine Schürzentasche stopfte. »Sie soll Ihnen die Briefe mitgeben, hier ist Geld für Porto, und sie soll mir eine Adresse geben, an die ich schreiben kann, ja?«

Die Köchin nickte, schaute sich hektisch um und eilte weiter. Caroline blieb eine Weile stehen, beobachtete Emilies Schlafzimmerfenster, aber diese waren noch immer von schwarzen Gardinen verdunkelt. In was für einer Hölle befand sich ihre kleine geliebte Schwester? Und wann hatten sie sich aus den Augen verloren, sodass sie davon nichts mitbekommen hatte?

Der Nachmittag war schon weit fortgeschritten, die Sonne hatte ihren Platz am Zenit längst verlassen und wanderte dem Erdboden entgegen. Dabei entzündete sie zwischen den Wolken ein prächtiges Farbenspiel, aber davon bekam Caroline nichts mit. Sie sah nur den grauen Dunst, der sich über ihrem Kopf bündelte, und spürte, wie der Wind so langsam an Stärke verlor. Ihr war klar, dass es nicht mehr lange bis zum Regenguss dauern würde. Sie war erneut eineinhalb Stunden marschiert, diesmal ohne Muße für Käfer und Wildblumen, jetzt stampfte sie so verbissen bei jedem Schritt mit ihren Füßen auf, als ob sie einem Pferd Konkurrenz machen wollte. Vor ihr lagen die ersten Bauernhäuser von Bietigheim, und sie beschleunigte ihre Gangart. Jetzt hatte sie sich auch noch verlaufen und die falsche Abzweigung genommen, aber das passierte, wenn im Kopf die Gedanken Karussell fuhren.

Mit klatschnassem Kleid und Haaren, die ihr am Kopf klebten, erreichte sie eins der Gasthäuser in der Vorstadt. Es hieß Adler, doch sah das Fachwerkhaus in dem grauen Regen nicht gerade majestätisch aus, so wie der Name es versprach. Bevor sie eintrat, drückte Caroline die Schultern nach hinten. Hatte sie bei den Kunden des väterlichen Geschäfts doch oft genug beobachtet, was die Körperhaltung für einen Einfluss auf die folgenden Geschäftsgespräche hatte. Klein und buckelig zahlte meistens mehr als kerzengerade aufgerichtet. Ihr war bewusst, dass sie eh schon einen jämmerlichen Eindruck vermittelte, aber was sollte sie tun? Den letzten Zug, der sie aus Bietigheim nach Ludwigsburg bringen könnte, den hatte sie verpasst, und außerdem wollte sie so schnell wie möglich aus ihren Kleidern raus.

Caro hatte Glück, neben dem Gasthausbesitzer stand dessen Frau hinter dem Tresen und schaute sie mitfühlend an. Es war eine Frau, die bestimmt schon einige Enkelkinder ihr Eigen nennen konnte, mit kräftigen Händen, rosigen Wangen und etlichen Falten im Gesicht.

»Guten Tag. Kann ich bitte ein Zimmer für die kommende Nacht haben?«, fing Caroline an, und das reichte, um die Frau in Bewegung zu setzen.

»Ach Kindchen, wie schauen Sie denn aus«, verfiel die Gastwirtin gleich ins Vertrauliche, führte sie am Ellenbogen hoch in eins der Gästezimmer, versprach ihr etwas Warmes, Nahrhaftes im Gastraum und dass sie ihre nassen Kleidungsstücke zum Trocknen hinter dem Ofen aufhängen konnte. Wenige Minuten später reichte sie ein einfaches Leinenkleid hinein, was vor allem eins war: trocken.

Als Caroline ihre Haare mit einem Handtuch ausgiebig gerubbelt und aufgesteckt hatte, konnte sie nicht mehr warten, ihr Magen grummelte so laut, als ob zwei Kettenhunde hinter einer Türe Wache hielten.

Schüchtern trat sie in die nun lärmerfüllte Stube, es war das erste Mal, dass sie alleine als Gast in einem Wirtshaus war. Es fühlte sich komisch an, als ob sie schutzlos wäre. Ausgeliefert, wobei sie gar nicht wusste, wem oder was sie ausgeliefert sein sollte. Geschichten gingen ihr durch den Kopf, von allein reisenden Frauen, denen schreckliche Dinge zugestoßen waren. Aber sie wischte diese zur Seite, der Hunger war so groß, dass sie zügig einen freien

Tisch ansteuerte. Es war auch der einzige, an dem nicht dicht gedrängt andere Gäste saßen.

Die Wirtsfrau kam gleich zu ihr, rieb mit dem Zipfel ihrer Schürze einen Fleck weg und schob ein kleines Schild, was auf der Holztafel stand, zur Seite.

»Reserviert«, las Caroline. Sie machte Anstalten, sich zu erheben, aber die Wirtsfrau drückte sie gleich wieder an den Schultern runter.

»Kindchen, jetzt kann man ja sogar etwas Leben in Ihrem blassen Gesicht erkennen, bleiben Sie hocken. Hier ist auch Platz für zwei. Und bei einer so charmanten Tischnachbarin wird sich unser Stammgast nicht beschweren.«

Während Caroline auf den heißen Eintopf wartete, bekam sie Wasser in einem Becher hingestellt. Alle anderen Getränke vertrug sie derzeit nicht. Sie schaute zum Fenster neben sich hinaus, beobachtete die Regentropfen, die an der Scheibe hinunterglitten, als ginge es ihnen nicht schnell genug, zum Erdboden zu gelangen, um dort versickern zu können.

»Entschuldigen Sie bitte, ich habe gehört, dass ich heute eine Tischnachbarin habe, darf ich mich vorstellen?«, ertönte neben ihr eine weiche und dunkle Stimme.

Caroline drehte sich erstaunt um, es war der Handelsreisende aus dem Zug. Man sah seinen Haaren an, dass auch er in den Regen gekommen war. Ihre Hand glitt zu ihrer Frisur und streifte ein paar vorwitzige Härchen hinter das Ohr.

Er hieß Felix Guntermann und hatte seinen Firmensitz in der Nähe von Nürnberg. Er sprach in einem ruhigen Ton und begrüßte seine Portion Eintopf, als ob es ein ausgewachsener Festtagsbraten wäre. Der Wirtsfrau machte er Komplimente über die neue Ausstattung der Zimmer, aß genussvoll die Schüssel leer, tupfte die letzten Tropfen mit einer Brotscheibe auf und schien zu überlegen, ob er Nachschlag verlangen sollte. Er streifte sie mit einem Blick. »Darf ich es mir erlauben und Sie fragen, warum Sie so traurig schauen?«

»Nein, das dürfen Sie nicht«, antwortete Caroline heftig, fing sich aber im nächsten Moment und nahm sich ein Stück Brot aus dem kleinen geflochtenen Holzkorb. Sie ergänzte: »Entschuldigen Sie, aber ich war gerade in Gedanken. Familiäres.«

»Aha«, erwiderte er und bestellte sich einen Krug Bier.

»Sie sind wohl viel auf Reisen?«, fragte Caroline, der es leidtat, ihn so angefahren zu haben.

»Ja, warum fragen Sie?«, er blickte sie an.

»Ich stelle mir so ein Leben auf den Schienen recht abenteuerlich vor.«

»Es hat seine Reize, durchaus. Aber es kann auch anstrengend werden. Vor allem, wenn das Wetter einen Strich durch die Pläne macht. Haben Sie davon gehört, dass ein paar Schienen unter den Regenmassen weiter westlich weggerutscht sind? Ich hänge hier jetzt mindestens einen Tag fest, das fehlt mir dann hintenraus.«

»Dafür haben Sie ja ein nettes Städtchen getroffen«, meinte Caroline.

Er lachte. »Der Regen macht aus den schönsten Ecken etwas Trübes, oder nicht?«

Caroline schüttelte den Kopf. »Ohne Regen würde alles vertrocknen, für mich ist das mehr ein Quell des Lebens. Wussten Sie, dass das Leben ursprünglich aus dem Wasser kam?«

Er betrachtete sie interessiert und nahm einen langen Zug aus dem Krug.

»Ein Stückchen weiter, gen Göppingen, kann man millionenalte Versteinerungen finden, manche liegen einfach so neben dem Weg, man muss sie nur sehen können.«

»Ist das nicht mit allem so?«, warf er ein. »Dass man die Dinge auf verschiedene Weisen betrachten kann und oft an den erstaunlichsten vorbeiläuft?«

Caroline lächelte schief, für einen Moment hatte sie doch fast das Gesicht ihrer Schwester vergessen. Sie sah nicht nur komplett anders aus als früher, sondern sie hatte auch alles an Größe verloren, was sie vorher ausgemacht hatte. Nein, heute war kein Tag, an dem sie leicht plaudern konnte. Ihr Magen zog sich zusammen, und ihr wurde übel. Schnell entschuldigte sie sich, eilte in ihr Zimmer und legte sich aufs Bett. Immerhin konnte sie das Essen bei sich behalten.

Am nächsten Morgen standen Körbe mit Brot, Butter, etwas Käse und Wurst auf den Tischen. Als Caroline an den Tresen treten wollte, um zu bezahlen und zu gehen, winkte Herr Guntermann sie herbei. »Wollen Sie mit mir das Frühstück teilen? Ich würde mich sehr freuen.« Er musste sie zweimal rufen und ansprechen, da sie in Gedanken versunken war.

Caroline setzte sich. Um Geld zu sparen, würde sie heute das Stück nach Ludwigsburg zu Fuß gehen, es regnete ja nicht mehr, und da konnte sie eine Stärkung vertragen. Die letzte Nacht war für sie sehr unruhig verlaufen, und sie fühlte sich durch und durch traurig.

»Habe ich gestern etwas Falsches gesagt?«, fragte Felix in einem leisen Ton.

»Nein, wirklich nicht, es war sehr unhöflich von mir, so wortkarg aufzuspringen«, sie zeigte auf ihren Bauch. »Wissen Sie, manchmal ist man nicht Herr seines eigenen Befindens.«

Sein Gesichtsausdruck veränderte sich für einen kurzen Moment, dann reichte er ihr, ganz Gentleman, den Brotkorb und die Butter. »Na, dann müssen Sie ja jetzt auch für zwei essen.«

Mit einem Lächeln legte die Wirtin die aktuelle Tageszeitung auf den Tisch. Mit einem »Erlauben Sie bitte« schlug Felix sie auf. Überflog die dick gedruckten Überschriften, um sie mit einem Seufzen wieder zuzuklappen und von sich zu schieben.

»Nichts dabei, was Sie erwartet hätten?«, fragte Caroline höflich.

»Nein. Aber das ist auch gut so.« Auf ihren fragenden Gesichtsausdruck hin fuhr er fort: »Wissen Sie, als Handelsreisender hat fast alles Einfluss auf die Geschäfte. Die politische Lage, die Erweiterung des Eisenbahnnetzes, Rohstoffquellen, ein neues Zootier und die Zölle. Wenn ich Grenzen übertrete, spielt manchmal das Gewicht meiner Waren eine Rolle, je dünner zum Beispiel das Blech ist, desto weniger muss ich zahlen.«

»Und die Konkurrenz«, ergänzte Caroline, die unbeeindruckt in ihr mit Käse belegtes Brot biss.

»Ja«, nickte er. »Das spielt meistens die größte Rolle. Haben Sie Familienangehörige, die auch mit Handel zu tun haben?«

»Ja«, sagte Caroline und beließ es dabei.

Er wartete kurz, aber nachdem sie keine Anstalten machte, mehr zu erzählen, reichte er ihr eine kleine Karte, auf der sein Name und eine Adresse standen. »Bitte schön. Falls Sie jemanden kennen, der einen Vertreter braucht. Ich habe einige Firmen, deren Waren ich mit veräußere. Ich habe mich sehr gefreut, Sie kennengelernt zu haben, Frau Märklin. Vielleicht kreuzen sich unsere Wege im Zug oder auch in einem Gasthaus wieder. Oder auf einer der Messen, ich bin als Nächstes in Plochingen, das ist zwar ein sehr kleiner lokaler Markt, aber auch dort wollen die Menschen gerne etwas für ihr Geld kaufen. Kann ich allen Verkäufern und Handelnden nur empfehlen.« Er stand auf, deutete eine Verbeugung an und ging.

Caroline saß wieder alleine am Tisch, und ihre Gedanken flogen zu dem stattlichen Haus in Besigheim. Wie manchmal doch eine schöne Fassade täuschen konnte. Wie sollte sie nur ihrer Schwester helfen? Sie kam sich vor, als hätte sie überhaupt keine Ahnung von den Männern. Die äußere Schale poliert, der Kern verfault. Oder vom Leben. Bis jetzt kannte sie erst ein paar Orte, die alle zu Fuß innerhalb eines Tages erreichbar waren. Es wurde Zeit, dass in ihrem Leben mehr Dampf stattfand. Sie griff zum Krug mit dem Wasser, um sich noch etwas einzuschenken, als sie dabei mit dem Arm die Zeitung zu Boden wischte. Als sie sich bückte, um sie wieder aufzuheben, blieben ihre Augen an einer Anzeige hängen:

Dampfkochtöpfe
von Christian Umbach.

Diese Zeit und Holz sparenden Kochgeschirre, von erprobten, von allen Sachverständigen als die zweckmäßigste anerkannte Konstruktion, welche sich sowohl zum Sieden, Braten und zum Backen eignen und sich durch die eintretende Holzersparung in einer auffällig kurzen Zeit bezahlen, empfehlen viele Familien Unterfrankens, die deren Vorteile schätzen. Gebrauchsanweisungen, die die Vorteile aufzählen, werden gerne kostenlos abgegeben.

Davon hatte Caroline bereits gehört. Der Deckel des Topfes konnte festgeschraubt werden, sodass der Dampf nicht entwich. Aber erzählte man sich nicht, dass es hierbei schon Explosionen gegeben hatte mit blutigen Verletzungen? Das musste sie sich mal aus der Nähe anschauen. Also diese Kochtöpfe, nicht das Blutige.

Beim Bezahlen erfuhr sie, dass Felix die Rechnung über das Abendessen sowie für das Frühstück übernommen hatte. Warum hatte er das denn getan? Sie hatte ihm nun wirklich keine Gelegenheit gegeben, etwas Falsches zu denken, noch abweisender und ungeschickter hätte sie ja gar nicht handeln können. Wobei das keine Absicht gewesen war.

Und obwohl in ihrem Kopf ein ganz anderes Gewitter tobte, trat sie lächelnd in den neuen Tag hinaus. »Dampfkochtopf«, murmelte sie vor sich hin. Da hatte sie ja ihren Dampf.

»Spiel ist das reinste geistige Erzeugnis des Menschen auf dieser Stufe und zugleich das Vorbild und Nachbild des gesamten Menschenlebens, … es gebiert darum Freude, Freiheit, Zufriedenheit, Ruhe in sich und außer sich, Frieden mit der Welt.«

Friedrich Fröbel (1782–1852),
deutscher Reformpädagoge,
Begründer des Kindergartens

Kapitel 6

Verfeinern

Die Türglocke funktionierte nicht, anstatt ein wohltönendes Schrillen von sich zu geben, schepperte es nur kurz. Dafür war das Schaufenster hübsch dekoriert, mit schwarzen, schwer aussehenden Töpfen in verschiedenen Größen. Wie eine zweifingrige Hand saß oben auf den Deckeln der Schraubverschluss. Die Töpfe sahen im Vergleich zu den Keramik- und Porzellanwaren, mit denen Caroline aufgewachsen war, ziemlich derbe aus, so klotzig und unförmig. Zwischen die schwarzen Ungetüme hatte der Ladenbesitzer Essen gestellt. Das passte thematisch, doch bezweifelte Caroline, dass eine Hartwurst so geeignet war, Appetit auf Dampfkochen zu machen. Dafür hielt so eine Wurst im Schaufenster länger.

»Guten Morgen, wie kann ich Ihnen helfen?« Ein dicklicher Mann mit Halbglatze und Vollbart trat heran und lud mit einer Handbewegung ein, ins Innere zu kommen, sich umzuschauen, über die neueste technische Errungenschaft zu staunen und im allerbesten Fall auch etwas zu kaufen.

»Guten Morgen … Herr Umbach?«, fragte Caroline.

»Ja, der steht vor Ihnen. Sie sind über meine Anzeige auf unsere Schätzchen aufmerksam geworden?«, er lachte mit einem wohltönenden Klang. »Darf ich Ihnen einen vorführen? Oder wollen Sie sich erst einmal die unterschiedlichen Größen anschauen? Für wie viele Personen soll es denn sein? Wissen Sie, unsere größten Modelle finden durchaus Verwendung in Großküchen, aber ich denke, dass Sie eher etwas für einen normalen Familienhaushalt bis acht oder zehn Personen benötigen?« Er schaute sie an, als ob er an ihrem Äußeren die Größe des Familienstandes abschätzen könnte.

»Nein danke, ich bin gekommen, um Sie zu fragen, ob Sie an Lizenzen interessiert sind?«

»Ich?«

»Ja, natürlich. Falls Sie ausreichend Ware besitzen und noch keinen Handelsvertreter haben, der …«

»Entschuldigen Sie bitte, aber was haben Sie damit zu tun?«

»Ähm …«, Caroline kam ins Stottern. »Ich … ich vertrete meinen Mann. Der liegt zu Hause krank im Bett, aber schickt mich, um Erkundigungen einzuholen. Sie können doch auch einer Frau sagen, ob Sie bereits geschäftlich gebunden sind, oder?«

Umbach nahm die Spitze seines Barts zwischen die Finger und knetete diesen. »Soso, und wie heißt dann Ihr kranker Mann?«

»Ach, das hatte ich ja ganz vergessen. Märklin. Wilhelm Märklin … vielleicht kennen Sie meinen Onkel, Albert List aus Ludwigsburg. Wissen Sie, ich komme ja hier aus der Ecke, und mein Mann hat in Göppingen seinen Laden, vertreibt als Flaschner sein Gesundheitsgeschirr, aber bis … ja, bis an die Grenzen.«

Der Mann kniff seine Augen zusammen. »Albert List, ja, den kenne ich, wir kamen schon mal ins Geschäft. Aber welche Grenzen meinen Sie denn? Bis runter in die Schweiz oder nach Frankreich oder rüber ins Großherzogtum Baden?«

Da Caroline kein Französisch sprach, antwortete sie schnell: »Schweiz. Vielleicht geben Sie mir einen der Prospekte mit, dann …«

»Kommen Sie, erst mal anfassen.« Er führte sie in den hinteren Teil des Ladens, in dem ein Topf auf einem Herd stand und auf seine Vorführung wartete. »Schweiz, sagen Sie?«

Sie nickte nur und strich mit der Hand über das kalte Blech. »Unser Gesundheitsgeschirr besteht auch aus verzinntem Eisenblech, von unserem Sortiment verkaufen wir davon am meisten. Das ist in Göppingen sehr gefragt, da es bei bleihaltigen Glasuren oder schlecht glasierten wohl vor einigen Jahren Vergiftungserscheinungen gab.«

»Ja, ist das so? Dann passen Sie mal gut auf.« Der Ladenbesitzer kontrollierte die Füllmenge des Wassers im Inneren des Topfes, verschloss ordentlich den Deckel mit der Schraube, schürte mit einem Feuerhaken die Glut im Ofen und legte Holz nach. Die

Vorzüge beim Bereiten der Speisen auf diese Weise seien eine Ersparnis der Zeit und des Holzes. Er ratterte die Werbesprüche, die in der Zeitung und im Prospekt standen, herunter, als würde er diese auch nachts aufsagen, wenn man ihn aus dem Schlaf weckte.

***

»Was? Das kann ich nicht glauben!«, sagte Rieke mit so einem Entsetzen in der Stimme, dass es bestimmt noch zwei Straßen weiter zu hören war.

Caroline saß mit ihren zwei Schwestern in der Küche ihrer Freundin Lina. Es war Mittagspause, und Caro hatte alle zusammengetrommelt, um ihnen von Emilie zu berichten, nur ihre Mutter sollte vorerst nichts davon erfahren. Emilie war früher ihr Liebling gewesen, nicht dass sie einen Nervenzusammenbruch bekam.

Pauline riss die Augen auf. »Wir müssen sie da sofort rausholen. Sie ist doch schwanger und braucht … braucht Schutz!«

»Nein, das geht so leider nicht.« Lina stellte dampfende Tassen auf den Tisch, und ein Geruch nach Beeren und Geborgenheit erfüllte den Raum. »Nach dem Preußischen Allgemeinen Landrecht ist eine Scheidung einer kinderlosen Ehe zwar möglich, aber es müssen beide Partner darin einstimmen. Und für mich hört es sich nicht so an, als ob Emilies Ehemann das so einfach machen würde.« Sie hob eine der Tassen an ihren Mund und trank mit einem lauten Schlürfen winzige Schlückchen daraus.

»Und sie hat nichts gesagt? Wirklich gar nichts? Vielleicht ist sie ja doch die Treppe …«, warf Rieke ein.

»Klar, deshalb hatte sie auch die Male an den Handgelenken und im Gesicht die Schlägerspuren. Rieke, ich bitte dich«, Pauline klang aufgebracht. »Wo ist denn überhaupt Julie?«

»Die schiebt doch ihre Schicht in der Korsettfabrik. Außer Arbeiten und Schlafen passiert bei ihr gerade nicht viel«, antwortete Rieke.

Pauline biss auf ihre Unterlippe. »Wir können doch nicht hier rumsitzen und nichts tun!«

»Nein, das müssen wir nicht«, Lina stellte ihre Tasse wieder ab. »Ich habe eine Bekannte, die auch in Besigheim lebt, ich schreibe diese mal an und erkundige mich am Rande nach dem Ehepaar Gulden.«

Pauline rückte ihren Stuhl nach hinten und stand auf. »Ich packe meine Sachen, ich reise gleich morgen dorthin und …«

»Das geht nicht«, Caroline schlug mit der flachen Hand auf den Tisch. »Du hast Maximilian nicht gesehen, er war so wütend, wenn du dann noch aufkreuzen würdest … Ich weiß ja nicht … wirklich nicht, wie Emilie in so eine Lage geraten konnte, aber sie hatte echte Angst.«

»Stand nicht letzte Woche in der Zeitung, dass in Stuttgart eine Ehefrau, die fortgelaufen war, von der Polizei wieder zu ihrem Ehemann zurückgebracht wurde? Noch sind wir so etwas wie das Eigentum des Mannes«, auf den erschrockenen Blick von Friederike fügte Lina ein »entschuldige« hinzu. »Nicht alle Männer sind so, glaube mir.«

Caroline beugte sich vor und zog Pauline wieder zurück auf den Stuhl. »Und ich warte darauf, dass die Köchin einen Brief von Emilie bei der Post abgibt. Dann sehen wir weiter, ja?« Sie versuchte, eine große Portion Zuversicht in ihre Stimme zu legen, aber fühlte sich selbst so hilflos. Sie hatte sich an dem Abend im Gasthaus aus lauter Verzweiflung und Wut in den Schlaf geheult, und auch jetzt musste sie gegen die aufsteigenden Tränen ankämpfen. Niemand durfte Emilie so etwas antun. Niemand durfte überhaupt Frauen schlagen oder ihnen etwas aufzwingen. Niemand!

***

Zwei Tage später saß sie auf dem Fußboden in der Göppinger Wohnung und spielte mit Rosine und Sophie und deren neuen Geschenken, die sie von Albert mitbekommen hatten. Während

Rosine in eine gedrechselte Holzflöte pustete und ihr die verschiedensten Töne entlockte, hielt Sophie ein kleines Holzkästchen in der Hand, auf dem zwei Spechte saßen. Wenn sie an einer kleinen Kurbel drehte, beugten die beiden Vögel ihren Körper und hämmerten mit ihren zierlichen Schnäbeln auf einen Miniaturholzblock, der in der Mitte des Kästchens befestigt war.

Wilhelm trat ein, blieb stehen und beobachte die drei mit einem glücklichen Lächeln. »Schön, euch so zusammen zu sehen. Reisen verbindet tatsächlich, nicht wahr?«

Rosine blickte mürrisch auf, so als ob sie das Haar in der Suppe bei dieser Aussage suchte, entschied sich aber dann dafür, lieber weiterzuflöten.

»Wenn ihr das in einem gleichen Rhythmus hinbekommt, dann könnt ihr richtig Musik zusammen machen!«, sagte Wilhelm.

Die Mädchen blickten sich an und nickten sich begeistert zu. Der Lärmpegel stieg somit innerhalb von Sekunden auf das Doppelte an.

Caroline stand auf, küsste ihn auf den Mund, zeigte mit der Hand zum Tisch. »Wilhelm, ich habe hier noch etwas.« Sie zog den Prospekt über den Dampfkochtopf[17] unter einem kleinen Stapel Bücher hervor und hielt ihn unter seine Nase Nase.

Er blätterte, hielt inne, las einige Passagen, blätterte noch mal nach vorne, schaute sich erneut einige Details an. »Mhm, willst du gerne eins gekauft haben, oder fragst du mich, ob ich auch so etwas herstellen kann? Aber da muss ich gleich sagen, dass …«

Caroline unterbrach ihn. »Nein, nein, ich hatte nur so ein Gespräch mit einem Handelsreisenden …« Wilhelm zog die Augenbrauen hoch, und Caroline beeilte sich fortzufahren. »Also ich habe das Gespräch belauscht, im Zug. Die waren so laut, ich konnte gar nicht weghören, und da erzählten die sich von der grandiosen Möglichkeit, Ware von Dritten mit zu verkaufen. Wenn man eh schon auf Reisen ist, dann ist das doch nur praktisch. Oder was denkst du?«

»Und die haben Dampfkochtöpfe verkauft?«

»Nein, der Hersteller von diesem Kochgeschirr hat noch gar keinen, der das irgendwo anders vertreiben will. Da dachte ich, dass du dir das mal anschauen könntest und … weißt du, es ist eigentlich auch eine Art Gesundheitsgeschirr, und das läuft doch so gut bei dir.«

»Ja, das läuft recht gut. Woher kennst du ihn denn dann, diesen Umbrecht?«

»Albert hat mit ihm schon mal Geschäfte gemacht. Und Bietigheim ist ja nur eine kleine Ecke entfernt von Ludwigsburg.«

»Aber sind diese Dampfdinger nicht schon mal explodiert?«

Caroline entspannte sich. Diese Frage hatte sie Herrn Umbrecht auch gestellt und durfte daraufhin einem langen Vortrag lauschen, einiges davon hatte sie behalten. Somit konnte sie Wilhelm alles erklären; die Anfänge des Dampfkochtopfs lagen ja schon über hundertfünfzig Jahre zurück, waren auf einen Papin zurückzuführen, und damals schien der eine oder andere Topf durch die Gegend geflogen zu sein. Unfreiwillig, aber das passierte heutzutage dank eines Sicherungsventils nicht mehr. Und dann die Ersparnis von Zeit und Holz. Wenn das kein Verkaufsargument war.

»Ich schreibe ihm, versprochen.« Wilhelm umarmte sie und strich ihr über das Haar. »Ich freue mich darauf, mit dir zusammen mein Unternehmen zu vergrößern!«

»Unser Unternehmen«, ergänzte Caro. »Und es gibt gleich Mittag.«

»Unser Unternehmen«, wiederholte Wilhelm und küsste sie lachend.

Nach der Mittagspause drang lautes Hämmern aus der Werkstatt. Caroline hatte das Dienstmädchen mit den Kindern in den Schlosspark geschickt. Sie sollten schauen, ob der Wind Zweige von den Bäumen gepustet hatte, und diese aufsammeln. Zu Hause hatten sie daraus immer schönen Wandschmuck gebastelt. Entweder als Windspiel für draußen, der durch das Aufeinanderschlagen vom Holz aufdringliche Vögel verscheuchen konnte, oder für die Kinderzimmer. Man konnte prima kleine Schätze von der Wiese in Form von Blumen oder Steinen mit einflechten und es ständig verändern.

»Ist was?« Wilhelm hörte damit auf, ein Stück Blech über einer Form mit einem Hammer zu treiben. Der Lehrling Georg stand daneben und schaute zu.

»Darf ich meinen Mann nicht bei der Arbeit besuchen?«, fragte Caroline und betrachtete das Werkzeug, was an der Wand hing.

Mit einem »Mhm« kratzte sich Wilhelm an der Stirn, wo ihn ein paar Haare kitzelten, und hätte sich dabei fast den Hammer dagegen gerammt. »Du hältst doch was in der Hand, zeig schon.«

Caroline lächelte. Öffnete ihre Faust und zeigte ihm die kleine Blechtasse, die er für seine Töchter gefertigt hatte. »Du hast doch zum Spielen so einen kleinen Herd gemacht mit Geschirr.«

»Jaaa?«

»Warum verkaufen wir das eigentlich nicht? Ich habe heute Frau Huber auf dem Markt getroffen, und die hat mir erzählt, dass die Nachbarin bei Familie Roth als Zugehfrau arbeitet, und die Herrschaften hätten wohl darüber gesprochen, ob sie ihren Kindern nicht eine Puppenküche anfertigen lassen wollen. Nürnberg sei wohl als Name gefallen. Aber vielleicht könnte der Auftrag ja hier im Städtchen bleiben.«

Wilhelms Mund zog sich in die Breite. »Dass du Schwung hast, liebe Caroline, habe ich ja damals beim Tanz gemerkt … nicht nur da. Aber glaubst du nicht, dass das ein bisschen viel Wind ist, was du hier reinbringst? Erst die Sache mit dem Dampftopf, und jetzt willst du, dass ich Puppenküchen herstelle? Ich bin voll ausgelastet, kann ja froh sein, gute Aufträge zu haben.«

Eine schüchterne Stimme mischte sich ein. »Vielleicht kann ich ja nach der normalen Arbeit dabei helfen?« Der Lehrling schaute sie mit großen Augen an. »Abschnitt vom Blech haben wir zumindest genug.«

»Und wenn ihr mir zeigt, wie das geht, kann ich vielleicht auch mitschaffen?«, Caroline schaute Wilhelm bittend an. »Sophie und Rosine spielen so gerne damit! Ich kann doch die Lackierung übernehmen?«

»Mhm«, machte er erneut. »Dann müsste ich mit einem der Holzspielwarenfabrikanten Schönhut oder Schmohl zusammenarbeiten, aber frag halt erst mal, vielleicht haben die ja schon bestellt und das hat sich eh. … Musst du nicht im Haushalt noch was machen?«

Abends, als sie nebeneinander im Bett lagen, sagte Caroline: »Übrigens soll ich das nächste Mal, wenn ich in Ludwigsburg bin, was von deinem Gesundheitsgeschirr mitbringen. Ein alter Kunde von Vater hat vielleicht Interesse.«

»So, hat er das? Weißt du, kleine Mengen können wir nicht mit der Bahn verschicken, das kommt zu teuer, wir brauchen Ladenbesitzer, die dann größere Mengen vertreiben. Gibt es noch mehr Vorschläge, wie ich was machen kann oder wer was will?«

Caroline schüttelte den Kopf, wartete angespannt, wie er reagieren würde, aber Wilhelm behielt seine Laune. »Da habe ich mir ja die Richtige ins Haus geholt. Und weißt du, ich habe dich vermisst, als du weg warst.«

***

Über eine Woche war vergangen, seitdem sie Emilie gegenübergestanden und der Köchin ihre Adresse gegeben hatte. Es verging kein Tag, an dem Caroline nicht an das entstellte Gesicht ihrer süßen kleinen Emmi denken musste.

Jetzt endlich hielt sie einen Brief aus Bietigheim in der Hand. Schnell riss sie ihn auf und starrte enttäuscht auf das Blatt Papier, es war nur eine halbe Seite vollgeschrieben, in einer fahrigen, lang gezogenen Handschrift, als hätte ihre Schwester in großer Eile gehandelt. Sie las:

Liebe Caro,
Dein Besuch hat meine Lage noch verschlimmert, Maximilian hält mich in meinem Zimmer wie einen Hund. Wenn ich mein Dienstmädchen und die Köchin nicht hätte, wäre ich schon längst … Lassen wir das. In mir wächst neues Leben, und ich werde alles tun, um es zu beschützen. Bitte besuche mich nicht mehr und erzähle der Verwandtschaft nichts. Ich nehme an, dass zwei oder drei der Schwestern bereits informiert sind, bitte halte auch sie zurück. Irgendwann wird alles gut, ich habe mein Baby und ich habe Gott, irgendwann muss er meine Gebete erhören.
In Liebe
Deine Emmi

Caroline zerknüllte das Schreiben, um es danach wieder schnell glatt zu streichen und es weitere Male zu lesen. Immer wieder und wieder. Sie ging in die Schlafstube unter dem Dach, steckte es in die Kiste, die neben ihrem Bett stand, nahm sich ein Kissen, hielt es vor ihr Gesicht, biss hinein und schrie, so laut sie konnte. Der Stoff verschluckte zwar die Lautstärke, aber ein waidwundes Reh hätte nicht kläglicher und schmerzerfüllter klingen können.

Erst am nächsten Tag fühlte sie sich aus einer Art Starre erwachen. Wilhelm dachte schon, dass sie sich eine Erkältung eingefangen hätte, weil sie abends zitternd im Bett gelegen und sich Wärme suchend an ihn geschmiegt hatte, aber das war es nicht. Es war Wut, die auf niedriger Temperatur in ihr kochte, Wut, die kein Ventil fand.

Nachdem sie sich um den Haushalt gekümmert hatte, setzte sie sich kurz mit einem Stift und einem Zettel hin.

Liebe Schwestern,
Emilie hat geschrieben, aber es ist mehr als nur unerfreulich, ich kann Euch nicht viel dazu sagen, außer dass sie uns bittet, sie auf keinen Fall besuchen zu kommen oder es weiterzuerzählen. Ich warte nun auf Nachricht von Lina, dann sehen wir weiter. Ich

bitte Euch ebenfalls, Geduld zu haben, Maximilian scheint unberechenbar zu sein, und sie leidet sehr unter ihm. Wir wollen ja die Lage nicht verschlimmern.
In Liebe
Caro

Was hätte sie anderes berichten können? Ihnen waren die Hände gebunden.

Als sie später im Arbeitsschuppen stand und half, die Bestellungen zu verpacken und für die Auslieferung fertig zu machen, stupste Wilhelm sie an. »Was ist denn los? Du scheinst meilenweit weg zu sein.«

»Familie«, antwortete Caroline in einem traurigen Ton.

»Aber mit Rosine läuft doch gerade alles?«

»Ja«, gegen ihren Willen musste Caroline lächeln, »es hat nicht immer alles mit deiner Tochter zu tun. Hast du ihre Lehrerin denn mal gefragt, was mit dem Schulbesuch ist?«

Er nickte, anscheinend war sie nun regelmäßig in der Schule. Immerhin etwas, was mal in die richtige Richtung lief, dachte Caro. Immerhin etwas.

* * *

»Wer war das?«, fragte Caroline, betrat die Werkstatt und schaute aus dem Fenster der Frau hinterher, die gerade wortlos an ihr vorbeigelaufen war und mit einem gekonnten Hüftschwung die Straße entlangschritt. Irgendwie kam sie ihr bekannt vor.

»Eine alte Freundin meiner verstorbenen Frau, Fräulein Weber, sie arbeitet bei der Familie Roth als Hauswirtschafterin«, sagte Wilhelm und rieb sich die Hände, was er immer machte, wenn Arbeit anstand, die ihm Vergnügen bereitete.

»Aha«, erwiderte Caroline, aber ihr Mann beachtete sie schon nicht mehr. Er schnappte sich einen Zollstock, klappte ihn auseinander und maß ein Stück Blech ab.

»Sie hat mir gerade persönlich von ihren Arbeitgebern den Vorschlag gebracht, mit Schmohl von den Holzspielwaren zusammenzuarbeiten, um nicht nur eine Puppenküche, sondern eine ganze Puppenstube herzustellen.«

»Aber das hatte ich doch über Frau Huber und deren Nachbarin …«, Caroline war verwirrt, das war ihre Idee gewesen.

»Ist doch egal, von wem das jetzt kam, das hört sich sehr lukrativ an, und dass Fräulein Weber an mich gedacht hat, obwohl wir …«

»Aber das hatte doch ich mit Frau Huber …«

»Jetzt ist auch gut, Caroline. Bürste meine Sonntagsjacke aus, die will ich anziehen, ja!«

Eigentlich sollte sich Caroline darüber freuen, dass aus dem Geplauder am Markttag ein Auftrag für ihren Mann herausgesprungen war, aber ein merkwürdiges Gefühl blieb zurück. Was hatte dieses Fräulein Weber mit Wilhelm zu schaffen?

Sie wollte gerade zur Tür raus, als Wilhelm von der Arbeit aufschaute und sagte: »Caro, ich vergesse das nicht.«

»Huch, was denn?«

»Dass du mir deine Hilfe hierfür angeboten hast. Ich denke, dass es das eine oder andere geben wird, wo wir deine zarten Frauenhände gut gebrauchen können.«

»Aber gerne.«

»Heute Abend gehe ich mit Herrn Stok ins Gasthaus Bahnhofsrestauration, du brauchst nicht auf mich zu warten, das kann später werden. Die haben Münchner Bier, hab ich gehört. Und da Stok als Ratsmitglied bekannt ist, dauert das immer, bis überall ein Schwätzchen gehalten wurde. Du weißt, ich hatte versprochen, ihn alle drei Monate einzuladen.«

»Wegen deines Meisterbriefes?«

»Ja, genau. Ich hatte ihm den gezeigt, einen Tag bevor ich mein Geschäft als Selbstständiger bei der Stadt anmelden wollte, dann war der Meisterbrief weg. Und er hat für mich gezeugt.«

»Mhm«, machte Caroline und musste wieder an den Hüftschwung der Frau denken. Sie ging in die Küche zu den Lebensmitteln und verglich die Vorratsliste mit dem tatsächlichen Bestand. Was war denn nur los mit ihr, seit wann war sie so eifersüchtig? In ihrem Bauch rumorte es, und ein kleiner Fuß oder eine kleine Hand drückte gegen die Bauchdecke. Caroline lächelte, sie hätte nie gedacht, dass es während der Schwangerschaft Momente geben würde, die sie komplett glücklich machten. Die sie von innen zu wärmen und zu erhellen schienen. Sie legte ihre Hand auf die kleine Beule, die sich sichtbar und fühlbar erhob, und streichelte darüber. Du wirst sehr gewünscht, dachte Caroline. Dass sie tatsächlich noch Mutter werden würde!

Doch gab es noch eine Sache, die sie vor der Geburt schaffen sollte, seit Wochen flüsterte das ihre innere Stimme und gab keine Ruhe. Bevor das Baby da war, musste sie das mit dem Dampfkochtopf in die Wege leiten. Nicht, dass Wilhelm sonst noch mehr Gründe finden würde, sie zu Hause zu behalten. Ihre Aufgaben hier waren zwar vielfältig und umschlossen die als Mutter, Handlangerin, Haushälterin, Putzfrau, Köchin, Lackiererin und als Buchhalterin, hatte sie doch ihrem Vater und auch später dessen Nachfolger, ihrem Bruder Carl, etwas zur Hand gehen können, aber das war es nicht, weswegen sie geheiratet hatte.

* * *

Am Samstag fuhr die Familie Märklin zusammen mit Friederike Wackler in den Nachbarort Faurndau. Eine beschauliche Nachbargemeinde, in der ein Musikerfest stattfand und zum Tanz und Gesang geladen wurde. Die Gässchen der Stadt schienen überzuquellen vor Menschen, und auf einer Tribüne saßen farbenprächtig gekleidete Musikanten. Kinder hüpften lachend davor herum, ein Duft von gebratenen Würstchen und verschüttetem Bier hing in der Luft, und irgendwo wieherten Pferde.

Caroline schaute Sophie nach, die zu den tanzenden Kindern sprang und sich bereits zu einem Dreivierteltakt unter der hellen

Führung einer Klarinette im Kreise drehte. Leichtigkeit ist es, was wir doch überall suchen, dachte Caroline und stellte zufrieden fest, dass Rosine ihren Anschluss bei einer Gruppe älterer Kinder gefunden hatte, die Murmeln in kleine Mulden klickerten.

Der Lehrling Georg hatte sich direkt nach Ankunft in irgendeinen Winkel verzogen. Caroline vermutete, dass er eine Freundin hatte, oder warum sonst sollte er so viel Zeit außerhalb des Hauses verbringen und sich bei jeder Gelegenheit von ihnen verabschieden? Wilhelm musste mal dringend mit ihm reden, da die Zunft die Beziehungen mit Mädchen bei Lehrlingen nicht duldete, das könnte Strafen einbringen.

»Meine Liebe, was kann ich dir anbieten? Meinen Arm oder einen gefüllten Teller?« Wilhelms Augen strahlten vor guter Laune, und Caroline war stolz darauf, mit so einem gut aussehenden, charmanten Mann verheiratet zu sein.

»Mit Verlaub«, sagte sie extra gekünstelt. »Man reiche mir einen Männerarm, an dem aber bitte ein gut gefüllter Teller dran sein möge.«

Ihr Mann lachte, küsste sie und reihte sich in die Schlange vor einem der Essensstände ein. Caroline setzte sich an eine der langen Bänke und betrachtete die Menschen, die ausgelassen feierten. Einige davon kannte sie mittlerweile ganz gut, da sie ihnen täglich begegnete, wie auf dem Markt, das bedeutete, sie konnte sie geografisch zuordnen, in welcher Ecke der Stadt sie lebten, zu welcher Familie sie gehörten und meistens auch, was bei ihnen zum Essen auf den Tisch kam. Hier in Faurndau gab es natürlich noch viele fremde Gesichter gratis dazu.

»Ah, Sie sind auch hier«, schreckte eine Stimme sie auf. Eine schmuck gekleidete junge Frau stand vor ihr. Die langen blonden Haare waren zu einem Knoten am Hinterkopf aufgesteckt. Caroline hatte sie schon mal gesehen, und damit waren keine guten Gefühle verknüpft. Damals auf dem Maienfest. Und vor Kurzem von hinten mit Hüftschwung.

»Ja, es herrscht ja bestes Wetter für heute, wie bestellt, nicht wahr? Sie arbeiten also bei der Familie Roth?«, antwortete Caroline.

Die Frau nickte: »Ja, die stellen nur sehr ausgesucht ein.« Ihre hellen, fast farblosen Augen betrachteten Caroline eindringlich und blieben an ihrem Schwangerschaftsbauch hängen. »Wann kommt er denn, der kleine Märklin?« Die Frauenstimme war unangenehm schrill.

Caroline antwortete höflich. »Im Herbst.«

Die Unbekannte wandte sich zur Seite, um wegzugehen, als sich ihre Augen verengten. Leise zischte sie Caroline zu: »Dann hat er dich ja vor der Hochzeit geschwängert!« Mit einem abfälligen Ausdruck auf dem Gesicht stolzierte sie weg. Sich wohlbewusst, dass die Männer, die hier an der Tafel saßen, ihr auf den wiegenden Po glotzen würden.

»Wen hast du gesehen?« Wilhelm biss in ein saftiges Stück Fleisch, sodass das Fett an seinem Kinn herunterrann.

»Die Frau vom Maienfest, die dort mit dir gesprochen hat und im Laden bei uns war.«

»Caroline, du weißt doch, dass ich auf dem Fest nur Augen für dich hatte. Du meinst sicherlich Fräulein Weber … aber das ist doch nett, wenn sie dich extra begrüßen kommt? Vielleicht freundet ihr euch an. Du kennst ja bis jetzt fast keinen. Und du weißt, je mehr Leute man kennt, desto mehr Aufträge und desto höher die Wahrscheinlichkeit, Spielzeug herzustellen.« Wilhelm zwinkerte ihr zu, wischte sich seinen Mund mit dem Ärmel ab. »Manchmal denke ich, dass du das ganze Spielzeug einfach nur für dich haben willst.«

»Was?« Caroline zwickte ihn ins Bein.

»Au!« Er beugte sich lachend zu ihr und schmatzte ihr einen feuchten Kuss auf die Stirn. Obwohl Caroline für den Rest der Feier nach allen Seiten Ausschau hielt, konnte sie die Frau nicht wieder sehen, somit verlief der Tag recht ruhig, wenn man das behaupten konnte, wenn man trotz Schwangerschaft zu drei aufeinanderfolgenden Liedern tanzen musste.

Die zweite Kapelle hatte angefangen zu spielen, als mit einem lauten »Wilhelm« sich zwei Männer zu ihnen setzten. Sie klopften ihm auf die Schulter, richteten Komplimente an seine Frau und Töchter, so wie es sich gehörte, holten eine neue Runde Bier und stießen an. Es wurde über den Tag, die Nachbarn, die Stadtentwicklung, das Wetter geplauscht, bis der eine sagte: »Du, Wilhelm, wir haben gehört, dass du jetzt für die Roth arbeitest.«

»Ja«, antwortete der Angesprochene.

»Ist das eine große Sache?«, fragte der Zweite.

»Nein, nein, bloß eine Spielerei.«

»Auch an Spielereien kann man gut verdienen, wenn es nur der richtige Auftraggeber ist. Du weißt, dass dein Maß hier schon recht voll ist?«

»Jo«, sagte Wilhelm, der sich an dem darauffolgenden Gespräch nicht mehr ganz so energisch beteiligte. Ihn konnte es auch nicht aufheitern, als Rosine mit Sophie eine Polka tanzte, und beide aus Versehen auf den Hintern landeten.

Auch am nächsten Tag war Wilhelm recht still, bis er beim Abendessen plötzlich zu seiner Frau sagte: »Dann mach es halt.«

»Was denn?« Caroline wusste wirklich nicht, wovon er redete. Sie hatte gerade mit dem Lehrling gesprochen. »Ich soll die Arbeitsstube ausfegen?«

»Nein, das mit dem Dampfkochtopf. Ich hab gestern gesehen, dass du noch ganz gut zu Fuß unterwegs bist, und den Weg bis nach Ludwigsburg musst du ja nicht so hüpfen wie beim Tanz.«

»Gut«, sagte Caroline und grinste so breit wie der Mann im Mond in der Kindergeschichte, als er ein Stück Wurst quer im Mund stecken hatte. Wenn nicht sogar noch breiter.

»Und eine Sache muss ich noch ansprechen, da gerade alle anwesend sind.« Wilhelm blickte der Reihe nach das Dienstmädchen und seine beiden Töchter an, endete beim Lehrling. »Zum zweiten Mal fehlt Geld. Ich möchte keine Verdächtigungen aussprechen, aber es wäre nur redlich, wenn sich dieses von ganz alleine wieder dort einfinden würde, wo es abhandengekommen ist. Ja?« Erneut ging sein strenger Blick in die Runde, und sogar Caroline bekam ein schlechtes Gewissen, obwohl sie nicht die geringste Kleinigkeit entwendet hatte. Wilhelm hätte als Beruf wohl auch Pfarrer werden können, wie sein Vater. Das mit dem Predigen funktionierte ausgezeichnet.

»Wilhelm«, sagte sie später, als sie in der Stube alleine waren. »Ist das dem Lehrling wieder …?«

Er nickte.

»Mhm … wie kann das nur sein? Beim ersten Mal dachte ich noch, dass er es vielleicht irgendwo verloren hat. Aber jetzt ein zweites Mal?«

Wilhelm zuckte mit den Schultern. »Ich weiß es nicht. Aber ich bin mir sicher, dass sich das klären wird. Die Zeit bringt's ans Licht. Immer.«

»Nun gut.« Sie dachte kurz nach. »Wie stellst du dir das mit dem Dampfkochtopf vor? Wie soll ich das machen?«

»Ich kann aus Göppingen nicht weg, der Auftrag, an dem ich gerade arbeite, muss pünktlich ausgeführt werden. Und zwar in gewohnter bester Märklin-Qualität.« Er lachte kurz. »Weißt du, die Familie Roth ist nicht nur selbst sehr wohlhabend, sondern kann mich natürlich über Empfehlung auch in andere Häuser bringen. Jeder braucht mal neue Regenrinnen oder auch Töpfe, Gesundheitsgeschirr oder meinetwegen auch Kinderspielzeug. Aber wir besprechen das noch, ich habe bei Ludwigsburg bereits zwei feste Anlaufstellen, bei denen musst du dann ebenfalls kurz vorbei, ja?«

»Gut, aber ich brauche etwas von dir. Du weißt ja, dass ich als Frau …«

»Kein Problem, ich habe darüber nachgedacht, ich gebe dir ein Schreiben mit und einen Vertrag für Herrn Umbach. Falls er sich darauf einlässt, werde ich ein Muster von seinem Dampftopf erstellen, das könntest du dann später zusammen mit den Prospekten zu unseren Kunden mitnehmen.«

Caroline küsste ihn. »Zeigst du mir morgen deine Kundenliste? Dann kann ich die Ortschaften mit dem Plan der Bahnlinie vergleichen. Was hältst du eigentlich von den Messen? Welche kämen für uns denn infrage? Und wollen wir versuchen, das in die Routen mit einzubeziehen?«

»Ho, ho, ho«, sagte er mit einer weichen Stimme. »Immer langsam mit den jungen Pferden.«

»So jung bin ich nun auch wieder nicht«, sagte sie und lachte.

»Du bist wie ein guter Wein, du gewinnst von Monat zu Monat.« Er zog sie zu sich auf seinen Schoß und nahm sie fest in seine Arme.

»Ich hätte da noch die eine oder andere Idee, was Werbeanzeigen in der Zeitung betrifft.«

»Solange du mir mein Werkzeug und meinen Lehrling lässt, können wir darüber reden, aber nicht jetzt …«

»Das absolute Veto hat der
Mann sich vorbehalten. Es ist immer dieselbe Tyrannei,
wenn auch unter verschiedenen Formen.«

Luise Otto-Peters (1819–1895),
deutsche Schriftstellerin und
Mitbegründerin der deutschen Frauenbewegung

Kapitel 7

Kraft

ZWEI WOCHEN SPÄTER,
JUNI 1859

»Das freut mich sehr«, Caroline schüttelte Herrn Umbach die Hand.

»Es ist nicht nur das erste Mal, dass ich meine Ware nun vertreten lasse, sondern es ist auch das erste Mal, dass ich mit einer Frau ein Geschäft abschließe«, er strich sich durch den weißen Bart. »Eigentlich würde ich Sie jetzt auf einen Schnaps oder Bier einladen …«

Caroline schüttelte den Kopf. »Danke, aber nicht, während ich schwanger bin.« Auf den erstaunten Blick ergänzte sie: »Ich weiß, die Hebammen sagen, dass man seine Angewohnheiten nicht zu ändern braucht, dass ein Bier viele Nährstoffe hat. Aber wissen Sie, meine eigene Mutter hat nur gesunde Kinder auf die Welt gebracht und meint, dass kleine Kinder vom Branntwein müde werden, aber Babys alle Kräfte brauchen. Hatten Sie nicht vorhin erwähnt, dass Ihr Schwager Lokführer ist? Ist das nicht sehr gefährlich?«

»Wie man's nimmt. Ihm selbst ist bis jetzt, abgesehen von ein paar Verbrennungen, noch nichts passiert. Hier im Bahnhof liegt das letzte Unglück fünf … oder sechs Jahre zurück, da explodierte der Kessel, als der Heizer gerade Wasser und Holz nachlegte. Der Lokomotivführer wurde schwer verletzt, aber der Heizer hatte nicht so viel Glück. Vor ein paar Wochen kam wohl eine Schrift mit Sicherheitshinweisen für die Lokführer raus.«

»Was ist das denn?«

»Mein Schwager erzählte, dass sie nun ganz genaue Schritt-für-Schritt-Anweisungen haben, wie sie mit dem Dampfkessel umzugehen haben. Alles für die Sicherheit.«

»Da bin ich ja froh, dass wir nur mit Dampftöpfen handeln. Wie lustig übrigens, dass Sie beide mit Dampf zu tun haben, wenn auch auf so unterschiedliche Weise.«

»So unterschiedlich ja eigentlich nicht, es ist beide Male eine Art Antrieb, doch spart es bei mir …«

»Zeit und Holz, ich weiß.« Lachend und glücklich verließ Caroline das Geschäft. Sie hatte zur Vertragsverhandlung kleine Töpfe aus Wilhelms Sortiment mitgebracht. Einer war in etwa so groß wie eine Hand. Damit demonstrierte sie Herrn Umbach, mit was für Musterartikeln ihr Mann auf Reisen ging und wie in etwa sein Dampfkochtopf aussehen könnte. Besonders die feine Verarbeitung gefiel ihm gut. Als Caroline dann die wohldurchdachten Reisepläne bis in die Schweiz, die Liste mit den Bestandskunden und die Möglichkeit, seine Töpfe auf den Messen zu platzieren, präsentierte, war er beeindruckt. Im Anschluss schenkte sie ihm noch die Miniaturtöpfe für seine Enkelkinder, und zu diesem Zeitpunkt wusste sie, dass sie ihn für sich gewonnen hatte. Sobald er von seinen Fragen abließ, warum sie ihren Mann vertrat, und sie ihn mit der Antwort abtat, dass dieser unabkömmlich in Göppingen sei, da er einen lukrativen Auftrag habe in einem der angesehensten Häuser der Stadt, schwenkte sie auf persönliche Fragen um. Ob seine Ehefrau die Dampfkochtöpfe möge, wie die Frauen aus Bietigheim darauf reagierten, wie der Anstieg der Verkäufe in dem letzten Jahr gewesen sei und was er sich als Ziel gesetzt habe. Vor allem ihre Frage, wie viel er davon innerhalb eines Monats herstellen könne, hatte seine Augen zum Leuchten und seinen Verstand zum Rechnen gebracht.

Mit Menschen konnte sie gut, das wusste sie, das hatte ihr Vater schon immer gesagt, und auch ihr Bruder hatte sie im Geschäft oft mit den Kunden arbeiten lassen, obwohl das recht ungewöhnlich war, dass nicht der Besitzer selbst oder ein anderer Mann die Verkaufsgespräche führte. Ihre Mutter bezeichnete Carolines Gabe als ihre ureigene Magie. An dem Tag, an dem Caroline geboren worden war, im März, schien die Sonne so strahlend, dass es den

Schnee zum Schmelzen brachte. Diese lebensbejahende Wärme hatte sie als Baby eingesogen!

Nur gut, dass Herr Umbach nicht gefragt hatte, *wer* als Handelsvertreter die Reiseroute besuchen wolle. Sie glaubte nicht, dass ihm gefallen hätte, dass es nicht Wilhelm sein würde. Wobei sie bezweifelte, dass das überhaupt ihrem Mann selbst so klar war.

In Ludwigsburg lief es nicht ganz so gut. Wilhelm belieferte dort ein Haushaltswarengeschäft mit seinem Gesundheitsgeschirr. Der Besitzer war ein bulliger Mann mit gedrungenem Körper und kurzer Stirn, die stets mit Schweißperlen benetzt zu sein schien. Sein ganzes Gesicht glänzte wie eine Schwarte Speck.

»Entschuldigen Sie bitte, Frau Märklin, aber das mache ich doch lieber mit Ihrem Ehegatten persönlich aus«, sagte er und schaute grimmig.

Caroline merkte, wie es in ihrem Bauch rumorte und das Baby gegen die Bauchwand tobte. Sie hatte bereits bei Wilhelms voriger Kundenadresse eine knallharte Absage erhalten, nur weil sie Kleider statt Hosen trug, sie musste diesen Auftrag einfach an Land ziehen. Es gab keine Alternative. Mit einer Hand hielt sie sich an dem Tresen fest und fasste instinktiv mit der anderen an die Babykugel.

»Sie sollten sich schonen, so schwanger, wie Sie sind. Und nicht noch reisen! Das Geschäftemachen ist ja sowieso viel zu anstrengend für eine Frau.«

»Danke, nein«, sagte sie in einem höflichen Ton, als er ihr einen Stuhl hinschieben wollte. Sie drückte ihren Rücken durch, schloss kurz die Augen und sammelte sich. »Herr Gießer, dann werde ich das so meinem Mann ausrichten. Wie Sie wünschen. Das tut mir allerdings leid. Wissen Sie, er hatte mich extra zu Ihnen als alten Stammkunden geschickt, um dieses besondere Angebot zu den bevorzugtesten Konditionen vorzustellen. Ich kann Ihnen dann nicht versprechen, wie lange wir das aufrecht halten können. Wie viel mein Ehemann davon anfertigen kann und wie die Preise steigen werden. Sie wissen ja, Angebot und Nachfrage. Rohstoffe und Abnahmemenge.«

Auf seinem Gesicht zeichnete sich Unbehagen ab.

»Er fertigt gerade für die Familie Roth einen Spezialauftrag an, wir dürfen hier auf Folgeaufträge hoffen, und dann wird man sehen, wann er es wieder schafft, persönlich hier hoch zu reisen. Die Firma Märklin expandiert ja.«

»Soso, wohin denn, wenn ich fragen darf?« Es sollte wohl lustig klingen, kam aber gequetscht heraus.

»Es steht ein Firmenumzug an«, Caroline senkte ihre Stimme und fuhr in einem vertraulichen Ton fort. »Eigentlich sollte ich Ihnen das gar nicht verraten, aber da ich ja hier in Ludwigsburg geboren bin und mich immer noch sehr verbunden fühle … größere Räume, modernste Maschinen, erweitertes Sortiment und Reiserouten bis in den Süden.«

Dass sie mit *bis in den Süden* nicht Italien, sondern nur die Schweiz meinte, musste er ja nicht wissen.

»Erweiterung des Sortiments?«, er leckte sich über seine Unterlippe. »Was denn, werte Frau Märklin. Das darf ich doch fragen!«

»Natürlich dürfen Sie fragen«, sagte sie in einem normal lauten Ton. »Aber Sie dürfen auf keine Antwort hoffen. Ich kann doch nicht die Geschäftsgeheimnisse ausplaudern. Vielleicht noch das …« Sie trat einen Schritt auf ihn zu. »Haben Sie von dem Erfolg der Göppinger Söhne Haueisen in Amerika gehört?«

Er schüttelte den Kopf.

»Die beiden feiern mit ihren Unternehmungen ausgesprochene Erfolge. Und jetzt raten Sie mal, mit wem er hier in Deutschland im Austausch steht …«

Herr Gießer betrachtete sie ungläubig, zögerte und griff erneut nach den Blättern, die er zuvor Caroline zurückgegeben hatte. »Warten Sie, ich schaue mir das noch mal an. Sie sagten, es ginge um die Abnahme von Gesundheitsgeschirr für das kommende Jahr, also das, was wir sonst immer haben?«

»Ja, genau. Und Sie haben das Glück, als erster Ludwigsburger den neuesten Dampfkochtopf Ihren Kundinnen anbieten zu können. Warten Sie, ich gebe Ihnen gleich mal ein Prospekt dazu. Es ist nicht nur der aktuellste Stand der Entwicklung, sondern es spart auch Unmengen an Holz und vor allem Zeit! Die Frauen werden Ihnen den Laden stürmen, darauf können Sie wetten.«

Als Caroline das Geschäft verließ, hatte sie nicht nur die übliche Menge an Gesundheitsgeschirr als Bestellung in der Tasche, sondern auch ihre erste Anfrage für drei Dampfkochtöpfe in unterschiedlichen Größen. Sie musste nur versprechen, alle Neuerungen immer brav zuerst bei ihm vorzustellen. Vor allem alles, was aus Amerika kam.

Kaum war sie um die nächste Häuserecke verschwunden, ließ sie sich gegen eine Häuserwand sinken, lehnte den Kopf an den harten Stein und atmete lautstark aus. Caro, Caro, sagte sie leise zu sich selbst. Das hätte auch ziemlich nach hinten losgehen können.

Eine Stunde später saß sie bei Lina in der Wohnung oberhalb der Buchhandlung. Wieder zusammen mit ihren Schwestern. Nur war sie diesmal diejenige, die sich ein bisschen wie eine Außenstehende vorkam. Pauline und Rieke hatten sich in den letzten Wochen angewöhnt, zu Lina zu kommen, um Bücher zu leihen und über das Ludwigsburger Leben zu plauschen. Alleine wie die drei dasaßen und lachten, gab Caroline einen Stich ins Herz. Warum hatte alles im Leben einen Preis, fragte sie sich. Eine innige Freundschaft mit Lina, ihre Schwestern und Mutter für einen Ehemann aufgegeben. Da halfen auch keine Briefe. Bis die eintrafen, gab es bereits zwei oder drei neue Themen, die man am liebsten sofort persönlich bei einer Tasse Tee bereden wollte. Wenn sie ehrlich zu sich selbst war, dann fühlte sie sich in Göppingen ganz schön einsam.

»Was hast du gemacht?« Pauline stupste sie in die Seite. »Einfach behauptet, dass dein Mann mit einem Amerikaner zusammenarbeitet?«

»Nein«, meinte Caroline. »Ich habe seine Gedanken in eine

Richtung gelenkt und das Missverständnis dann nicht aufgeklärt.«

»Das ist vorsätzlicher Betrug«, schaltete sich Lina ein und grinste. »Aber die Männer haben ja kein Vorrecht auf so etwas, oder? Reicht ja schon, dass sie über uns entscheiden dürfen wie über ein Stück Mobiliar. Kinder, ich hole eine Flasche Wein und für dich noch etwas Saft.«

»Wir sollten uns als Männer verkleiden und Jura studieren«, alberte Caroline. »Das würde einiges in der Welt ändern.« Sie blickte in die Runde. »Aber zurück zum eigentlichen Thema. Was können wir machen, um Emilie zu helfen?«

Lina hatte über ihre Bietigheimer Bekannte nicht viel über die Familie Gulden herausfinden können. Er schien ein allseits beliebter Saubermann zu sein, mit Erfolg auf der Arbeit, ein gern gesehener Gast in den gehobenen Häusern der Stadt, und es gab so gut wie keine Gerüchte über ihn.

»Keine, die man sich in normalen Kreisen erzählt zumindest«, sagte Lina. »Man munkelt hinter vorgehaltener Hand, dass ein Mann, der ihm ähnlich sieht, in den billigen Spelunken aufgetaucht sei. Allerdings trug dieser eine Augenklappe und hatte Manieren wie ein Hafenarbeiter. Wenn nicht sogar noch schlimmer.«

Alle vier senkten die Köpfe und schoben verschiedene Ideen durch den Raum, wie man Emilie helfen könnte. Am Ende setzten sie ein formelles Schreiben auf mit einer Einladung zu einer Familienfeier. Sie wollten den sechzigsten Geburtstag der Mutter groß feiern. Dass diese eigentlich in einem anderen Monat geboren war und dazu erst siebenundfünfzig wurde, konnte Maximilian ja nicht wissen. Sie schrieben, dass alte Geschäftspartner des verstorbenen Mannes kämen, der Liederkranz seine Künste vorführen und es Tanz geben solle.

»Mal schauen, ob wir eine Antwort darauf erhalten«, seufzte Caroline.

»Was machen wir denn, wenn sie zusagen, wir können dann doch nicht einfach …«, warf Rieke ein.

»Nein, aber wir werden dann Emilie vorher nach Göppingen bitten, um uns bei den Vorbereitungen zu helfen, dann haben wir sie hier, darum geht es doch. Sie erst einmal von ihrem Mann zu trennen und dann alles andere in die Wege zu leiten. ›Ein Schritt nach dem anderen‹ sagte doch immer unser Vater, nicht wahr? Was nach dem ersten kommt, kann man nie vorausahnen«, erwiderte Pauline.

»Caro, hat die Mutter schon erzählt, dass Gustav in Chicago heiraten will? Die Geschäfte gehen wohl gut. Ausgerechnet ein Friseurladen, wie sagt man dort? Salonbesitzer. Ob er wohl hauptsächlich Deutsche als Kunden hat? In der Schule war der doch nie gut, ich kann mir nicht vorstellen, dass er Amerikanisch sprechen kann. Dieses komische gerollte R schon alleine.« Rieke strahlte sie an.

Caroline stützte ihren Kopf in der Hand ab. »Ich glaube nicht, dass man erst übers Meer fahren muss, um Abenteuer zu erleben.«

»Na komm schon, mutig ist es allemal, als ob man in ein Buch eintauchen würde«, warf Lina ein.

»Mich bekämen ja keine zwanzig Pferde auf so einen Dampfer, ich würde nicht einmal auf dem Rhein rumschiffen wollen«, erwiderte Caro. »Hätte Gott gewollt, dass wir das Wasser bezwingen, hätte er uns Flossen überlassen.«

Lina zog belustigt die Augenbrauen hoch. »Hab ich dir schon gesagt, wie ich dich hier vermisse? Deinen Humor? Ah … bevor ich es vergesse, ich habe dir ein Buch rausgesucht, von Fröbel.«

»Mache ich den Eindruck, als ob ich mich langweilen würde?«

»Caroline, es gibt Menschen, die ödet ihr Leben bereits direkt nach dem Aufstehen an, und es gibt Menschen, die bräuchten mehrere Leben, um all das zu machen, was sie interessiert. Ich zähle dich eigentlich nicht zur ersten Sorte. Aber wir sprachen doch vor einigen Monaten über deine Ideen, was Spielzeug betrifft. Du hast gemeint, ob Spiele einfach nur dazu dienen, dass Kinder sich die Zeit vertreiben, oder ob diese auch Aufgaben übernehmen können, dass sie was lernen dabei, oder?«

Caroline nickte.

»Und da hab ich etwas von Fröbel für dich.« Lina reichte ihr ein Buch mit einem dunkelgrün-gelb marmorierten Einband.

»Fröbel, Fröbel, ich glaube, ich habe von dem schon mal gehört.«

»Er hat vor zwanzig Jahren einen Kindergarten oben in der Nähe von Weimar eröffnet.«

Caroline zuckte mit den Schultern und sagte: »Kinderaufbewahrungsanstalten gibt es hier ja auch.«

Lina lachte. »Ja, schon, aber das ist was anderes. Ich habe vor Kurzem einen Artikel darüber gelesen. Fröbel hat ganz neue Ansätze. Nicht nur, dass die Kinder tatsächlich Gartenarbeit im Kindergarten machen, sondern das Spielzeug hat dort eine andere Gewichtung. Es soll helfen, den erwachenden Geist der Kinder in eine sinnvolle Bahn zu lenken, und ihre Interessen spiegeln.«

Caroline betrachtete den Titel und las laut: »*Die Menschenerziehung*. Aha. Das hört sich ja sehr … ähm … umfassend an. Auch eher danach, dass der Lehrer sagt, wo es langgeht, und die Kinder zu gehorchen haben?«

»Schau es dir mal an und sag mir dann, was du dazu meinst.«

* * *

Als Caroline zwei Tage später wieder in Göppingen am Bahnhof anlangte, war ihr Kopf prall gefüllt mit Ideen und frischen Eindrücken. Auch von der Zugfahrt. Das Augenschließen und Lauschen hatten ihr Kunde von einem Bauern zugetragen, der Probleme mit der Bewässerung hatte, über den lustigen Göppinger Straßennamen Wühle, der auf die Schweine zurückging, die sich mit der Nase durch die feuchte Erde gewühlt hatten, bis zum Schönfärber Friedrich Kohler, der mit seiner Wolldruckerei die Mode der bedruckten Westen nach Württemberg gebracht hatte und somit die Einfuhr aus Sachsen und Frankreich überflüssig machte. Kohler reiste durch die Länder, arbeitete vor Ort in seinem Gewerbe, sammelte Erfahrungen und bestellte die besten Maschinen, sodass er damit sogar andere Stoffe bedrucken konnte, wie für Hosen, Taschentücher, Bodenläufer. Und er lieferte bis in die Schlösser der Umgebung. Er war so angesehen in Göppingen, dass er zum Stadtrat gewählt wurde und sich aktuell für eine Studienreise im Elsass aufhielt. Es ging um die Förderung der heimischen Industrie im Zusammenhang mit der Gesundheit der Arbeiterschaft. Caroline staunte, als sie zwei Männer über die Details wie Hygiene bei der Arbeit mit Waschräumen, Badegelegenheiten und etwas vom Bau von Arbeiterwohnungen reden hörte. Das kannte sie bis jetzt nur von ihrem Bruder aus Russland.

Als Caroline aus dem Bahnhofsgebäude trat, stand Wilhelm da. Er drehte seinen Hut zwischen den Händen, lächelte, nahm ihr gleich den Koffer ab. Für einige Sekunden stand eine Unbeholfenheit zwischen ihnen, als ob sie sich nicht kennen würden. Bevor das Fremde mehr Besitz von ihnen ergreifen konnte, küsste Caroline ihn kurz auf den Mund, drückte seine Hand und betrachtete Göppingen als das, was es nun war: ihr neues Zuhause. Sie hatte sich dafür entschieden, und das sollte sich jetzt auch lohnen.

Nach dem Abendessen schickten sie die Mädchen ins Bett. Der Lehrling hatte darum gebeten, abends kurz ausgehen zu dürfen.

»Lässt du ihn nicht an einer allzu lockeren Leine?«, fragte Caroline, räumte das Geschirr ab und verstaute die Essensreste in einer Schüssel.

»Ich weiß nicht. Bei mir war die Lehrzeit eine reine Quälerei, das möchte ich ihm ersparen.«

»Er lebt ja nicht in einem Waisenhaus, sondern hat Anschluss an die Familie, an uns.«

»Das schon, aber …«

»Du schlägst ihn nicht einmal. Es ist selten genug, dass du mal mit der Stimme laut wirst. Oder was meinst du?«

Wilhelms Blick glitt zu Boden. »Du kannst dir nicht vorstellen, wie es war.«

Sie schaute ihn lange an. »Nein, das kann ich wohl nicht. Aber bitte erzähl mir davon.«

»Es war nicht nur kalt, und wir hatten ständig Hunger, sondern es hatte sich auf einen Schlag alles verändert. Es war nichts mehr wie zuvor. Beide Eltern tot, kurz nacheinander. Ich war gerade drei Jahre alt, zuerst starb mein Vater, er lag für Wochen mit Husten flach, bis er nur noch röchelte und dann ganz aufhörte zu atmen. Ich erinnere mich noch an seine graue Haut, seine rot unterlaufenen Augen. Manchmal träume ich noch davon ... Meine Mutter hochschwanger, die einen Monat darauf vor Kummer ein totes Kind auf die Welt brachte und Kindbettfieber bekam, das hat sie nicht überlebt. Wir hatten ja kein Geld, und wie sollten wir kleinen Kinder ihr helfen?« Er machte eine Pause. »Meine Schwestern wurden mir weggenommen, und das Einzige, was wir zu hören bekamen, war, dass meine Eltern Schulden hinterlassen hätten. Wir waren von Gott verlassen worden, obwohl meine Eltern ihm ihr Leben gewidmet hatten. Keine Geborgenheit, keiner, der mal ein liebes Wort sagte. Nur Schimpf und Schande.«

Caroline legte ihren Arm um seine Schulter, und er schmiegte sich mit dem Kopf Zärtlichkeit suchend an. »Es waren nicht nur die Schläge, das Angebrülltwerden, sondern einfach das Gefühl, ganz alleine zu sein. Keiner interessierte sich für mich. Ich hatte nur meinen älteren Bruder Carl, der dort von den anderen Kindern verprügelt wurde, weil er immer sagte, dass er später mal reich sein wolle. So reich, dass seine Frau nicht arm im Bett sterben müsse, wie ... ja, wie?« Er schluckte. »Die Ausbildung rettete mich. Trotz allem. Es hört sich vielleicht etwas dumm an ...«

»Nein«, Caroline küsste seinen Kopf. »Überhaupt nicht. Das muss schlimm gewesen sein.«

Er seufzte. »Was ist schon schlimm? Krieg? Seine Kinder an Unterernährung sterben zu sehen? Ein Waisenhaus?«

»Nein, innerlich zu verkümmern und keine Liebe zu erfahren, das ist schlimm«, sie beugte sich vor und küsste ihn. »Jetzt haben wir uns. Bald sind wir zu fünft und mit dem Lehrling zu sechst. Du bist nicht mehr alleine.« In ihrem Kopf fügte sie hinzu: Und ich bin es auch nicht mehr. Nie mehr.

Am nächsten Tag tigerte Wilhelm in seiner Werkstatt von der einen Ecke zur anderen. Er hatte Caroline rausgeschickt, weil er über das, was sie ihm erzählt hatte, in Ruhe nachdenken wollte. Am Abend zuvor war sie nicht dazu gekommen, in aller Ausführlichkeit von ihrer Reise zu berichten. Es gab zu viele Neuigkeiten von den Mädchen, von der Familie aus Ludwigsburg, von Albert, von der Puppenstube, an der Wilhelm mitarbeitete, da hatte ein kurzes »Ja, es hat mit den Dampftöpfen geklappt« und »Ja, deine Kunden haben mir ihre üblichen Bestellungen mitgegeben« gereicht. Erst heute Morgen hatte sie die komplette Ausbeute der Reise präsentiert, den Vertrag über die Dampfkochtöpfe und die Bestellungen der Bestandskunden aus Ludwigsburg, die sogar schon solche Dampftöpfe haben wollten. In ihrer Begeisterung hatte sie ihm ihre ausgearbeiteten Zugpläne vorgelegt und darum gebeten, eine erste Tour in der kommenden Woche antreten zu dürfen. Auch das hatte sie bereits in Erkundung gebracht. Bis zur Geburt waren es nur noch zwei, maximal drei Monate, da musste sie die Zeit einfach nutzen. Er wirkte jedoch, als hätte ihn ein Fuhrwerk überrollt. Vielleicht lag es auch an ihren Fragen, ob er in letzter Zeit in anderen Städten einen Blick auf die neuesten Maschinen und Werkzeuge habe werfen können, die dort bei der Blecharbeit verwendet wurden, und ob er schon mal etwas vom Werdegang des Stadtrats Kohler gehört habe.

Caroline stand draußen, ein Stück entfernt, und spickte durchs Fenster. Auf Wilhelms Gesicht spiegelten sich seine Gefühle: Anerkennung, Zweifel, Verdruss und so etwas wie Hoffnung. In diesem Augenblick blieb er stehen, sah sie durchs Fenster direkt an und kam herausmarschiert. »Linchen, ich denke, das ist zu viel. Wie willst du einen Musterkoffer transportieren und dann fast drei Wochen unterwegs sein? Was ist mit dem Baby?«

Caroline ließ lautlos die Luft zwischen den Lippen hindurchströmen. »Du hast recht. Das ist zu viel. Ich streiche das alles so zusammen, dass es nur eine Woche wird. Danke, dass du dich so gut um mich kümmerst. Ich zeige dir dann den neuen Plan und werde gleich zum Bahnhof gehen. Die letzten Wochen vor der Geburt will ich auch gerne hier bei dir und den Kindern sein.«

Mit einem »Das ist in Ordnung, ich stelle dir nachher gleich ein Schriftstück für die Reiseerlaubnis aus«, schritt er ins Haus, um nach dem Lehrling zu schauen, der mit Husten im Bett lag.

Caroline jubelte innerlich. Eine ganze Woche Zeit! Mit der An- und Abreise konnte sie bestimmt auf eineinhalb Wochen ausdehnen. Seitdem dieser Felix Guntermann von dem Markt in Plochingen erzählt hatte, ließ sie der Gedanke nicht mehr los. Bis jetzt kannte sie nur einen winzigen Ausschnitt von dem, was man aus Blech alles herstellen konnte. Sie war so neugierig, was die Nürnberger Konkurrenz zu bieten hatte und was aus dem Osten kam oder aus dem Ausland, das mussten ja ganz neue Welten sein, die sich einem da eröffneten. Man konnte förmlich sehen, wie die Städte von Monat zu Monat wuchsen, wie sich neue Fabrikgebäude in das Stadtbild fügten und ganze Viertel bildeten. Wie sich die bestehenden Gewerbe veränderten, aus dem Ausland und Umland Maschinen holten, die Dampfkraft nutzten, was für neue Produkte entstanden und wie viele Menschen plötzlich Arbeit in Berufen fanden, die es vor einigen Jahren noch gar nicht gegeben hatte. Caro konnte das nicht nur sehen, sie spürte die Veränderungen sogar. Die Luft schien nicht mehr stillzustehen, sondern vibrierte immerzu. Und das nicht nur, während sie im Zug saß und die Landschaft an ihr vorbeidonnerte. Es ist eine Zeit des Umbruchs, dachte sie, Neues entsteht an allen Ecken, wie Unkraut. Es war nur eine Frage des richtigen Zeitpunktes und der richtigen Kontakte, dann war so vieles möglich, das hatte sie bei ihren Brüdern gesehen. Manchmal musste man sich aus dem Fenster lehnen und die Tauben ergreifen, die vorbeiflogen.

Als sie Wilhelm kennengelernt hatte, erzählte er von seinem alten Arbeitgeber in Göppingen. Von der Firma Rau, die bereits im Jahr 1841 ein dreistöckiges Fabrikgebäude und über fünfzig Arbeiter beschäftigte. Auch in diesem Fall war der Chef nach London gereist, um die Maschinen einzukaufen, die führend am Markt waren. England schien eh der Dreh- und Angelpunkt des Fortschrittes zu sein, überlegte Caroline. Die Brüder Boehringer, die vor vier Jahren die erste Dampfmaschine nach Göppingen geholt hatten, hatten ebenfalls viele Jahre in England verbracht. Angeblich sollen sie sich dort sogar die Fähigkeit angeeignet haben, selbst Maschinen zu entwerfen und zu bauen.

Caroline ging mit ihren Zetteln ins Schlafzimmer, zog dort aus einer Schublade die Eisenbahnfahrpläne und ihre Notizen. Es gab noch so vieles, was sie nicht wusste. So vieles! Ihr wurde schwindelig, und sie setzte sich aufs Bett.

Wie pflegte Wilhelm zu sagen: Immer langsam mit den jungen Pferden. Daran sollte sie sich halten. Schritt für Schritt sich entlangtasten. Zugfahrt für Zugfahrt die Städte erobern.

***

»Musst du schon wieder weg?« Sophie schaute sie aus großen Augen an. »Ich will nicht, dass du gehst.« Das Mädchen zog Caroline am Arm, sodass ihr ein Beutel zu Boden fiel. Der Zug fuhr in vierzig Minuten los, es wurde Zeit aufzubrechen.

»Liebe, kleine, süße Sophie«, Caroline beugte sich leicht nach unten, zum in die Hocke gehen fühlte sie sich etwas zu voluminös. »Ganz lieben Dank für dein schönes Bild, das wird mein Glücksbringer sein auf der Reise.« Aus dem Augenwinkel nahm sie wahr, dass Rosine verlegen auf ihren Fußspitzen wippte. Schnell zog sie beide Mädchen in ihre Umarmung, gab ihnen einen Kuss auf das Haar. »Ich bin ja ganz schnell wieder da, und ich verspreche, dass ich euch etwas mitbringe, ja?«

»Ich will nicht«, sagte Rosine motzig.

»Dass ich dir etwas mitbringe?«, erwiderte Caroline erstaunt.

»Nein, ich will nicht in diese doofe Mädchenschule.«

»Aber Rosine, da lernst du sticken, stricken, alles, was du später im Haushalt gut gebrauchen kannst.«

»Warum kann ich nicht wie die Jungen auf die Lateinschule gehen?«

»Weil du eben kein Junge bist, du Dummerchen«, unterbrach Wilhelm das Gespräch. »Du solltest Caroline dankbar sein, dass sie das für dich möglich gemacht hat. Bei dem Andrang war das bei Gott nicht leicht. So. Jetzt aber. Ich bring dich noch zur Bahn. Georg kann nach den Mädchen sehen.«

Der Musterkoffer war eigentlich recht leicht, da sie wirklich nur das Allernotwendigste eingepackt hatte. Zudem war es Mode geworden, den Kunden Musterbücher zu präsentieren. Das waren dicke Wälzer, in denen sich die Zeichnungen der Waren befanden, von Hand koloriert. Besonders gewiefte Geschäftemacher hatten die einzelnen Stücke aus verschiedenen Perspektiven zeichnen lassen, damit die Details besser zur Geltung kamen. So ein Musterbuch lag weit entfernt von ihrem Budget, aber Caroline hatte sich Mühe gegeben und auf einigen Blättern den Dampfkochtopf in gekonnten Strichen festgehalten. Daneben hatte sie ein paar einzelne Produkte aus Wilhelms üblichem Warenangebot gezeichnet: Gesundheitsgeschirr, Töpfe, Regenrinnen, Teller, Tassen, Schüsseln, Siebe und was das einfache Herz so erfreute. Mit einem Wollfaden zusammengeheftet, sah es fast so professionell aus wie von den großen Firmen. Auf das leere Deckblatt hatte sie in verschnörkelten Großbuchstaben *Märklin* geschrieben. Es hatte gar nicht so lange gedauert, bis sie sich an diesen neuen Namen gewöhnt hatte.

»Caro, ich wünsche dir viel Erfolg. Pass auf dich auf!« Wilhelm hatte ihren Koffer zum Gepäckabteil gebracht und drückte Carolines Hand so fest, dass sie fast aufschrie. »Falls was sein sollte, dann telegrafiere mir sofort.« Besorgnis zeichnete sich auf seinem Gesicht ab. Bevor er sich noch umentscheiden konnte, hob sie ihre bestickte Tasche mit dem Handgepäck auf, verabschiedete sich mit einem langen Kuss und betrat ihr Abteil. Dort sank sie auf ihren

Sitz und spürte, wie ihr Herz sich überschlug. Sie unterschätzte ihren schwangeren Zustand. Doch ihr Gesicht strahlte Sicherheit und gute Laune aus, als sie aus dem Fenster winkte und Wilhelm Mut machend zunickte. Wie viel einfacher war es, anderen Mut zu machen, als sich selbst welchen zuzusprechen.

Ein schrilles Tuten erklang, Dampf wurde mit lautem Zischen abgelassen, es quietschte, der Zug ruckte, Menschen sprachen und lachten durcheinander, Caroline lehnte ihren Kopf zurück und schloss die Augen. So langsam gewöhnte sie sich an diese Art des Reisens. Es hatte durchaus seine Reize. Und ihre anfängliche Übelkeit in der Schwangerschaft war Gott sei Dank dahin verschwunden, wo sie hergekommen war.

Urige Fachwerkhäuser zierten den Marktplatz in Plochingen, wo sich an zahlreichen Ständen Bauern und Händler versammelt hatten, um ihre Waren anzupreisen. Es herrschte ein summendes Gewusel wie in einem Bienenstock. Ein Bauer pries mit lauter, tiefer Stimme seine Waren an, die von frisch gelegten Eiern von Hühnern, deren Vornamen er vorwärts und rückwärts auswendig konnte, über Holzlöffel, die seine fünfundzwanzig Kinder eigenhändig schnitzen mussten, deren Namen er sich leider nicht merken konnte, bis hin zu den köstlichsten Karotten reichten, die süßer schmeckten als jeder Honig oder saftiger Kuchen. Er warf mit Komplimenten um sich, wie man im Hühnerstall Futter verstreute, und erntete zahlreiche Lacher sowie einen guten Andrang, was seine Verkäufe anbelangten. Caroline wanderte von Stand zu Stand, sie war ein bisschen enttäuscht, da sie von den Erzählungen von Guntermann noch mehr erwartet hatte, aber Spielzeug gab es nur an wenigen Ständen, und hier standen sie nur im tiefsten Schatten von anderen Haushaltsgeräten, die den Alltag vereinfachen sollten.

»Hallo, Frau Märklin, ich hätte nicht gedacht, dass sich unsere Wege so schnell wieder kreuzen!« Felix Guntermann lehnte hinter seinem Stand an der Wand, elegant gekleidet, mit nach hinten gekämmten Haaren. Er umrundete den Tisch und deutete bei ihr einen Handkuss an.

Caroline errötete, fasste sich aber schnell. »Danke schön, Herr Guntermann, ich bin zufälligerweise auf der Durchreise, und da ich mich an Ihre Empfehlung noch gut erinnere, dachte ich, ich schaue mal vorbei.«

»Soso, auf der Durchreise. Was darf ich Ihnen denn vorführen? Farbkästen oder Mundharmonikas?«

»Spielzeug!«

»Na dann, schauen Sie mal.« Er zeigte ihr Porzellantäuflinge und Badekinder aus Sonneberg, Zinnspielwaren aus Berlin, Festungen und Gespanne aus Blech von Rock & Graner und von der Firma Gross aus Stuttgart fein gearbeitete Spielzeugläden, Figuren und Zauberkästen aus Holz. Herr Guntermann stellte sich breitbeinig hin, musterte sie aus zusammengekniffenen Augen und fragte: »Gefällt Ihnen das, was Sie sehen?«

Caroline spürte die Blicke der Umstehenden in ihrem Nacken und fing an, sich unwohl zu fühlen. »Ja, schon, aber … bei den Blechwaren … die Lackierung ist etwas dick aufgetragen und die Verarbeitung nicht so filigran.«

Felix zog die Luft ein, wusste nicht, ob er einen Witz darüber machen sollte oder sich aufregen. »Frau Märklin, Sie müssen das Augenmerk doch auch darauf lenken, dass es erschwinglich für alle sein muss, das hier ist das Beste, was man für sein Geld bekommen kann. Vor allem die Ware aus Bayern …«

»Nein, so sehe ich das nicht«, sagte Caroline und merkte, wie ihre Stimme fester wurde. »Qualität kann man auch zu normalen Preisen liefern.«

»Was erlauben Sie sich?«, sagte Felix leiser und wurde für die anderen Kunden wieder lauter. »Frauen, haha, denken, sie könnten die Welt neu erfinden. Was machen Sie denn, sind Sie Mutter oder arbeiten in einer Fabrik?«

»Ich verkaufe Spielzeug, ich bin Handelsvertreterin.«

Die Leute, die um sie rumstanden, glotzten sie mit großen Augen an, manche tuschelten, eine Frau lachte, und zwei Männer schimpften.

»Verschwinden Sie«, knurrte Felix. »Ich will mit Frauen nichts zu tun haben, die sich für Männer halten und ihren Platz nicht kennen. Lächerlich«, er drehte sich zu den anderen. »Als ob Frauen dafür gemacht wären, da könnte man ja gleich zum Mond fliegen wollen. Ha!«

Unter lautem Gelächter eilte Caroline mit gesenktem Kopf und Tränen in den Augen zurück in ihre Unterkunft. So viel Kränkung, so viel Missbilligung und das nur, weil sie Röcke und lange Haare trug. Was war das für eine Welt, in der sie lebten? Aber sie würde sich davon nicht unterkriegen lassen. Aufgeben war keine Alternative.

Einen Tag später befand sich Caroline im schönen Reutlingen zu Füßen der Schwäbischen Alb, am tosenden Neckar gelegen. Die Eisenbahnstrecke, die auch die Neckar-Alb-Bahn genannt wurde, führte von Plochingen[18] über Reutlingen, weiter nach Tübingen bis Rottenburg und war erst vor wenigen Wochen mit einem riesigen Fest eröffnet worden. Ihr Onkel Albert hatte von der Eröffnungsfeier erzählt und sich gewundert, dass der Ausbau der Zugstrecke ausgerechnet in die Heimatstadt von Friedrich List so lange gebraucht hatte. Anscheinend war die Erweiterung Richtung Ulm als wichtiger eingeschätzt worden. Das bedeutete allerdings, dass die Konkurrenz hier noch nicht alles abgegrast hatte. In den größeren Städten gab es recht wenige Handelsgeschäfte, da die Handwerker selbst in ihren Werkstätten oder auf Märkten verkauften, somit musste man recht schnell sein, sobald der Startschuss zur Einweihung einer neuen Eisenbahnlinie fiel. Machte ein Ladenbesitzer erst mal Geschäfte mit einem Handelsvertreter, waren die Waren, die auch Caroline anbieten konnte, bereits vorhanden. Somit war diese Reise ein perfekter Beginn für sie als Handelsreisende.

In Reutlingen lebte Carolines Schwester Luise[19], die bei einer alten Tante eingezogen war, um sich um sie zu kümmern und sie zu pflegen. Die Verwandtschaft der Mutter dehnte sich bis in den Süden Deutschlands aus, und einige davon waren schon alt oder alleinstehend ohne Kinder, oder wie in diesem Fall beides zusammen. Die Stadt war noch recht ungeküsst, was die Industrie anbelangte, es gab Textil- und Papierproduktionsstätten, aber die Fachwerkhäuser schlummerten noch tief. Die Eisenbahn würde mit Sicherheit von ganz alleine das Tempo anziehen.

Caroline hatte das meiste Gepäck bei ihrer Verwandtschaft untergestellt und bummelte durch die Stadt, wollte sich einen ersten Eindruck verschaffen. Vor dem Haushaltswarengeschäft Flammer blieb Caroline stehen und sah sich das Schaufenster an. Roter Samt war darin ausgelegt, auf dem sich Gegenstände, die den Frauen den Alltag leichter machen sollten, weich gebettet präsentierten. Ein Handfeger schmiegte sich in den glänzenden Stoff, als ob er für Könige erschaffen worden wäre. Ein Teeservice wogte durch ein gewaltiges Faltenmeer und wurde seitlich von zwei Kannen bedroht, die sich mit ihren langen Hälsen auf sie stürzen wollten. Carolines Fantasie ließ sie selten im Stich, vielleicht war sie deshalb manchmal so gerne alleine.

Eine Frau trat neben sie, betrachtete mit vorgerecktem Kinn die Auslage. Auf deren Kopf wippte ein mondäner Hut, und ihr mit goldenen Knöpfen verzierter dünner Mantel sah teurer aus als alle Kleidungsstücke von Caroline zusammen, also alle, die sie überhaupt besaß.

»Was für außerordentlich schöne Tassen«, sprach die Dame mehr zu sich selbst.

Caroline zwinkerte kurz und hatte eine Idee. »Da haben Sie recht, ich bewundere dieses Porzellan mit dem edlen Dekor aus fein gezeichneten Blüten und Vögeln aus Meissen. Auch von der Schramberger Fabrik hat er diese pretiösen Vasen ausgewählt, die sah man auf der letzten Industriemesse in Ludwigsburg, und sie werden wohl bis nach England verschifft.«

Die Frau betrachtete sie interessiert. »Sie scheinen sich damit ja auszukennen.«

»Ja, natürlich, Sie müssen wissen, dass mein Vater Lieferant des Königs war, da entwickelt man schon als Kind ein gewisses Gespür und Kenntnisse.«

Bei dem Wort *König* weiteten sich die Augen der Fremden.

Caroline fuhr fort: »Ein bisschen bin ich trotzdem verwundert.«

»Was meinen Sie denn damit?«

»Ich sehe keine Dampfkochtöpfe. Im Raum Stuttgart kann man diese bereits erhalten, sie sind in aller Munde. Und was ist mit den Kindern? Sollten diese nicht wie selbstverständlich in den Haushalt mit einbezogen werden? Der Pädagoge Fröbel nennt das ein Begreifen der Zusammenhänge. Sie orientieren sich an der Lebenswelt von uns Erwachsenen, lernen während des Spiels und werden sogar früher selbstständig.«

»Dampfkochtöpfe«, die Fremde sprach das Wort langsam und gedehnt aus, als ob ein ganz eigener Zauber in ihm wohnte. Stellvertretend für die Magie der Industrialisierung, für den Fortschritt.

Nach einem weiteren kurzen Vortrag Carolines über die Vorzüge und Ersparnisse betrat die Frau den Laden, und Caroline konnte durch das Schaufenster hindurch beobachten, wie die Frau im Geschäft zunächst die Tassen in die Hand nahm, sich davon ein paar einpacken ließ und mit einem hageren Mann ins Gespräch kam, der sich wie der Ladeninhaber gebarte und sichtbar verwundert die Kundin anblickte, die mit ihren Händen gerade Umrisse in die Luft zeichnete, die durchaus der Größe eines Dampfkochtopfes entsprechen konnten.

Caroline drehte eine kleine Runde in der Stadt, bis eine halbe Stunde vorbei war, dann betrat sie ebenfalls den Laden, stellte sich vor, wurde in einen Nebenraum gebeten, wo sie die Musterstücke, das Musterbuch und die Prospekte von Herrn Umbach auspackte.

»So, was haben wir denn hier?« Der große Hagere begrüßte sie zurückhaltend.

»Märklin ist mein Name«, stellte sich Caroline vor und schüttelte artig die ihr angebotene Hand. »Ich komme aus Göppingen. Wir haben eine Flaschnerei, wissen Sie, mein Mann hat bei der Firma Rau gelernt, die kennen Sie doch sicherlich?« Sie wartete sein Kopfnicken ab, um dann fortzufahren: »Und da hat er sich selbstständig gemacht, um eigene Ideen umzusetzen. Er hat bei Rau den Meister gemacht … ist somit mit den neuesten Maschinen vertraut und auf dem aktuellsten Stand.«

»Ihr Mann kommt gleich noch?«, unterbrach sie der Hagere.

»Warum fragen Sie? Wenn ich Ihr Augenmerk auf …«

»Ich finde es ja .. ähm … interessant, dass Sie ihn auf der Geschäftsreise begleiten. Ich will auch nicht unhöflich sein, aber ich würde dann lieber mit ihm gleich selbst reden.«

»Nein, es kommt keiner mehr …«, sie zeigte auf ihr Musterbuch, aber er machte vier schnelle Schritte zur Tür. »Ich bin mit ausdrücklicher Erlaubnis meines Ehegatten hier«, fügte Caroline hinzu und bemerkte erschrocken, dass sich ihre Stimme wie ein helles Piepsen anhörte.

Er legte seine Hand auf den Türgriff, drehte sich zu ihr um, um sie hinauszubitten.

Sie räusperte sich. »Natürlich können Sie auch gerne auf meinen Mann warten, doch wird das noch etwas dauern, da er gerade mit unserem Firmenumzug beschäftigt ist. Wir vergrößern. Seitdem wir die Dampfkochtöpfe vertreiben und Kinderspielzeug haben, wird das auch dringend notwendig.«

Seine Hand glitt vom Griff, und sein Blick überflog die Dinge, die ausgebreitet auf dem Tisch lagen. Caroline erhob sich und griff Umbachs Prospekte, um sie einzupacken.

»Warten Sie«, sagte er laut. Fügte schnell ein »Bitte« hinzu und zupfte ihr den Prospekt aus der Hand, auf dem der Dampfkochtopf abgebildet war. »Soso, Sie entlasten Ihren schwer arbeitenden Ehemann.« Er nickte. »Dafür wurde die Ehe ja auch geschaffen, oder? Dass die Frau dem Mann zur Hand geht und ihn unterstützt.«

Caroline lächelte. »So sehen wir das auch. Und wenn ich Ihnen noch unsere normale Palette an Waren zeigen darf? Wissen Sie, da stecken fast dreißig Jahre Berufserfahrung dahinter, und das Gesundheitsgeschirr ist bei uns der Renner. Für die zumindest, die sich nicht das gute Porzellan von Meissner leisten können.«

Er schaute auf ihre Zeichnungen, und Caroline wusste, dass sie ihn am Angelhaken hatte. Schade, dass Wilhelm keine Zeit fand, mehr von dem Kinderblechgeschirr herzustellen. Kinder gab es überall in Hülle und Fülle. Und die wollten beschäftigt werden.

»Der Mensch ist nur einmal in seinem Leben Kind,
und er muß es bleiben, bis er seine Kindheit
auf ein anderes fortgeerbt hat.«

Friedrich Schiller

Kapitel 8

Leben

ZWEI MONATE SPÄTER,
AM FRÜHEN MORGEN DES 20. 8. 1859, GÖPPINGEN

Ein lauter Schrei durchdrang die morgendliche Stille. Schreckte zwei Amseln aus ihrem Schlaf, die sich vor dem Haus ein Nest in einer alten Buche errichtet hatten. Sie flogen mit lärmendem Gekreische über die Nachbarshäuser, weckten die Hofhunde, die zornig bellten und damit den Hahn auf dem nächsten Gehöft verwirrten, der verwundert kikerikite und erstaunt die blasse Sonne betrachtete, die noch überhaupt nicht in der Lage war, die Dunkelheit zu vertreiben.

Weitere Schreie erklangen aus dem kleinen Haus, aber die Umgebung war in einen erneuten Schlaf versunken, der diesmal tiefer war und jede Störung einfach verschluckte.

Im Hause Märklin stand die Hebamme in der Schlafstube und war zufrieden. »Da hatte es der kleine Erdenbürger wohl eilig, was?«

Der Lehrling hatte sie nur wenige Minuten vor der Geburt geholt, aber alles war gut verlaufen. Wilhelm hatte auf Carolines Geheiß Wasser erhitzt und saubere Tücher gerichtet.

Mit einem geschulten Blick und ein paar Handgriffen untersuchte die Hebamme das Kind. »Alles dran, was dran sein soll, nicht wahr? Ich gratuliere! In ein paar Tagen schaue ich noch mal vorbei, ja?« Sie begleitete Wilhelm nach draußen, nahm ihren Lohn entgegen und drückte ihm die Hand. »Schonen soll sie sich. Sie wirkt geschwächt, und besorgen Sie etwas Deftiges zum Essen, damit sie stark genug ist, den Kleinen zu stillen. Ihr erster Stammhalter? Ich denke, das wird nicht der letzte bleiben. Glauben Sie mir, wir können das sehen.«

Wilhelm schaute sie verblüfft an, während er sie zum Ausgang begleitete und die Hebamme lachend in die Morgenröte der aufgehenden Sonne trat. »Alles wird gut! Glauben Sie mir, auf jede Nacht folgte bis jetzt noch immer ein neuer Tag.«

Caroline flossen die Tränen über das Gesicht, während sie den kleinen Kopf ihres Erstgeborenen küsste. Sie hatte solche Angst gehabt, dass er zu klein sein könnte, zu schwach, und noch größere Angst, dass er die Geburt nicht überstehen könnte. Die Bedenken überfielen sie schlagartig, als die Wehen einsetzten, und schnürten ihr den Hals zu, erschwerten das Atmen, erschwerten das Pressen während der Geburt. Nach neun Monaten, in denen man sich an den heranwachsenden Bauch gewöhnte, nachdem man die ersten Bewegungen wahrgenommen, Kontakt und sogar mit ihm gesprochen hatte, nach dieser Zeit ein Kind tot zur Welt zu bringen, musste schlimm sein. Was ertrugen nur einige Frauen, dachte Caroline und spürte, wie eine große Dankbarkeit ihr Herz erfüllte. Sie erinnerte sich voller Mitleid an die Schwester von Wilhelm und drückte ihr Baby fest an die Brust.

Sophie kam leise herein. »Ich gratuliere.« Mit Augen so groß wie Wagenräder blickte sie das Kleine an, traute sich nicht näher heran als auf zwei Schritt Abstand. »Jetzt hast du ja ein eigenes Baby.« Sie biss sich auf der Unterlippe herum.

»Sophie, kannst du mir einen Gefallen tun?« Caroline wischte schnell die Tränen weg, streckte ihre Hand aus. »Bringst du mir einen Becher Wasser, bitte?« Als Sophie draußen war, legte sie schnell eins der Tücher auf den gefüllten Becher, der bereits neben dem Bett stand.

Das Mädchen kam wieder und reichte ihr das Trinken. Schnell fasste Caroline ihre Hand und zog sie nahe an sich heran. »Sophie, vielen Dank! Was würde ich nur ohne dich machen! Du bist mir eine große Hilfe. Weißt du, der kleine Wilhelm ist mein drittes Kind. Ich habe Rosine und dich, und dann kommt erst das Baby. Ihr seid meine Mädchen, und ich habe euch genauso lieb. Nur bin ich gerade so sehr müde, richtig müde, aber das wird schon wieder. Also sei mir nicht böse, wenn ich in den nächsten Tagen erst mal nur schlafe, und weißt du … das Baby ist so klein und hilflos, da müssen wir alle gemeinsam drauf aufpassen, bis er so groß und stark ist wie du! Dann kann er auch auf dich aufpassen.« Damit gab sie dem Mädchen einen Kuss auf den Kopf.

Sophie flüsterte: »Ich pass mit auf, verspreche ich dir!«

Und Caroline wusste, dass sie die richtigen Worte gefunden hatte. Dabei fühlte sie sich so leer. Und doch gleichzeitig erfüllt und dankbar.

Den zufrieden schmatzenden Wilhelm eng an sich gekuschelt und mit einem Lächeln auf dem Gesicht, schlief Caroline ein. Das Leben war schön!

***

EIN MONAT SPÄTER, SEPTEMBER 1859

»Bitte?«, Caroline hatte sich das Baby in einem Tuch vor die Brust gewickelt und schunkelte von rechts nach links, damit es einschlief. »Natürlich helfe ich mit.« Sie öffnete die große leichte Holztruhe, die in der Mitte der Küche stand, und legte Pfannen und Töpfe hinein. »Du denkst doch nicht etwa, dass wir umziehen und ich euch beim Packen einfach zusehe?«

Wilhelm betrachtete sie kopfschüttelnd. »Nein, eigentlich nicht. Aber vergiss nicht, Willi zu füttern. Der Kleine soll ja mal das Geschäft übernehmen, da braucht er Kraft.« Er sah nicht, wie Rosine die Fäuste ballte, sich umdrehte und rausging. Seitdem der Kleine geboren war, schien er für nichts anderes mehr Augen zu haben. Nur noch für das Baby und seine Arbeit.

Eine Kutsche bahnte sich draußen ihren Weg, hielt vor dem Haus. Georg, Wilhelm und zwei seiner Freunde packten mit an, schleppten Stühle, Truhen, Betten hinaus, erzählten sich nebenbei von den geplanten Fackelumzügen zum Schillerfest, die in über fünfzig Städten stattfinden sollten. Am Ende stellten sie fest, dass sie Fackeln mochten, aber mit Schiller nicht allzu viel anzufangen wussten.

Wilhelm drückte Caroline auf einen der Stühle, die auf der Straße standen. »Mein Liebes, wenn wir im nächsten halben Jahr weiterhin gute Umsätze einfahren, dann können wir vielleicht einen Kredit aufnehmen und uns etwas Eigenes kaufen. Was sagst du?«

»Das wäre schön!« Das bekämen sie hin. Das mussten sie hinbekommen. Nur so konnten sie auf lange Sicht flexibel sein, anbauen, umbauen, quasi schalten und walten auf ihrem Grund, wie sie wollten.

* * *

»Warte, ich verstehe das jetzt nicht so ganz. Der Holzspielzeughersteller arbeitet weiterhin für die Familie Roth, aber du wirst nicht mehr gebraucht?«, fragte Caroline verwundert ihren Mann, während sie das Baby stillte.

»Ja«, sagte Wilhelm.

»Aber warum?«

»Was, warum?«

»Haben die einen anderen Flaschner, oder benötigen sie einfach keinen mehr, weil keine Blecharbeiten mehr anfallen?«

Ihr Mann zuckte mit den Schultern. »Ich weiß es nicht.«

»Warum fragst du denn nicht nach?« Sie spürte genau, dass er mit etwas hinter dem Berg hielt. Er druckste herum wie der Lehrling, wenn er um einen Vorschuss bat.

»Die sind sehr bürgerlich. Ich habe eh genug zu tun, sonst hätte ich selbst dort absagen müssen.«

»Aha«, mehr fiel Caroline nicht ein. Wie konnte man von einer der wohlhabendsten Familien der Stadt behaupten, dass sie *bürgerlich* sei. Ihr würden ja viele andere Bezeichnungen dazu einfallen, so was wie *abgehoben, dekadent* oder *verspinnert*. Und was, bitte schön, sollte das mit den Aufträgen zu tun haben? Bevor sie erneut fragen konnte, hörte man ein leises platterndes Geräusch. Caroline sprang auf. Sobald das Baby etwas getrunken hatte, dauerte es nicht lange, und es erledigte sein Geschäft. Dank ihrer zahlreichen Geschwister war sie ja geübt im Wechseln der Tücher. Diese wurden hinten beim Po als Verstärkung mit eingelegt und bestanden aus drei Lagen, die mittlere davon wurde zuvor in Öl oder heißes Fett getunkt, was man vor dem Wickeln abkühlen ließ und dafür sorgte, dass der Stuhlgang nicht sofort durchtropfte. Sobald die Kinder zu laufen begannen, entfielen die Tücher, dann wurde es Zeit, trocken zu werden, das ging aber meistens schneller, als man schauen konnte. Denn welches Kind mochte ständig ein breiiges Gefühl zwischen den Beinen haben?

***

Der kleine Willi war ein paar Wochen alt, verschlief den halben Tag, und in der anderen Hälfte versuchte er, so viel Nahrung aufzunehmen, wie es ging.

»Wie geht es dir denn?« Friederike besichtigte Caros neues Zuhause und killerte den Fuß des Babys, das auf Carolines Schoß saß und seinerseits versuchte, den Kitzelfinger mit seiner Hand zu erwischen, um diesen dann in den Mund zu stecken.

»Gut, danke«, antwortete Caroline.

»Fatschst du es gar nicht?«, fragte die Freundin weiter. Man sah Babys oft eng in Stoff eingewickelt, der mit Bändern zusammengehalten wurde, sodass die Kleinstkinder weder Beine noch Arme bewegen konnten, aber damit viel ruhiger schliefen. Und vor allem auch länger, hieß es.

»Nein, meine Mutter hielt davon nicht viel, wir tragen die Babys die meiste Zeit direkt am Körper.« Caroline drückte das Kleine in Friederikes Arme und setzte Wasser auf dem Herd in der Küche auf.

Friederike zog mit der freien Hand ein Geschenk aus ihrer Tasche. Es war eine seidene Haube, die mit kleinen blauen und roten Blumen bemalt war und direkt über einer Baumwollhaube auf dem Babykopf spazieren getragen werden konnte.

»Danke … die ist aber schön!« Caroline freute sich, so etwas Hübsches hatte sie noch nicht in Händen gehalten, von diesem einen Teil hätte sie fast die restliche komplette Babyausstattung finanzieren können.

»Du, Caro, ich war ja gestern zum Zuhören beim Liederkranz, und weißt du«, Friederike machte eine kurze Pause, »man erzählt sich, dass du als Frau alleine unterwegs bist und versuchst, die Ware von Wilhelm in anderen Städten zu verkaufen.«

Caroline holte zwei Tassen aus einem Regal. Innerhalb von wenigen Tagen war alles eingeräumt gewesen. Die beiden Mädchen hatten fleißig mitgeholfen, worauf Caroline ziemlich stolz war. Nicht einmal Rosine hatte einen ihrer typischen Trotzanfälle bekommen. »Ja, und? Ist doch nicht schlimm, wenn sie das erzählen, oder?«

»Die erzählen sich das nicht so auf eine Art wie ›das ist aber bewundernswert‹, sondern eher so in die Richtung: ›Was hat der Flaschnermeister sich denn da für eine geangelt?‹ Und ob du auch in den anderen Belangen die Hosen anhast. Und das ist noch nicht alles. Irgendjemand hat das Gerücht verbreitet, dass …« Friederike schaute sie besorgt an. »Dass das Kind nicht von Wilhelm sei. Wer so viel durch die Gegend reist, also alleine, die kann ja … Du kannst dir vorstellen, was die sich erzählen, oder?«

Caroline wischte sich mit der Hand über ihre müden Augen und seufzte.

Schnell sprach ihre Freundin weiter. »Aber ich weiß, was du machen kannst, du engagierst dich hier einfach ein bisschen. Es gibt mehr an Wohltätigkeitsmöglichkeiten, als die Woche Tage hat. Sobald dich die Göppinger selbst kennenlernen, werden sie auch verstummen.«

Caroline blickte sich in der Küche um, betrachtete das kleine Köpfchen ihres Kindleins, das ganz weich und voller Flaum war.

Sie sollte andere unterstützen? Eigentlich fühlte sie sich gerade so, als ob sie selbst eine helfende Hand gut gebrauchen könnte. Doch solche Gerüchte konnten ganz schnell das Aus für Wilhelms Geschäft bedeuten. Nicht nur das, wenn er davon Wind bekäme, würde er ihre Reisen bestimmt nicht mehr erlauben. »Gut, dann mach ich das.«

»Du, Caro«, Friederike stand auf. »Ich glaub, das Wasser kocht jetzt.« Und sie drückte ihrer Freundin das Kleine wieder zurück in den Arm, goss ihnen beiden einen Tee auf und plauderte von der Wilhelmshilfe. Eine Hilfe für verwahrloste Kinder, die Unterkunft und Unterricht erhielten. Nach einigen Startschwierigkeiten waren vor knapp sechzehn Jahren fünfundzwanzig Kinder in ein extra gebautes Heim eingezogen. Sie erhielten dazu Unterricht und lernten Fertigkeiten wie Stricken oder Strohflechten, machten sich in Hof, Garten oder Küche nützlich, um später in Lohn und Brot stehen zu können.

Seitdem der kleine Wilhelm auf der Welt war, fühlte sich Caroline zwar sehr müde und oft genug ausgelaugt, aber gleichzeitig schienen sich ihre Sinne auszudehnen, sie verstand, was ihr Neugeborenes wollte, bevor es auch nur quäken konnte, und sie spürte eine Liebe und Energie in sich wie noch nie zuvor. Sie empfand eine Verantwortung für dieses kleine Lebewesen, die sich auf mehr als nur auf das Stillen der akuten Bedürfnisse bezog. Wie das Baby wohl aussehen würde, wenn es erwachsen war? Würde es auch Flaschner werden? Sah seine Zukunft genauso trist aus wie ihre eigene? Was würden sie ihrem Erstgeborenen hinterlassen? Einen besseren Start ins Leben als sie selbst hatte es bereits alleine dadurch, dass es ein Junge geworden war. Natürlich gab es viele Dinge auf dieser irdischen Welt, die ungerecht waren. Die Frage war: Was konnte sie als Mutter davon lösen und was nicht?

* * *

»Und das ist Frau Kübler, ihrem Mann gehört die Baufirma«, sagte Friederike und stellte Caroline nun schon die elfte Frau vor. Caroline schlug sich meisterhaft, lächelte hier, knickste dort, schaute erstaunt, schaute nett, blickte unschuldig und tat interessiert bei allen Themen, die ihr aus den Frauenmündern entgegenschwappten. Es waren bestimmt spannende Dinge dabei, nur fühlte sie sich so marode und schlapp, dass sie lieber geschlafen hätte. »Von der Kartoffelkrankheit und den Überschwemmungen hatte sich Bauer Heinerlei nie erholt«, tönte es von der rechten Seite, während Frau Kübler etwas von den Textilfirmen und den Verlegertätigkeiten der Jebenhausener Juden erzählte, und dass die Industrieanlagen in Göppingen wie Pilze aus dem Boden schossen. Und das Ganze ohne herbstliches feuchtes Wetter.

»Mhm«, erwiderte Caro, nickte, grinste, lächelte. Zu Friederike meinte sie leise: »Was genau kann ich hier denn aktiv machen?«

»Hier? Wir sammeln Gelder für diese Stiftung. Manchmal organisieren wir Veranstaltungen, und der Erlös fließt dann mit rein. Oder dachtest du, dass du selbst mit auf die Kinder aufpassen müsstest?«

»Nein, natürlich nicht«, sagte Caroline und war froh, dass dem tatsächlich nicht so war. Denn insgeheim hatte sie das befürchtet. »Nun gut, was wollen wir organisieren? Auf dem Markt einen Stand mit Gestricktem und Backwaren?«

»Eigentlich wollten wir eine Runde bei den Großindustriellen drehen. Bist du dabei?«

»Mhm. Mal sehen«, sagte Caro vorsichtig, aber Friederike fasste das als Ja auf und berichtete von dem geplanten tatkräftigen Einsatz von Caro gleich den anderen. Das konnte ja spaßig werden, dachte Caro. Eigentlich wollte sie sich doch darin üben, in der Männerwelt nicht so aufzufallen.

»Ein Brief von deiner Buchhändlerin«, sagte Wilhelm und wedelte mit einem Umschlag vor Caros Nase, als sie nach Hause kam. Aus dem geöffneten Kuvert ragte ein Stück beschriebenes Blatt.

»Ich muss nachher noch weg«, sagte Wilhelm. »Und Rosine mit dem Baby alleine zu lassen, war vielleicht nicht die allerbeste Idee.«

»Was?« Erschrocken eilte Caroline in die Küche, wo das Dienstmädchen das Baby in ihren Armen wiegte. Eine kleine Beule zierte die Stirn.

Marie flüsterte: »Er schläft tief und fest, alles gut.«

»Was ist passiert?«

»Ich weiß es nicht, als ich vom Wasserholen wiederkam, da hatte er die Beule bereits und schrie wie am Spieß. Rosine versuchte, ihn zu beruhigen. Da kam Herr Märklin und brüllte das Mädchen so lange an, bis es weinte, mir das Kind gab und abhaute.«

Caroline nahm das Kleine und stellte erleichtert fest, dass es sogleich erwachte, wimmerte und direkt anfing, an der ihm angebotenen Brust zu trinken. Wäre es apathisch und schlapp gewesen, hätte sie sich Sorgen gemacht.

»Marie«, fragte Caroline, die wahrgenommen hatte, wie vorsichtig, aber geübt das Dienstmädchen mit dem Baby umging. »Wie viele Geschwister hast du eigentlich?«

»Ich? … ähm. Acht.«

»Und du bist die Älteste?«

»Ja.«

»Hast du Lust, bei uns doch wieder voll zu arbeiten, aber dann auch, um auf den Kleinen aufzupassen?«

Der glückliche Blick aus Maries Augen sagte alles. Und Wilhelm würde sie das auch verkauft bekommen, es war ja auch sein Sohn.

Erst als die Nacht die Stadt in ihre schwarze Umarmung nahm, stieß Caro auf den Brief ihrer Freundin. Sie hatte ihn in der Aufregung in eine Rocktasche geschoben und vergessen. Nachdem Rosine wieder aufgetaucht war, hatte Wilhelm einen weiteren Streit mit ihr angefangen, wie enttäuscht er von ihr sei, wie wenig sie im Haushalt ihren Pflichten nachkomme, dass ihre handwerklichen

Geschicke in der Mädchenschule sehr bescheiden seien und wohin das Geld des Lehrlings verschwunden sei. Das mit dem Florin lag ja immer noch im Unklaren. Caroline hatte dem Lehrling angeboten, dessen Lehrlingsgehalt zu verwalten und wegzusperren, aber davon wollte dieser nichts wissen.

Caro zog zwei beschriebene Zettel aus dem Umschlag, wunderte sich, dass dieser bereits geöffnet war.

Liebe Caro,
ich schreibe Dir heute nicht nur als Freundin, um Dir über die Vorbereitungen zum Schillerfest zu berichten, sondern auch im Auftrag Deiner Schwester Pauline. Sie traut sich selbst nicht, Dir einen Brief zu senden.
Sie war letzte Woche bei Emilie, weil sie die Sorgen einfach nicht mehr ausgehalten hat. Du musst sie auch verstehen, während Du weiter weg wohnst, gerade frisch Mutter geworden bist und nicht so einfach reisen kannst, leben wir hier so nah, dass es fast täglich schmerzt, nicht einfach loslaufen zu können, um selbst zu sehen, wie es ihr wirklich geht.
Um gleich auf den Punkt zu kommen: Pauline wurde nicht vorgelassen, so folgte sie Deinem Beispiel. Wartete auf die Köchin und erfuhr, dass Emilie erneut eine Totgeburt hatte. Sie wird vom Arzt versorgt, und das Dienstmädchen kümmert sich wohl rührend um sie. Pauline ist sich nicht sicher, ob die Köchin angedeutet hatte, dass Maximilian daran nicht ganz unschuldig sei. Die Köchin war wohl sehr nervös und wollte nicht lange mit ihr reden. Sie versprach aber, Grüße auszurichten, und Pauline gab ihr ebenfalls einen Brief für Emilie mit und Geld. Ach Caro, das ist so schrecklich. Ich erinnere mich auch noch gut an die sonnige Emilie, die nicht nur das Leben, sondern alle in ihrem Umfeld immer zu umarmen schien. Wie muss sie leiden. Wie schrecklich.
Aber bitte sei nicht sauer auf Pauline. Sie konnte es nicht für sich behalten, hat eurer Mutter davon erzählt, die daraufhin in düstere Stimmung verfallen ist. Was sollen wir auch machen? Maximi-

lian ist einer der angesehensten Bürger der Stadt. Wer würde Emilie Glauben schenken? Wir wissen doch alle, wie so etwas abläuft. Im besten Fall würde sie von ihm verstoßen werden und stände dann da ohne alles und mit kaputtem Ruf. Es tut mir so leid, aber ich weiß hier auch nicht weiter …

Ein Tränenschleier versperrte Caro den Blick auf das Papier, ihre Hände fingen an zu zittern. In den letzten Tagen hatte sie gar nicht mehr an Emilie und deren Geburt gedacht. Ein schlechtes Gewissen überkam sie, das war ja alles noch viel schlimmer, als sie es sich ausgemalt hatte. Was gab es Heftigeres als Hilflosigkeit? Wie konnte Gott so etwas zulassen?

Als Wilhelm in der Nacht nach Hause kam und sich an ihren Rücken kuschelte, kniff Caro die Augen zu. Das Baby hatte sie lange wach gehalten, ob ihre eigene Unruhe auf das Kleine überging? Wilhelm verbreitete einen Geruch nach Bier und Schnaps, der ihr Übelkeit bereitete, und sie musste mit sich kämpfen, still liegen zu bleiben. Er streichelte ihren Rücken, aber sie bewegte sich nicht. Aus Erfahrung wusste sie, dass er sonst keine Ruhe geben würde, bis er sie genommen hatte. Wie sollte man einem Mann erklären, dass Frauen auch mal keine Lust hatten? So etwas schien in deren Welt nicht zu existieren, die bloße Tatsache, dass es eine Ehefrau war, gab ihm das Recht, jederzeit auf seine Befriedigung zu bestehen.

Erst als Caroline das regelmäßige Atmen von Wilhelm hörte, stand sie auf und ging in die Küche. Ein Glas Wasser war das, was sie jetzt brauchte, ein Glas Wasser und eine gute Idee, was man am besten machen konnte. Aber diese wollte nicht kommen. Auch nicht beim zweiten Glas.

Am nächsten Morgen kam Caroline schwer aus dem Bett, aber der kleine Willi hatte Durst und wollte gestillt werden, die Mädchen rumorten bereits in der Küche und machten Frühstück, und lautes Geschimpfe drang von unten durch den aufkeimenden Morgen. Nicht schon wieder, dachte Caro und beeilte sich, mit dem Baby auf dem Arm nach unten zu eilen. Aber diesmal war nicht Rosine das Ziel von Wilhelms Unmut, sondern Georg. Sein Gesicht war ganz blass, und rote Adern traten im Weiß hervor. Er sah aus, als hätte er seit Tagen nicht geschlafen. So wie Caro selbst.

»… und selbst wenn das nicht stimmt, was die sich beim Bahnhofsgasthof erzählen, dann will ich jetzt von dir wissen, wo du dich die Abende herumtreibst. Ist es ein Mädchen oder was?« Wilhelm stand mit gerötetem Gesicht drohend vor ihm, sodass Georg noch viel kleiner und schwächer wirkte.

»Nein … nein, es ist kein Mädchen, es ist … ich bin bei einem Freund«, stotterte er.

»Soso, ein Freund? Und wie heißt er?«

»Der Geselle vom Metzgerfriedrich. Er wohnt im Gerberviertel.«

»Wir sprechen später weiter, geh dich waschen, aber du weißt ja, dass die Zunft will, dass der Meister das Lehrlingsgehalt verwalten soll. Wir werden das ab jetzt auch ändern!« Wilhelm hatte Caro bemerkt, nickte ihr zu und ging raus zur Werkstatt.

Das war wohl nicht der richtige Augenblick, um ihn auf die weiteren Handelsreisen anzusprechen oder auf ihren Wunsch, ihre Familie wieder zu besuchen, oder ihn zu fragen, warum der Brief von Lina bereits geöffnet war. Caro half Sophie beim Binden der Schürze und bekam nicht mit, was für Blicke Rosine Georg zuwarf. Die Blicke waren auch schwer auf eine Emotion zu fassen, sie waren eher eine Mischung aus Mitleid, Respekt und Neugierde.

Caroline putzte sich heraus, zumindest für ihre Verhältnisse. Die Wimpern mit Schwarz nachgezogen, die Lippen in leichtem Rot geschminkt. Sie traf sich vor der Kirche mit Friederike, sie musste ihr Versprechen einlösen, das sie eigentlich ja gar nicht gegeben hatte. Friederike betrachtete sie mit Wohlwollen, gab ihr ein Küsschen auf die Wange und zückte einen Zettel. »Wollen wir zuerst zu den Webern oder zu den Korsettfabrikanten?«

»Was ist denn mit den Blechwaren, mit Rau?«, fragte Caroline zurück.

Friederike lachte. »Aber der hat die Wilhelmshilfe doch gegründet. Bei dem müssen wir nicht anklopfen, der zählt zu den Sozialisten hier in der Stadt. Der gibt schon von ganz alleine.«

Etwas später standen sie vor dem hohen Torbogen, der zum Gelände der Firma Roth führte. Caroline staunte, der Eingang war mit steinernen Blumen verziert und sah aus, als ob er zu einem Palast gehören würde. Als ihr Vater noch für die königliche Porzellanmanufaktur gearbeitet hatte, war der Weg zur Arbeit genauso fürstlich gewesen, aber das lag nun schon sehr lange zurück, damals war sie noch ein kleines Kind gewesen. Ein Sekretär brachte sie in den ersten Stock, wo sie auf breiten gepolsterten Stühlen Platz nahmen, bis sie vom Chef persönlich empfangen wurden.

»Frau Wackler«, wurde ihre Freundin von einem älteren Herrn herzlich begrüßt. Das Fuhrunternehmen zählte nicht umsonst zu den renommiertesten Betrieben der Stadt. Der Seniorchef, der eine bedruckte Seidenweste trug und damit gekonnt von seinen spärlichen Haarresten ablenkte, blickte Caroline an. »Frau?«, fragte er freundlich.

»Märklin«, ergänzte sie. »Caroline Märklin.«

»Ach«, sagte er, und seine Augen verengten sich. Die nächsten Sätze wechselte er ausschließlich mit Friederike, fragte sie nach dem Wohlergehen ihres Mannes, den sich veränderten Umständen des Fuhrunternehmens dank der Eisenbahn, bis Friederike in Richtung Caro nickte. »Ihr haben wir es übrigens zu verdanken, dass es einen neuen Schwung bei unseren Wohltätigkeitsrunden gibt. Hat ihr Mann nicht für Ihre Enkel diese wunderschöne Puppenstube gebaut, von der sich ganz Göppingen erzählt? Sie sind, wie immer, der Vorreiter, was Geschmack und schöne Dinge anbelangt.«

Herr Roth schaute geschmeichelt. »Ja, das ist richtig, und es freut mich zu hören, dass Frau Märklin sich in den sozialen Dingen der Stadt engagiert. Es ist ja nicht nur alles Gold, was außerhalb unserer Mauern glänzt, oder?«

Caroline lächelte. Was anderes fiel ihr nicht ein. Wie gerne würde sie jetzt zu Hause sitzen, Klein Willi schaukeln und sogar dem Streit zwischen Rosine und Wilhelm lauschen, anstatt hier noch fünf Minuten verbringen zu müssen. Doch das Geplänkel ging weiter, drehte sich um einen Erdrutsch, der ein großes Chaos durch das Wegdrücken und Zuschütten von Eisenbahngleisen verursachte, und somit einigen Fuhrunternehmen so viele neue Aufträge einbrachte, dass es nicht genug Wagen und Pferde in einigen Städten zu geben schien. Danach komplimentierte Herr Roth Friederike zum Sekretär im Vorzimmer, während er Caroline am Arm zurückhielt. »Haben Sie noch einen kurzen Augenblick?«, fragte er, und die Tür schloss sich hinter der Freundin.

Caroline nickte in Erwartung einer Unterhaltung, was den Beruf ihres Mannes anbelangte, doch landete die Hand des Seniors auf ihrem Po. »Frau Märklin, oder darf ich Sie Caroline nennen? Ich habe gehört, dass …«

Nach einem kurzen Moment des Schocks, wo jede Zelle ihres Körpers die Luft anzuhalten schien, drehte sie sich weg. Weg von seiner Hand, weg von seinem Atem, der ihr viel zu nahe war. Ihre Stimme bekam nur ein Flüstern zustande. »Da müssen Sie sich eindeutig verhört haben. Auf Wiedersehen.« Mit zittrigen Fingern und wässrigen Augen gelang es ihr, die Klinke hinunterzudrücken und hinauszulaufen. Vorbei an Friederike, die sich angeregt mit dem Sekretär über den bläulichen Kalksandstein aus dem Steinbruch hinter dem Christophsbad unterhielt, der voller versteinerter Austern war und beim Sekretär als Kellerbodenbelag dienen sollte. Im Vorbeigehen hörte Caroline die Worte: »Herr Engel, der das studiert, hat gesagt …«, aber ihr Gehirn war nicht fähig, etwas abzuspeichern oder umzusetzen. Sie fühlte sich wie ein benutzter schmutziger Lappen, mit dem der Boden aufgewischt wurde, und im Inneren hämmerte eine Stimme gegen ihre Stirn, die immer wieder sagte: *Du bist schuld. Du bist selbst schuld.*

Drei Stunden später waren die beiden Frauen mit ihren Visiten durch und Caroline hundemüde. Jetzt erst konnte sie ihre Mutter verstehen, die manchmal so erschöpft war, dass sie oft tagelang keine Energie zu haben schien, wenn ein neues Geschwisterchen auf die Welt gekommen war. Das Einzige, was hilft, ist frische Luft und Ruhe, hatte sie zu sagen gepflegt. Caro hatte das als Schwäche ausgelegt und stattdessen ihren Vater bewundert, der von morgens bis abends gearbeitet hatte. Aber der Körper hatte einen eigenen Kopf, wenn es nicht mehr ging, dann ging es nicht mehr.

»Caroline, ich bin dir sehr dankbar, dass du mich begleitet hast«, sagte Lina und umarmte sie.

»Mhm«, machte Caroline und gähnte herzhaft. »Wer klopft sonst mit dir an die Vorstandszimmer?«

»Du meinst von den anderen Frauen? Niemand. Das war das erste Mal, dass ich eine Spießgesellin dabeihatte.«

»Was?«

»Ja, aber man muss den Großunternehmern manchmal schon direkt von Angesicht zu Angesicht gegenübersitzen und denen auf die Finger schauen, was sie rausrücken. Wenn sie das alleine im verborgenen Kämmerlein machen und in einen Umschlag stecken, fehlt oft die eine oder andere Null. Glaub mir, was wir heute zusammengebracht haben, ist doppelt so viel wie im kompletten letzten Jahr. Deshalb musst du auch mitkommen zur Wilhelmshilfe, das sind auch deine Lorbeeren, die du einsammeln kannst.« Und Caroline begleitete sie auch dort mit hin und freute sich über die strahlenden Gesichter der Kinder. Das war es wert gewesen.

***

Am abendlichen Tisch fehlte der Lehrling. Wilhelms Laune befand sich auf dem Tiefpunkt, und Caroline schickte die Mädchen vorzeitig nach oben in die Schlafstube.

»Wenn ich Georg in die Finger bekomme, dann kannst du heute mal sehen, was ich im Waisenhaus gelernt habe«, fluchte er und knallte mit der Faust auf den Tisch, sodass das Baby erschrocken zusammenzuckte und anfing zu weinen.

»Er ist doch öfters abends weg, der kommt schon wieder.« Caroline schaukelte das Kleine und machte beruhigende Geräusche, die einem »Schschsch« ähnelten. Doch weder der kleine Wilhelm noch der große ließen sich davon beeindrucken.

»Aber heute hatte ich es ihm ausdrücklich verboten, und dieses … dieses Babygeplärre macht mich ganz kirre«, er schob seinen Stuhl nach hinten, stand auf und verließ das Haus. Über seinem Kopf schien sich eine dunkle Gewitterwolke zusammenzuziehen, und Caro war ganz froh, dass diese nicht ihr galt.

Nachdem sie die Küche aufgeräumt, den Mädchen eine Geschichte erzählt hatte und das Baby in seinem Stubenbettchen schlief, ging sie in die Werkstatt. Sie liebte es, in aller Stille hier zu stehen und die Dinge zu betrachten und zu betasten, die ihr Mann am Tag hergestellt hatte. Wie bei ihrem Vater und ihrem Onkel herrschte in dem großen Raum eine mustergültige Ordnung. Alles hatte seinen Platz und hing oder lag kerzengerade nebeneinander, wie Soldaten, die strammstanden. Die Arbeitsflächen waren sauber gewischt, und die Gerätschaften schienen nur darauf zu warten, wieder wachgeküsst zu werden. Als sie klein gewesen war, hatte sie sich immer vorgestellt, dass kleine Kobolde in die Steingutfabrik ihres Vaters huschten und sich einen Heidenspaß daraus machten, winziges Geschirr, nicht länger als der kleine Finger, herzustellen und mit lauter lustigen Dingen wie auf dem Kopf stehenden Hühnern und Purzelbaum schlagenden Marienkäfern zu verzieren. Auch wenn sie das Geschmeidige und Weiche der Keramik vermisste, wurde ihr das Blech immer vertrauter. Sie trat an das Regal neben dem Eingang und zog darunter einen kniehohen

Blechwürfel ein Stück weit in den Raum. Er war aus Schwarzblech, kühl die Oberfläche, rau die Kanten. »Ein Kinderherd«, staunte sie.

Hinter ihr wurde die Tür aufgerissen. »Hast du Georg gesehen?« Wilhelm stand vor ihr wie der Leibhaftige persönlich.

Caroline wich automatisch zurück und schüttelte den Kopf.

Mit einem »Ich vergesse mich heute noch« stürmte ihr Mann wieder hinaus, und sie hörte ihn im Haus rumoren. Schnell schob sie den Herd wieder unter das Regal und eilte hinterher. Er stand in der guten Stube und hielt seine kleine Holztruhe in die Höhe, die er in der Sitzbank unter einer Decke verborgen hatte.

»Es darf doch nicht wahr sein, jetzt hat er … er hat mich bestohlen. Dieser … dieser Hund!« Er ließ sich auf die Bank sinken und starrte ins Leere. »Ich hatte mir immer einen Sohn gewünscht, und jetzt lässt er mich im Stich. Hintergeht mich. Dabei hatte er es so gut.«

Zögerlich näherte sich Caroline, traute sich nicht, ihm ihre Hand auf die Schulter zu legen.

Er schaute sie an wie ein angeschossener Hirsch. »Ich hatte ihn wirklich gern.«

Sie setzte sich neben ihn. »Was ist denn passiert?«

»Er hat sich mit dem anderen Gesellen abgesetzt. Spielschulden, heißt es in der Stadt. Einfach abgehauen. Was soll ich denn jetzt machen?«

Caroline blickte überrascht, fasste seine Hand. »Das hätte ich nicht gedacht. Georg Spielschulden? Mhm … das erklärt natürlich das angeblich vermisste Geld. Und wenn das die Zunft erfährt, bekommt er keine neue Lehrlingsstelle. Aber weißt du«, sie streichelte seinen Rücken, »du hast doch jetzt einen eigenen Sohn, und du hast uns. Wir schaffen das schon. Ich setz morgen gleich eine neue Annonce in die Zeitung für einen Lehrling. Dann müssen wir den Eltern Bescheid sagen wegen des Lehrlingsgelds. Weißt du, was Friederike mir erzählt hat? Gerade einen Steinwurf weiter von uns, hier an der Grabenstraße, wird eins der Häuser verkauft. Mit Ladengeschäft und ganz viel Platz.«

»Jetzt können wir das Bürgschaftsgeld auch nicht behalten, sondern müssen es zur Tilgung der Schulden freigeben. Was für ein Ärger.« Wilhelm lächelte schief. »Dich kann so schnell nichts umhauen, oder?« Getröstet drückte er ihre Hand.

Caroline schüttelte den Kopf, wobei ihr Blick zur Seite glitt. Bis jetzt hatte sie keinen Weg gefunden, ihm von ihrer Schwester Emilie zu erzählen. Sie ahnte, dass er es nicht verstehen würde. Nein, sie ahnte es nicht nur, sie wusste es. Er hätte zwar Mitgefühl, aber es würde darauf hinauslaufen, dass man da nichts machen konnte. Und gerade das machte sie ja selbst wahnsinnig.

»Eine Gewöhnung ganz von klein auf ist viel wert,
weil der Krug den Duft, mit dem er einmal,
als er neu war, erfüllt ist, lange bewahren wird.«

Johannes Amos Comenius (1592–1670),
Philosoph, Pädagoge und Theologe

Kapitel 9

Pulsierend

FAST EIN GANZES JAHR SPÄTER,
ANFANG AUGUST 1860

Caroline hielt das *Göppinger Wochenblatt* in der Hand und betrachtete stolz die erste Seite, auf der folgende Annonce prangte:

Göppingen
Empfehlung. Die verehrlichen
Bewohner Göppingen
und Umgegend erlaube ich mir,
auf meinen neu eingerichteten Laden
aufmerksam zu machen. Derselbe
enthält außer den gewöhnlichen
Blechwaren,
wohlfeile lakierte Gegenstände;
ebenso halte ich ein paar von
Gesundheitsgeschirren,
welches ich hauptsächlich, da es von einer
der renommiertesten Fabriken ist,
bestens empfehlen kann.
Um gütigen Zuspruch bittet
W. Märklin, Flaschner

In den letzten Monaten hatte sich einiges getan. Sie waren wieder umgezogen, wenn auch nur ein paar Schritte weiter, schräg über den Schlüsselgraben rüber. Aber diesmal hatten sie gekauft. Schon im Januar war der Vertrag unterschrieben, und im Juni waren erneut die Sachen gepackt worden. Ihr Onkel Albert hatte für einen Kredit gebürgt, und zusammen mit ihrem Barvermögen hatte es gereicht. Das zweistöckige Haus stand am südöstlichen Ausgang des Platzes hin zur Grabenstraße. Das Wohnhaus hatte sogar zwei Schlafzimmer, eine gemütliche Küche, wo sich unter einer Luke der Keller befand und ein Fenster den Blick auf den nach hinten liegenden kleinen Garten freigab, eine Werkstatt, einen Magazinraum und sogar einen Laden. Endlich einen eigenen Laden! Damit konnten sie unabhängig von den Markttagen und von anderen Verkäufern ihre Waren das ganze liebe Jahr lang anbieten. Was hatte Lina ihr zur Eröffnung für einen Spruch auf der Karte geschickt? *Die wahren Optimisten sind nicht überzeugt, dass alles gut gehen wird. Aber sie sind überzeugt, dass nicht alles schiefgehen wird.*

Seit dem Schillerfest letzten Jahres schmiss diese nur so um sich mit Schillerzitaten. Leider hatte Caroline es nicht geschafft, an dem entsprechenden Novemberwochenende nach Ludwigsburg zu reisen. Was sie stark bedauerte, aber der kleine Willi hatte Fieber bekommen, und da hatte sie ihn keiner Reise durch das kalte Filstal aussetzen wollen. Die zweite Klasse der Bahn hatte immer noch keine Glasscheiben, und es zog somit noch stärker durch die Zugabteile wie in einer offenen Kutsche. Dazu hatte der neue Lehrlingsjunge David in dieser Woche neu angefangen, und sie wollte ein Auge auf ihn haben. Wilhelm gab sich ihm gegenüber recht zurückhaltend, fast grummelig, und sie versuchte, es durch etwas Mütterlichkeit wieder auszugleichen.

Im letzten Jahr hatte Wilhelm die Handelsreisen selbst gemacht. Es sei besser für das Geschäft, hatte er gesagt. Und Caroline wusste genau, dass er damit seinen Ruf in der Stadt meinte. Er bestimmte, dass sie bei den Kindern blieb, während er das Umland besuchte. Aber weiter wie Bietigheim und Stuttgart war er nicht gekommen. Er pflegte zu sagen »Vom Guten das Beste«, was bedeutete, dass er nur eine gewisse Anzahl von Waren herstellen konnte, um dabei noch allerbeste Qualität liefern zu können. Caroline musste an seine Schwester Johanna denken, an das Apotheker- und Pfarrersblut.

Willi entwickelte sich prächtig, er war ein rosiges Kind und konnte bereits laufen, nur wenige Schritte am Stück, wobei er schwankte wie ein betrunkener Matrose, aber er zog sich überall hoch und testete den Radius seiner Arme, mit denen er Gegenstände von Regalen und Tischen pflückte, derer er habhaft werden konnte. *Mollig* nannte ihn Friederike, *Herr Mollig*, und sie hatte einen richtigen Narren an ihm gefressen. Sobald Willi sie sah, fing er schon vor Freude an zu quieken wie ein kleines Ferkelchen. Er verband mit ihr süße Kekse und andere Leckereien und hatte meistens recht damit. Kein Wunder, dass er so mollig war.

Sophie blühte zu einem adretten jungen Mädchen auf, die gerne im Haushalt mithalf und ebenfalls auf die Mädchenschule gehen wollte, sobald sie die andere Schule beendet hätte. Nur Rosine bereitete Caroline immer noch Sorgen. Wochen nachdem Georg verschwunden war, hatte sie ihr gebeichtet, dass sie Georg dabei beobachtet habe, wie er das Geld aus der Holztruhe genommen habe. Aber er habe ihr gedroht, der kleinen Schwester wehzutun, wenn sie etwas verraten würde, und dann war er ja schon weg gewesen. Sie war ganz zerfressen von Selbstvorwürfen und Selbstmitleid, dass Caroline nicht wusste, wie sie sie anfassen sollte. Sie hatte das Gefühl, dass das nicht alles war, was ihr das Mädchen erzählen wollte. Auf das junge Herz drückte etwas. Aber Rosine machte schneller dicht, als man auf drei zählen konnte. Der geraubte Betrag war ja Gott sei Dank nur die Wocheneinnahme gewesen, und nicht die gesamte Ersparnis der Eheleute. Somit konnten sie das auffangen. Viel schlimmer war die Enttäuschung, die Wilhelm sehr deutlich zum Ausdruck brachte. Und Caroline konnte nur zu gut mit Rosine mitfühlen, wenn Wilhelm über seinen verlorenen Sohn nach der zweiten Flasche Wein wehklagte. Selten hatte er ein gutes Wort für seine älteste Tochter übrig, Sophie fand er entzückend, und Willi war sein neuer Lichtblick. Sogar Caro vergaß er immer öfters. Zumindest, ihr seine Gefühle zu zeigen oder zu sagen.

Die Ladenglocke tönte in einem angenehmen, hellen, bronzenen Klang. Frau Kübler trat ein. »Frau Märklin, wie geht es Ihnen?«

Sie plauderten über das Härlinsche Töchterinstitut, das in der Gartenstraße neu eröffnet wurde und neben Französisch und Zeichnen auch weibliche Arbeiten im Lehrplan umfasste, bis sich etwas in dem Blick von Frau Kübler veränderte. »Frau Märklin, es tut mir leid, aber ich muss Sie doch direkt fragen. Stimmt es, dass sich Ihr Mann finanziell übernommen hat und der Laden … Sie wissen schon.«

»Ähm … nein, entschuldigen Sie bitte, aber nein, davon weiß ich nichts.« Carolines Stimme klang schrill. »Darf ich Sie fragen, wer so etwas erzählt?«

»Dann muss ich wohl etwas falsch verstanden haben. Das tut mir leid und …«

»Verstehen Sie mich bitte nicht miss«, unterbrach sie Caroline. »Ich rechne es Ihnen hoch an, dass Sie mich darauf direkt ansprechen. Aber ich bin etwas … etwas sprachlos, dass solche Gerüchte hier die Runde machen. Und ich kann Ihnen versichern, dass bei uns alles auf festen Beinen steht.« Ihr Ton beruhigte sich. »Im Gegenteil sogar, wir nehmen gerade erst so richtig Fahrt auf. Darf ich Ihnen die Produkte zeigen, die mein Mann aus den Großstädten bezieht und extra nach Göppingen geholt hat, dass auch hier alle davon profitieren können? Sie wissen schon: Vom Guten nur das Beste!«

»Das freut mich sehr zu hören, wir wollen Sie doch noch lange bei uns behalten. Also nicht nur in der Stadt, sondern auch als Unterstützung beim Wohltätigkeitsverein! Und ja, vielen Dank, ich bin ja sehr neugierig, was in anderen Städten von den Damen so gekauft wird, ich schau mich mal um, ja?«

Die Türglocke läutete erneut, und herein kamen Carolines Schwester Rieke und deren Ehemann Carl Sorn. Die Hochzeit hatte vor zwei Monaten in Ludwigsburg stattgefunden, und neben einem festlichen Geschmause hatte es auch eine durchtanzte Nacht und mindestens sechzig Gäste gegeben. Rieke lächelte, sie sah heute bezaubernd aus in ihrem hochgeschlossenen grünen Kleid mit weißer Spitze und den dazu passenden langen weißen Handschuhen und ausladendem Hut. Sie fiel Caro um den Hals und brachte einen Duft nach Veilchen und einen Spritzer Lebensfreude in den Laden. »Wie hübsch ihr es hier habt, ich freue mich für euch!« Das Glück strahlte Rieke aus jeder Pore. »Wir sind gerade auf der Durchreise nach Ulm, und da dachte ich, bevor ich ein Telegramm schicke, sind wir selbst schon vor Ort. Euren Laden muss ich mir doch noch anschauen! Und ich will von dir das Versprechen persönlich einholen, dass du uns ganz bald besuchen kommst. Mit den Kindern!«

»Ich muss mal schauen, Rieke. Schön, euch zu sehen!«

»Wie läuft es denn gerade?«

»Sehr gut, danke.« Caroline fuhr mit lauterer Stimme fort, sodass es auch Frau Kübler auf der anderen Seite des Raumes verstehen konnte. »Wilhelm denkt gerade darüber nach, Gesellen einzustellen, sonst bekommen wir unsere Aufträge gar nicht mehr abgearbeitet.«

»Das freut mich!«, antwortete ihre Schwester, und während sich Carl über den ausgestellten Dampfkochtopf beugte, flüsterte Rieke ihr zu: »Emilie hat an Pauline geschrieben, sie sei wieder schwanger, aber wir dürfen auf gar keinen Fall vorbeikommen. Ach Carolein, ich bete so dafür, dass diesmal alles gut geht, jetzt bin ich auch noch so weit weg von euch, falls …«

Carl trat heran. »Mein Täubchen, die Kutsche, du weißt doch.«

»Jaja, ich beeil mich, wollte doch nur die beste Schwester von allen noch mal geküsst haben, bevor du mich nach Ulm entführst.« Sie schaute Caro direkt in die Augen. »Du kommst!«

Caroline nickte, was blieb ihr auch anderes übrig. Sie wurde ja nicht jeden Tag als *beste Schwester* bezeichnet. Aber über das *Täubchen* lachte sie auch noch am nächsten Morgen.

***

»Liebes, schau mal«, Wilhelm hielt ihr die Zeitung vors Gesicht und zeigte auf eine Annonce im *Göppinger Wochenblatt*. Neben einer Anzeige vom Kaufmann Elsässer für Leucht-Gas und die dazugehörigen Glaslampen, die sogar bei starker Zugluft nicht ausgehen sollten und innerhalb von Sekunden von starker Raumbeleuchtung zu Nachtlicht vermindert werden konnten, warb das Stadtpfarramt in Großbuchstaben für seine Kleinkinderschule. Angeboten wurden Betreuungszeiten von acht bis elf und von dreizehn bis sechzehn Uhr. Zwei Lehrerinnen würden die Aufsicht übernehmen, um zu singen, spielen, sprechen, basteln und bei schönem Wetter auch rauszugehen.

Caro sah ihren Mann erschrocken an. »Aber Willi ist doch noch viel zu klein.« Sie stand in der Küche am Küchentisch und hörte abrupt damit auf, den Spätzleteig mit einem Holzlöffel zu schlagen. Die gelbliche zähe Masse stand jedoch nicht still, da die zahlreichen Luftblasen auf der Oberfläche aufplatzten und Bewegung in den weichen Berg brachten.

»Nein, du Dummchen«, Wilhelm klopfte jetzt mit dem Finger auf eine andere Anzeige, die weiter unten stand. »Die Ostbahn wird zweigleisig ausgebaut, und es gibt dort Aufträge für Flaschner. Das wäre dann ein sicheres Einkommen für ein paar Jahre.«

»Du willst doch nicht dein Gewerbe aufgeben und der Arbeit hinterherreisen … und uns hier alleine lassen?«

Wilhelm betrachtete sie lange. Schwieg.

»Wir haben doch erst unser ganzes Geld in den Laden gesteckt, was ist denn los?«

Wilhelm setzte sich auf einen der Küchenstühle und seufzte. »Ja, du hast ja recht, das war eine Schnapsidee, aber weißt du, manchmal hätte ich einfach gerne wieder eine Festanstellung. Ohne diese Sorgen, dass immer genug zum Beißen reinkommt. Hätte Rau damals nicht wirtschaftliche Probleme gehabt und sich die Kündigungen bereits angedeutet, wäre ich nie weggegangen.«

»Aber Wilhelm«, sie wischte sich die klebrigen Finger an der

Schürze ab. »Gib dem Laden doch erst mal eine Chance. *Deinem* Laden! Vertrau ein bisschen.«

»Auf Gott?« Wilhelms Stimme klang bitter.

»Nein, auf dich und mich, und ab nächster Woche haben wir zwei neue Gesellen. Das wird schon. Außerdem wolltest du ja auch die Selbstständigkeit, um nicht länger in die Taschen anderer zu arbeiten.«

Unter dem Küchentisch gluckste es, und Wilhelm bückte sich nach Willi, der dort mit einem hölzernen Kochlöffel spielte und darauf herumkaute. »Hast du es gut«, sagte er zu seinem Jüngsten. »Weißt du was, am Wochenende kommt ein Zirkus in die Stadt, wollen wir da die anderen mit überraschen?«

»Au ja!« Caroline küsste ihn von hinten auf den Rücken. Als er sich aufrichtete, stieß er mit einem kräftigen Rums den Kopf an der Tischplatte an. »Autsch.«

»Zirkus?« Carolines Augen leuchteten. »Ich war noch nie in einem Zirkus.«

»Ja, schau doch«, er schlug eine Seite der Zeitung um und zeigte auf eine fett gedruckte Annonce vom Circus Stark und Martinetti, die mit einer höheren Reitkunst und Pferdedressur warben und für die Vorstellungen extra ein eigens dafür erbautes gedecktes Zirkusgebäude errichtet hatten. Zwei kleine Bilder zeigten zwei Pferde, die auf den Hinterbeinen standen und auf den Köpfen lange, wippende Federn trugen. »Das haben wir uns mal verdient nach dem ganzen Wirbel, was?«

Caroline küsste ihn. »Komm, setz dich schon mal an den Tisch, ich brauch noch etwas, bis die Spätzle fertig geschabt sind, heute gibt es etwas extra Feines, das passt ja dann.«

Vielleicht konnte sie ihrem Mann damit auch andere Themen schmackhaft machen, gutes Essen stimmte ja bekanntlich bestens ein, und nicht nur Liebe ging durch den Magen. Der Kleine aß bereits recht gut, und eigentlich standen somit Reisen ohne Willi nichts im Wege. Caroline sah zufrieden, wie das Wasser in dem großen Topf bereits kochte, die Butter in der Pfanne eine leicht bräunliche Färbung annahm und ein Geruch von frischer Molke durch den Raum zog, alleine das machte schon Appetit. Sie räumte die Muskatnuss zurück in ihr kleines Gewürzregal und schob das Kochbuch auf dem Tisch zur Seite. Es hatte einen braun gesprenkelten Einband und sah recht unscheinbar aus, erst wenn man es aufklappte, konnte man den Titel lesen: *Sammlung vieler Vorschriften von allerlei Koch- und Backwerk für junges Frauenzimmer von einer Freundin der Kochkunst in Göppingen.* Darunter war ein prächtiger Einkaufskorb voller Gemüse und Obst gezeichnet, an dessen Henkel eine Schleife prangte. Darunter stand: *Neue verbesserte Ausgabe.* Das war das beste Geschenk, was sie von Lina jemals bekommen hatte. Neben den vielen Rezepten, die praktischerweise in einem Anhang alphabetisch sortiert waren, hatte es auch eine lustige Seite. Die Autorin schrieb im Vorwort: *Hoffentlich werden Männer, für die ich eigentlich nicht schrieb, durch eine zweckwidrige Beurteilung ihre Tadelsucht nicht verraten wollen,* womit sie gleich die Männer in die Schranken verwies, für die sie die Rezepte ja nicht zusammengestellt hatte. Und es gab da ein leckeres Rezeptchen für einen Schlüsselblumen-Wein, das sie unbedingt im nächsten Frühjahr ausprobieren musste. Und nicht nur das! Ihre Mutter pflegte immer zu sagen: »Wo die Liebe den Tisch deckt, schmeckt das Essen am besten.« Als Kind hatte Caroline nur wenig Interesse daran gehabt, Kochen zu lernen, was über den normalen Alltagsgebrauch hinausging, das hatte sich jetzt allerdings geändert. Und das war auch gut so.

Caroline saß abends in der Küche beim Schein der Petroleumlampe und schaute andächtig auf ein liebevoll in gestreiftes Papier gewickeltes Päckchen vor ihr. Rieke hatte ihr ein neues Buch von Lina mitgebracht, es hieß: *Informatorium der Mutterschul,* der Autor war Johann Amos Comenius. Ein Zettel lag dabei, sie las:

Liebe Caro,
ich unterhielt mich mit einem Lehrer über dies und das und auch über Dein aktuelles Thema, und der brachte mich auf diesen Titel. Comenius soll »der« bekannteste Pädagoge des 17. Jahrhunderts gewesen sein, und da konnte ich Dir diesen Klassiker doch nicht vorenthalten. Komm bald mal wieder nach Ludwigsburg, ich vermisse Dich! Und wenn alles gut läuft, verkaufe ich den Buchladen an Ungeheuer, er hätte zumindest großes Interesse daran und handhabt seinen Job hier echt gut. Drück mir die Daumen. Und wusstest Du übrigens, dass Goethe in Wilhelm Meister die Großmutter sagen lässt: »Kinder müssen Komödien und Puppen haben.« Der Lehrer meinte dazu, dass Goethe hierbei durchaus die pädagogische Seite des Puppentheaters anspricht, denn ist das nicht die erste Berührung des Kleinstkindes mit Rollenspielen? Für ältere Kinder sind die Töpfe ja sehr süß, die Du mir das letzte Mal mitgebracht hattest, also um die Eltern nachzuahmen, aber davor muss man ja erst mal die Menschen den Rollen zuordnen können. Ich lache immer wieder, wo mir im Alltag Dein Thema begegnet, liebste Caro, ich drück Dich.
Alles Liebe
Lina

Der Abend ist gerettet, dachte Caro. Ihre Freundin war einer der lebendigsten Geister, die sie kannte. Ob der Lehrer etwas damit zu tun hatte, dass es ihr jetzt so eilig wurde mit dem Verkauf des Buchladens? Oder wollte sie einfach bald auf Reisen gehen, bevor sie noch älter wurde?

Erst als die zwei dicken Motten zum ungefähr dreihundertsten Mal um die Lichtquelle kreisten, dabei leise unregelmäßige Klickgeräusche machten und hin und wieder der Hitze zu nahe kamen, klappte Caroline das Buch zu. Wie immer hatte sie sich beim Lesen verzettelt und nicht aus der Welt der Buchstaben und Gedankenwolken herausgefunden. Es war mehr ein Buch, das sich um die Erziehung der Kinder bis zum Schuleintritt mit sechs Jahren drehte, aber alleine der Anfang, dass die Kinder *ein köstliches und herrliches Kleinod* seien, *mit dem Gott die Eltern gesegnet hat*, traf sie ins Herz. Das Buch barg ansprechende Ideen. Die Kinder seien von Geburt an auf Sittlichkeit, Bildung und Religiosität hin ausgerichtet, aber dafür bedürfte es einer Führung, die sich nicht nur auf den Körper und den Geist richte, sondern die kleine Seele mit einschließe. Als Mutter solle man den natürlichen Drang des Kindes im Auge haben, mit was es sich beschäftige, und dies unterstützen, indem man die geeigneten Materialien zum Bauen und Basteln und für Rollenspiele zur Verfügung stelle und das Sinnliche am Aufgehen in anderen Welten unterstütze, so las es zumindest Caroline aus dem Buch heraus. Das Kind lerne durch die Vorbilder der Eltern Sittsamkeit und Moral, brauche aber auch Liebe und Geborgenheit. Sie konnte gar nicht glauben, dass das Buch erstmals 1633 auf Deutsch erschienen war. Es kam ihr moderner vor als das, was in Schulen und in der Verwandtschaft umgesetzt wurde.

***

Am nächsten Morgen herrschte auf dem Marktplatz Hochbetrieb. Caroline packte ihren Korb fester. Sie hatte einen Trick, um möglichst schnell ihre Einkäufe zu erledigen, indem sie einer unsichtbaren Linie auf dem Boden folgte. Diese führte vom Gemüsehändler zum Fleischverkäufer, umrundete den Platz, wo die Klatschweiber standen, dafür hatte sie wirklich keine Zeit, stattdessen verteilte sie gerne und großzügig freundliches Kopfnicken in alle Richtungen, der eigene Laden wollte ja auch nicht allzu spät geöffnet werden, da konnte man sich nicht an dem Tagesgeschehen hier festbeißen. Sie musste sogar vermeiden, allzu freundlich zu nicken, das wurde sonst fälschlicherweise als Einladung zu einer Unterhaltung gedeutet. Doch bevor sie wieder ins Haus verschwinden konnte, landete eine Hand auf ihrem Rücken, und sie musste sich umdrehen. Friederike stand dort, deren Korb baumelte leer am Arm. Mit einem »schön, dich zu sehen, liebe Caroline« schob sie ihr einen Bekannten in den Weg. Es war der Student Engel, der eine kleine Verbeugung vor ihr machte. Mit »ich muss ein paar Besorgungen machen« ließ Friederike die beiden stehen.

»Ach, Herr Engel, es freut mich, Ihnen mal wieder zu begegnen, wie geht es Ihnen? Sind Sie länger zu Besuch, denn ich muss gleich …«

»Danke der Nachfrage, mir geht es recht gut. Auch wenn es manchmal seltsam ist, zu was sich die Menschen hinreißen lassen.«

»Oh, was ist denn passiert?«

»Haben Sie noch nicht davon gehört, dass sich eine Initiative gebildet hat, um auf dem Hohenstaufen ein Denkmal zu errichten? Mit einem ansehnlichen Wartthurm, einer Art Gedächtnishalle[20] mit überlebensgroßen Bildern der hohenstaufischen Kaiser. Warum neigen Menschen immer dazu, die Landschaft zu verschandeln, anstatt sie wahrzunehmen? In ihrer stillen, aber eindringlichen Größe.« Sein Gesicht hellte sich auf. »Aber ich will Sie mit meinen Gedanken gar nicht belästigen, es ist ein zu schöner Tag, um Trübsal zu blasen, ich bin ja auch bald auf Reisen, da muss mich so etwas auch gar nicht ärgern. Wie geht es denn Ihnen, werte Frau Märklin?«

Caroline kam ins Stocken, wie ging es ihr eigentlich? »Danke, gut«, antwortete sie automatisch, aber spürte, dass es eine Lüge war. Ohne nachzudenken, fügte sie hinzu: »Ich wünschte, ich könnte selbst wieder auf Reisen gehen.«

Der Elan des jungen Mannes und seine Sprudeligkeit ließen bei ihr ein vertrautes Gefühl entstehen.

»Sie meinen doch Handelsreisen? Frau Wackler erzählte, dass Sie sich das getraut haben. Das finde ich gut.« Und auf ihren verlegenen Gesichtsausdruck bestätigte er: »Ja, wirklich. Die Frau soll dem Mann dienen und ihn unterstützen, warum denn nicht auch auf diese Weise? Auch wenn ich weiß, dass solche Dinge hier gar nicht gerne gesehen werden.«

Caro drehte flink ihren Kopf, aber niemand schien sie zu beachten. Leise fragte sie: »Was meinen Sie denn damit?«

»Ach, als ich das letzte Mal hier in der Stadt war, das ist allerdings bereits etliche Monate her, musste ich mich auf dem Rathaus einfinden, wegen meiner Weiterreise nach Bad Boll, da wartete ich im Vorzimmer und bekam mit, wie der Postmann einen Brief weiterreichte, worauf ein genervter Aufschrei aus der Stube des Magistraten drang. So was wie: ›Ach, dieses Weibervolk, jetzt maßen die sich an, Männerberufe ausüben zu wollen, und reisen frei durch die Lande, als ob sie Gesellen auf der Walz wären. Da fehlt nur noch, dass sie als Nächstes hier die Geschäfte eröffnen wollen oder bald im Rathaus sitzen.‹« Er schaute sie abwartend an.

»Mhm«, winkte sie ab, »das hat bestimmt nichts mit mir zu tun. Ein Geschäft zu eröffnen? In welchen Zeiten leben wir denn?« Und sie fragte sich insgeheim, in welchen Zeiten sie denn tatsächlich lebten und wer diesen Brief wohl geschickt hatte. Es könnte natürlich durchaus sein, dass sie damit gemeint war. Sonst kannte sie hier keine Frau, die für sich beanspruchte, auf Reisen zu gehen. Warum hatte Gott diesen Unterschied zwischen Mann und Frau zugelassen, wenn doch *alle* Menschen nach seinem Abbild erschaffen worden waren? Aber das wollte sie jetzt nicht mit dem Studenten diskutieren, sie musste nach Hause.

»Herr Engel, danke für Ihre offenen Worte, ich weiß das sehr zu schätzen, ich wünsche Ihnen eine gute Weiterreise und ein gelungenes Studium. Bis bald mal«, sie schüttelte seine Hand und ging, ohne das Vogelgezwitscher oder die hüpfenden Kinder vor den Häusern wahrzunehmen. Ihr war gerade überhaupt nicht nach *verspielt* oder *lieblich*.

***

ZWEI MONATE SPÄTER, OKTOBER 1860

Es regnete, schon seit Tagen. Die Wälder hatten sich bernsteinfarben verfärbt und tupften die Wege in den Ton der untergehenden Sonne, die auch durch den Regenschleier zu erkennen waren. So viel Rot und Orange, war das schon immer so, oder hatte das etwas mit der Sommerhitze zu tun, die dieses Jahr so intensiv wie noch nie ausfiel, überlegte Caro, als sie aus dem Zugfenster blickte. Die Weinreben mussten mühsam bewässert werden, und es waren nicht wenige, die vor Trockenheit eingingen. Und doch freuten sich die Winzer. Der Württemberger Lemberger und der Trollinger würden süß und vollmundig schmecken und ihnen aus den Händen gerissen werden. Dank der Gesellschaft für die Weinverbesserung in Württemberg, die 1825 gegründet worden war, konnten auch beachtliche Rebenhänge in Bestlagen vor der ausufernden Industrialisierung gerettet werden. Nicht mehr in Göppingen, da war der Weinanbau vor mehr als fünfzig Jahren beendet worden, wahrscheinlich war der Ertrag nicht so ergiebig gewesen.

Die Häuser der Arbeiter, die Fabrikgebäude, der Ausbau der Bahn und der Straßen fraßen so manche Felder und eben auch Weinreben.

Der Zug wand sich immer enger und steiler um den Berg. Dabei schnaufte und prustete die Maschine, als wäre sie ein alter Mann, und stieß immer wieder neblige Atemzüge aus, die sich mit dem Regen vermischten. Unter ihnen lag das Filstal mit seinem Fluss, den Dörfern, Wäldern und Feldern. Es war das erste Mal, dass Caro mit der Ostbahn in Richtung Ulm reiste und die Geislinger Steige befuhr. Ihr Onkel Albert hatte das aus reinem Vergnügen Anfang des Jahrs gemacht und schwärmte jedes Mal, wenn sie sich sahen, von dieser Bergüberquerung, die einzigartig in ganz Kontinentaleuropa war, einen Höhenunterschied von hundertzwölf Metern überwand und eine extra Lokomotive brauchte, die von hinten anschob. Ein halbes Jahr zuvor war seine Frau gestorben, doch sah man das in der Familie eher als Erlösung an, hatte der Tod Wilhelmine doch aus einem langen, schmerzvollen Krankenstand befreit. Caroline schluckte, warum musste sie in den schönen Momenten immer an irgendetwas Schmerzvolles denken? Das letzte Mal, als sie ihre Tante gesehen hatte, war es ihr schon so schlecht gegangen, dass sie sich nur wackelig auf den Beinen hatte halten können und bei jeder kleinsten Bewegung mühsam um Luft rang. Ein Schatten ihres früheren Selbst. Doch hatte die Bahnreise ihres Onkels ihm nicht nur Trost gebracht, sondern sogar eine dritte Ehefrau, denn er lernte unterwegs ein Fräulein Bracher kennen, das ihm vor zwei Monaten ein gesundes Mädchen geschenkt hatte, das auf den Namen Charlotte Mathilde Pauline getauft worden war. In zwei Wochen fand die Hochzeit statt. Wie freute sie sich darauf!

Wie nah lagen doch oft Leid und Freud.

Dankbar schweifte Caros Blick über ihre Mutter, die sich gerade angeregt mit Sophie und Rosine unterhielt, zu Pauline, die mit großem Gefallen den kleinen Willi wiegte und ihm leise vorsang. Immerhin hielt er dadurch still und hatte aufgehört, sich an den Sitzen hochzuziehen und rumzustaksen, aber an dem Treffen der richtigen Töne musste ihre Schwester noch arbeiten. Da sangen die Katzen auf den Dächern schöner, aber vielleicht half auch genau das dabei, dass der Kleine einschlummerte. Caroline verzog ihr Gesicht zu einem Grinsen, schloss die Augen, spürte das Rütteln des Waggons in jeder Faser ihres Körpers. Sie wurde müde. Rosine und Sophie erzählten nun zum dritten Mal begeistert von dem Zirkusbesuch, wo ein kleines Shetlandpony zur großen Freude der Zuschauer einen bunt gekleideten Clown durch die Manege gejagt hatte. Sobald das Pony den Spaßvogel entdeckte, klaute es ihm sein Schnupftaschentuch aus der Tasche. Die großen Pferde tanzten unter der Peitsche des Zirkusdirektors wie junge Mädchen, die starken Männer spuckten Feuer, ohne sich zu verbrennen, Akrobaten schwangen sich meterhoch über dem Boden wie Eichhörnchen von einem Haltering zum nächsten, aber das Beste waren die Clowns, die es fast geschafft hatten, das ganze Zelt vor lauter Lachen zum Einsturz zu bringen.

Die Mitreisenden aus der Sitzreihe hinter Caroline unterhielten sich über Politik, aber das konnte sie auch nicht wach halten. In den letzten Wochen hatte sie genug über Otto von Bismarck reden gehört und in den Zeitungen gelesen. Preußen gewann unter Bismarck immer mehr an Macht, was den Göppingern nicht so recht schmecken wollte, betrieben doch etliche Handel mit Österreich. Während zwei Männerstimmen über ein vereintes Deutschland mit oder ohne Österreich stritten, glitt sie über in einen unruhigen Schlaf. Sie träumte von einer orangenen Wiese, über die sie mit einem Pferd galoppierte, das so hoch und runter wippte, als wäre es ein Schaukelpferd. Es regnete, aber es fielen keine Regentropfen, sondern kurze gelbe Sonnenstrahlen vom Himmel und brachten die Grashalme und die roten und blauen Wiesenblumen zum Glitzern. Ein Gefühl breitete sich in ihr aus, erfüllte sie mit Wärme und brachte ihre Kopfhaut zum Prickeln, ein Gefühl von Freiheit. Dieses Glücksempfinden hielt an, auch als sich eine Stunde später Rosine mit Sophie um den letzten Apfel stritt und kurz darauf Willi anfing zu schreien. Caroline blieb gelassen und kuschelte sich in Gedanken in die weiche Mähne des kleinen Schaukelpferds.

Ein paar Stunden später kamen sie in Ulm an, wo sie von einer aufgeregten Rieke erwartet wurden, die den ganzen Weg zu ihrer Mietswohnung über sich entschuldigte, wie wenig Zeit sie gehabt habe, diese einzurichten, und dass sich noch alles in einem vorläufigen Zustand befinde. Wie Caroline geahnt hatte, war das maßlos übertrieben. Es gab ausreichend Möbel zum Hinsetzen, zwischen denen geschmackvoll kleine Nippesfiguren auf Regalen untergebracht waren. Auch noch aus der Fabrikation des Vaters und des Bruders, was sie sofort erkannte.

Rieke sprach so schnell, wie ein Webstuhl klapperte. »Wenn Caro mit den Mädels und dem Willi in einem Bett schläft und Mutter mit Pauline, dann …«

Ihre Mutter drückte Rieke auf einen Stuhl im Esszimmer und streichelte ihre Wange. »Es ist sehr schön bei euch, vielen Dank für die Einladung, und wir bekommen das hin, ja? Alles gut. Wie wäre es mit einer Tasse Kaffee?«

Bald sorgte der vertraute Geruch für eine entspannte Stimmung. Die beiden Mädchen erkundeten die Umgebung mit den Apfelbäumen, Willi schlief, und die Frauen aßen Kuchen zu ihrem Heißgetränk.

»Hättest du gedacht, dass Gustav jemals Vater werden würde? Aber als Salonbesitzer sieht er bestimmt sehr schick aus, zumindest die Haare werden wohl gut liegen. Anders wie als Zehnjähriger. Haha, weißt du noch? Und wie heißt das Kind? Firlin?«, fragte Pauline.

»Nein, Julia, du Dussel, es ist doch ein Mädchen«, antwortete Rieke und fiel in das alberne Kichern ihrer Schwester ein. Anlass war der Brief, den ihre Mutter aus Amerika erhalten hatte. Eine seltene Sache, die ungefähr so oft vorkam, wie dass die Vögel rückwärts flogen. Nun gut, nicht ganz so selten, aber das Vorlesen wurde jedes Mal so zelebriert, als ob jemand Geburtstag hätte, und fast jeder Satz so lange ausgekostet, bis jeder den Inhalt auswendig konnte.

Caroline wurde ungeduldig, da sie bis jetzt nicht über den ersten Abschnitt hinausgekommen waren, und angelte sich den Brief aus den Fingern der Schwester.

Am Ende der ersten Seite war allerdings die gute Laune von Caro versiegt. Etwas verschnupft meinte sie zu ihrer Mutter: »Du hast ja gar nicht erwähnt, dass Gustav auch von August geschrieben hat.«

»Nein, Linchen, warum denn auch? Die beiden sind ja immer noch befreundet. Und das Auswandern klebt einen bestimmt noch enger zusammen.«

Caro las weiter. »Er hat geheiratet? Aber … aber warum um Gottes willen kommt er denn nach Deutschland zurück?«, Caroline ließ den Brief sinken.

»Liebes, ist alles in Ordnung?«, fragte die Mutter schnell.

»Ja, ja … natürlich. Ich bin nur etwas erschöpft. Rieke, willst du uns nicht die Schlafstube zeigen? Ich glaub, ich muss mich etwas von der Reise ausruhen.«

Als sie ausgestreckt auf dem Bett lag, wanderten ihre Augen von dem Holzbalken zu den Rissen, die sich fein über die Decke zogen. Was würde sie dafür geben, wenn August in genau so einem Spalt verschwinden würde, und zwar auf Nimmerwiederhören und Nimmerwiedersehen. Sie drehte sich auf den Bauch und beugte sich über den schlafenden Willi, küsste seine winzigen Fingerspitzen, sodass er im Schlaf zuckte und ein Lächeln auf dessen Gesicht erschien. Eigentlich war sie über sich selbst verwundert, dass alleine der Name von August bereits so heftige Reaktionen bei ihr auslöste. Das war schon so lange her, es fühlte sich an, als ob das einer anderen Caroline in einem anderen Leben passiert wäre und nicht ihr. Es gab überhaupt keine Gefühle mehr, die sie mit ihm verband. Zumindest keine positiven. Er hatte sie kläglich im Stich gelassen, obwohl er gewusst hatte, dass sie von ihm schwanger gewesen war. Ihre Periode war schon zweimal ausgeblieben. Aber er wolle sein Glück in Amerika machen, schleuderte er ihr damals ins Gesicht. Sie lüge, um ihn zu erpressen. Das waren seine letzten Worte, bevor er mit ihren Brüdern feige auf dem Schiff verschwand. Er kam nicht einmal auf die Idee, sie zu fragen, ob sie mitwolle. Sie fühlte sich so alleine gelassen, so verlassen mit ihrer Angst und Trauer. Nicht einmal Mut fand sie, um jemand anderem von der Schwangerschaft zu erzählen. Ihre Verzweiflung war so erdrückend, dass sie einfach aufhörte zu essen. Bekam keinen Bissen mehr hinunter. Fast verlernte sie das Sprechen, kreisten doch ihre Gedanken nur um August und darum, was sie falsch gemacht hatte. Als sie vier Wochen später unter Bauchkrämpfen Blut verlor, wusste sie, dass die Schwangerschaft vorbei war. Das kleine Lebewesen, was in ihr heranwachsen wollte, war gegangen. Für immer. Caroline bekam hohes Fieber und dachte, dass ihr Leben zu Ende sei. Sie gab sich selbst die Schuld, dass sie das Kind verloren hatte. Ohne die Pflege und Liebe ihrer Mutter und der Schwestern wäre es das vermutlich auch gewesen. Diese wussten nichts von Carolines verlorener Schwangerschaft, aber waren einfach für sie da. Das hatte Caroline Halt und Hoffnung gegeben, dass es noch etwas anderes auf dieser Erde gab, was auf sie wartete, und dass es sich lohnte weiterzumachen. Sie hatte die Vorhölle nun kennengelernt, da konnte sie so schnell keiner mehr reinziehen, und sie entwickelte ein gutes Gespür für die kleinen Teufelshörner, die manche Menschen für andere unsichtbar auf den Köpfen trugen. Bis jetzt dachte sie, dass sie die Geschichte überwunden hätte. Bis jetzt. Als sie Willi erneut auf die Finger küsste, fielen Tränen auf seinen schlafenden Körper, und ein Spruch, den ihre Mutter ihr immer zur Osterzeit aus der Bibel vorgelesen hatte, schoss ihr durch den Kopf: »Da dachte Petrus an die Worte Jesu, da er zu ihm sagte: Ehe der Hahn krähen wird, wirst du mich dreimal verleugnen. Und ging hinaus und weinte bitterlich.« Und das tat sie nun auch, sie weinte bitterlich um das verlorene Kind und um ihre verlorene große Liebe.

***

»Die Nachbarin sagt, dass Ulm eine einzige Baustelle sei«, scherzte Rieke, die am nächsten Tag die Fremdenführerin für ihre Familientruppe spielte. »Es hat siebzehn Jahre gedauert, bis die Bundesfestung fertig war, und die Mauer komplett abzuschreiten dauert länger, als manch ein Gottesdienst gefeiert wird. Jetzt ist ja das Münster dran. Wenn ihr mich fragt, dann versuchen die, den Turm so hoch zu ziehen, wie die Mauer lang ist.«

Pauline grinste. »Vielleicht hat man dann ja einen besseren Draht nach oben, wer weiß das schon. Caro, was ist denn los?«

Caroline hielt sich im Hintergrund, blass und wortkarg. »Nichts, danke. Bin nur müde.«

Mit dieser Antwort gaben sich die anderen zufrieden, und Caro wunderte sich, wie schnell man solche Fragen mit einer Banalität zum Ersticken brachte. Waren diese Fragen dann überhaupt ernst gemeint, wenn eine doch ziemlich offensichtliche Lüge sie zum Verstummen bringen konnte?

Nur Sophie schaute sie durchdringend an, hüpfte auf sie zu, umarmte sie und hüpfte auf dem anderen Bein weiter. Aber das reichte, um Carolines dunkle Gedanken, die über die Helligkeit des Tages ein Schattennetz geworfen hatten, zu vertreiben. Die meisten davon zumindest.

Rieke lief mit ihnen zum Hafen, und sie kamen an einem Feuerwehrhaus vorbei. Ein Mann Mitte dreißig stand neben einem Feuerwehrauto und wischte sich die Stirn ab. Er wurde genauestens von drei Kindern bestaunt, die danebensaßen, so als ob er ein ganz seltenes Tierlein wäre. Um ihn herum lagen Bauteile einer Leiter sowie Holzstücke, Metallteile und unzähliges Werkzeug. Rieke pikste Caro in die Seite und flüsterte ihr zu: »Das hier ist Conrad Magirus[21], der Kommandant der Feuerwehr und ein Erfinder, man munkelt, dass er die Ausrüstung der Feuerwehr revolutionieren will.«

»Du meinst, dass er neue Sachen entwickelt, um besser löschen zu können?«, fragte Caro zurück und blieb stehen, um genauso neugierig zuzugucken wie die Kleinen.

»Ja, genau. Normalerweise stehen hier auch dreimal so viele Kinder herum, vor allem im Sommer, da lassen die sich auch gerne mal nass spritzen. Er war wohl maßgeblich daran beteiligt, dass es einen Deutschen Feuerwehrverband gibt, Göppingen ist auch dabei. Hat mein Mann zumindest erzählt.«

Caro bewunderte ihre Schwester. Eigentlich hatte sie sie noch nie in richtig schlechter Laune erlebt, sie war so frei und offen wie eine unschuldige Blume.

Aber da täuschte sich Caroline. Als ihre Mutter sich an diesem Abend früher zum Schlafen zurückgezogen hatte, nützte Pauline die Chance und zog einen Brief unter der Schürze hervor. Einen Brief von Emilie. Eigentlich eher *über* Emilie. Der Brief war so krakelig geschrieben wie von einem Schulkind, er war von der Köchin, die in drei einfachen Sätzen mitteilte, dass Emilie erneut eine Totgeburt erlebt habe und sie sich ernstlich Sorgen um ihre Herrin mache.

»Wir müssen doch …«, fing Pauline gleich wieder damit an, aber die anderen beiden schüttelten die Köpfe.

Rieke stotterte: »Aber … das … das darf doch nicht wahr sein.«

»So! Wir fahren da gemeinsam hin, holen sie raus, während Maximilian arbeitet, und verstecken sie irgendwo«, fuhr Pauline kämpferisch fort.

»Nein«, Caroline biss sich auf die Lippe. »Du unterschätzt Maximilian, der ruft sofort die Polizei, und bevor du auf drei zählen kannst, bist du selbst im Kittchen. In seiner Position ist es ihm doch ein Leichtes, die Entscheidungsträger der Städte zu beeinflussen.«

Pauline schaute sie erstaunt an. »Es ist deine Schwester, Caroline, früher wart ihr dicker als Honig. Man muss doch …«

Rieke unterbrach sie mit Tränen in den Augen. »Lasst uns morgen darüber reden, ja? Das tut mir so leid«, sie eilte hinaus, ließ die beiden anderen zurück, die sich stumm und grimmig anblickten.

* * *

EIN PAAR TAGE SPÄTER, 12.10.1860, ZURÜCK IN GÖPPINGEN

»Wie, Feuerwehrauto?«, fragte Wilhelm. »Immer wenn du von irgendwelchen Ausfahrten oder Ausflügen zurückkehrst, kommst du mit neuen, merkwürdigen Ideen zu mir. Man sollte fast meinen, dass du mehr außer Haus bist als bei deiner Familie, wo sich dein Platz befindet. Hier solltest du sein.«

»Ich dachte, das ist …«

»Nein, ist es nicht. Ich brauch dich im Laden … und ich brauche noch meinen Sonntagsstaat für die Hochzeit, kümmere dich drum. Ich will Albert nicht unter die Augen treten wie ein staubiger Hund. Und morgen fahren wir ja schon los.«

Caroline nickte, eilte zurück ins Haus und warf Pauline einen entschuldigenden Blick zu, die etwas abseitsgestanden hatte und sie anstarrte. Tja, wenn Wilhelm schlecht gelaunt war, dann machte man besser einen großen Bogen um ihn.

Am nächsten Tag fuhren sie alle zusammen mit der Bahn nach Ludwigsburg. Zweiter Klasse, wie immer. Und sie waren auch froh, nicht in der dritten fahren zu müssen. Die zweite hatte den Vorteil, dass jeder einen Platz bekam, das Gepäck nicht auf dem Schoß balanciert werden musste und sich zudem ein Dach über den Köpfen befand. Allerdings sollte man bei kaltem Wetter an einen warmen Schal denken, und wenn es regnete, waren die Plätze an den Fenstern ausnahmsweise nicht begehrt.

Rieke hatte wieder zu ihrer guten Laune zurückgefunden und erzählte aufgeregt: »Stellt euch vor, es gibt jetzt schon Abteilwagen, die haben sogar eine eigene Toilette an Bord.«

Ihre Mutter legte ihren Kopf schräg. »Das ist ja praktisch, dann kann man sich vor so einer Fahrt doch trauen, etwas zu trinken. Manchmal dauert das ja ganz schön lange, vor allem, wenn sich eine Kuh auf den Gleisen befindet.«

Pauline verzog den Mund. »Ach, das wird doch auch nur für die erste Klasse sein, wetten?«

»Dann sollte man etwas daran ändern, dass man sich die erste Klasse leisten kann«, sagte Wilhelm und schaute sie etwas spöttisch von der Seite an. »Sie haben Ihre Anstellung gewechselt, hat Caro erzählt?«

Pauline nickte. »Ja, es gab bei Hünersdorff eine freie Stelle.«

»Die Korsettfabrik ist nichts für Sie?«

»Nein, ich will auch gerne noch etwas Zeit neben der Arbeit und dem erschöpften Schlafen für andere Dinge haben.«

»Was für ein Glück, wenn man noch bei der Mutter leben und sich somit einen Teil seines Unterhaltes sparen kann.«

Caroline schaute erstaunt zwischen den beiden hin und her. So garstig hatte sie ihren Ehemann gegenüber anderen noch nie erlebt.

Pauline lächelte. »Ja, das ist ein Glück, das ich durchaus zu schätzen weiß. Sie auch?«

»Wie meinen Sie das?«

»Wissen Sie auch Ihr Glück zu schätzen?«, hakte Pauline nach.

Wilhelm nickte mit einem Brummen und hob Willi auf seinen Schoß, damit er sich nicht auf dem Boden dreckig machte. Es wurde oft und gerne beim Hinausschauen bei der Fahrt gegessen, und die Reste tummelten sich dann zwischen den Schuhen.

***

Alberts Hochzeit war groß angelegt, die größte, auf der Caroline jemals war. Ihr Onkel ging so liebevoll und zärtlich mit seiner kleinen Tochter um, als ob sie aus Porzellan bestünde. Caro freute sich so sehr mit, dass sie fast platzte. Gerade Albert hatte so viel für sie und ihre Familie getan, ihn glücklich zu sehen, erwärmte ihr Herz. Über hundert Gäste waren geladen, und neben etlichen Handwerkern war auch einige Prominenz aus der Stadt gekommen, wie ein Landtagsabgeordneter, ein Arzt, ein Rechtsbeamter, Hochschullehrer und Eduard Mörike, ein Lyriker, der als Pfarrer seinen Lebensunterhalt verdiente und die Hochzeitsgesellschaft aufs Beste unterhielt, geistreich und gewitzt. Als die Musikkapelle eine Pause machte, damit die Tanzenden dazu kamen, ihre roten Wangen mit einem Wein oder Bier zu kühlen, nutzte er die Gunst des Momentes und klopfte an ein Glas, bis er die volle Aufmerksamkeit hatte. Er stand auf und sprach:

»Mein lieber Freund Albert ist ein herzensguter Mann, der immer kommt und hilft, wenn man jemanden braucht. Ich habe in seinem Auftrag etwas für seine Frau geschrieben, was ich euch gerne vortragen mag.

An die Geliebte

Wenn ich, von deinem Anschaun tief gestillt,
Mich stumm an deinem heilgen Wert vergnüge,
dann hör ich recht die leisen Atemzüge
Des Engels, welcher sich in dir verhüllt.

Und ein erstaunt, ein fragend Lächeln quillt
Auf meinen Mund, ob mich kein Traum betrüge,
Daß nun in dir, zu ewiger Genüge,
Mein kühnster Wunsch, mein einzger, sich erfüllt?

Von Tiefe dann zu Tiefen stürzt mein Sinn,
Ich höre aus der Gottheit nächtger Ferne
Die Quellen des Geschicks melodisch rauschen.

Betäubt kehr ich den Blick nach oben hin,
Zum Himmel auf – da lächeln alle Sterne;
Ich knie, ihrem Lichtgesang zu lauschen.«

Als er die letzten Worte zu Ende gesprochen hatte, hing ein Zauber in der Luft, der Caroline Gänsehaut verursachte, bis der einsetzende Applaus die Empfindung vertrieb. Solch zarte Worte, die diese Liebe zeichneten, die zerbrechlicher zu sein schien wie dünnstes Porzellan, aber wertvoller als der kostbarste Diamant.

Die Musikkapelle spielte erneut, aber Wilhelm hatte es sich mit Bier und Schnaps an einem Tisch bequem gemacht und zeigte keine Anzeichen, dass er tanzen wollte. Sophie tobte mit anderen Kindern über Tische und Bänke, während Rosine sich mit den anwesenden Jugendlichen die Tanzerei anschaute und selbst hin und wieder aufgefordert wurde.

Sie wirkte schon so erwachsen, Caroline musterte sie. So jung war sie auch einmal gewesen, so jung und unschuldig, ganz vernarrt in das Leben und seine Wunder, die sie kaum hatte abwarten können. Dieses Gefühl, dass die Zukunft vor einem lag, die Spannung, welchen jungen Männern man wohl gefallen würde, ob er hübsch war, gut verdiente, ob er nett zu einem war und ob einmal Kinder mit einem am Tisch sitzen würden. Vor allem diese Energie, die einen durchflutete und fast zum Bersten brachte, sodass man sich übermenschlich stark und schön vorkam, das sah sie in diesem Moment bei Rosine und wusste, warum sie dieses Mädchen trotz allem gernhatte. Sie erinnerte sie an sich selbst. So war sie auch einmal gewesen.

Willi wurde unruhig, Caroline hüllte ihn in ein wärmendes Tuch, zog sich ihren Mantel über, nahm ihn auf den Arm und verließ die Festlichkeit, um ihm etwas Ruhe zu schenken. Sie schritt aus dem Festsaal des Wirtshauses Die Krone und schlenderte die Straßen entlang in Richtung Innenstadt. Nach einer Weile blieb sie vor dem Schaufenster der Firma Dieterich stehen. Die Füße hatten sie dorthin getragen, ohne dass es ihr bewusst gewesen war. Es hatte sich ziemlich verändert, die Gestaltung der Auslage sah traumhaft aus. Als ob man in eine kleine Zauberwelt blicken würde. Während die eine Hälfte der angebotenen Waren aus dem üblichen Sortiment an Lampen und Lackierwaren bestand, standen direkt vor ihrer Nase Zinnsoldaten, die sich um Blecheisenbahnen tummelten und mit ihren Waffen gegen ein großes Feuerwehrauto in den Kampf zogen. Puppen in verschiedenen Größen saßen an der Seite und schauten dieser kleinen Schlacht zu, sie hatten Köpfe aus Porzellan, Pappmaschee und Holz, und Caroline stellte mit Genugtuung fest, dass die Firma ihrer Idee treu blieb, für alle Geldbeutel etwas anzubieten. Auch das alte Sortiment, das die Alltagsgegenstände der Erwachsenen in Kindergröße nachahmte, wie die Spaten und Besen, war vorhanden. Sie stellte sich auf die Zehenspitzen, um den Innenraum, der im Dämmerlicht lag, besser sehen zu können. Dort harrten Schaukelpferde, Steckenpferde, Masken, Trommeln und weitere Tiere auf Käufer. Wie sie doch die Arbeit dort vermisste, diese Begeisterung und Liebe für Spielzeug, die dort fast alle teilten.

Hinter ihr räusperte sich jemand, und sie drehte sich um. Ihr Herz wurde schlagartig eiskalt und zu schwer für ihren Körper, fiel hinunter auf die Straße, wo es in tausend Scherben zerbrach. August stand vor ihr.

»Hallo, Lein«, sagte er schüchtern und benutzte dabei den Kosenamen, den er ihr früher gegeben hatte. Er sah immer noch so gut aus, groß, halblange schwarze Haare, die ein Eigenleben zu führen schienen und immer an mindestens einer Stelle in die Höhe standen, seine gerade Nase, das markante Kinn, ein Grübchen neben seinem linken Mundwinkel.

Caroline öffnete den Mund, aber kein Wort kam heraus, sie wusste nicht, was sie sagen sollte.

»Ich«, fing er an. »Ich … Dein Bruder hat erzählt, dass du für Dieterich arbeitest oder zumindest das eine Zeit lang getan hast.«

»Ja?«, antwortete Caroline und zwinkerte, als ob ihr etwas Straßendreck in die Augen gepustet worden wäre.

»Ich … ich bin geschäftlich in der Stadt«, erklärte er und hörte sich dabei an, als ob er sich dafür entschuldigen müsste. »Ich hab mich gefreut, dich wiederzusehen … was für ein hübsches Kind«, er drehte sich um und lief mit langen Schritten davon.

Erst als Willi anfing zu weinen, wurde ihr gewahr, dass sie minutenlang auf der gleichen Stelle gestanden und angefangen hatte, ihr Kind immer fester zu drücken. Erschrocken lockerte sie den Griff und eilte zurück zum Fest. Wie konnten sich mehrere Welten in solch kurzem Zeitraum begegnen? Was war real, was war Traum?

Am nächsten Tag verbrachten Caroline, ihre Schwestern und die Mutter die Kaffeestunde bei Albert, er wollte sie noch einmal alle um sich haben, bis Caro und Rieke Ludwigsburg wieder verlassen würden.

Seine frisch angetraute Ehefrau Pauline, die ihren Mädchennamen Bracher nun gegen List eingetauscht hatte, strahlte von einem Ohr zum anderen und bemühte sich, alle Tassen rasch wieder aufzufüllen und den Kuchen zu verteilen.

»Was für ein ausgezeichnetes Fest«, lobte die Mutter, wohl wissend, dass es genau das war, was ihr Bruder hören wollte. Und es traf ja auch zu. »Dass sogar Mörike vorbeikam, das hätte ich nicht erwartet.«

»Wir gingen zusammen zur Volksschule, und das eine oder andere Mal musste ich ihn bei einer Prügelei retten«, Albert lachte. »Er hat schon immer damit gehadert, dass er Pfarrer ist. Aber von der Lyrik kann er halt nicht leben, und Küfer wollte er nicht werden.«

Als Caros Mutter mit den anderen den Kuchen aufgegessen hatte, gingen sie vor in den Garten.

Albert wollte mit Caroline noch kurz alleine reden. »Sag mal, was war denn gestern mit Wilhelm? So kenne ich ihn gar nicht, der hat ja mehr getrunken als unser Wirt, und der ist dafür stadtbekannt. Also dass er sich selbst der beste Kunde ist.«

»Ich weiß nicht, die Geschäfte laufen recht gut, denke ich. Seitdem wir den Laden haben, steigen unsere Verkäufe. Danke noch mal, dass du für uns gebürgt hast, sonst hätten wir nie und nimmer das Haus kaufen können.«

»Aber gerne doch, mein Liebes«, er nahm kurz ihre Hand in die seine. »Dass ich noch einmal heiraten würde, hätte ich auch nicht gedacht, aber als Pauline vor mir stand, da wusste ich es einfach.«

»Onkel«, sagte Caro mit einer fragenden Stimme, »hast du schon gehört, dass August Lutz wieder zurück ist?«

»Ja, klar. So was spricht sich hier schnell rum. Er hatte im Gegensatz zu deinen Brüdern nicht das Glück, einen eigenen Laden in Amerika eröffnen zu können. Er soll das Geschäft seines Vaters in ein paar Jahren übernehmen und sich noch einarbeiten. Soweit ich gehört habe, hat er eine Amerikanerin mitgebracht, mit der er verheiratet ist. Warum fragst du?«

»Ach, nur so, Gustav hatte es in seinem Brief erwähnt«, sie lachte, wobei sich das sogar in ihren eigenen Ohren etwas gekünstelt anhörte. »Aber dir kann man ja keine Neuigkeiten erzählen, du weißt das meiste sogar schon, bevor es passiert. Hast du seine Frau schon gesehen?« Ihre Finger tasteten über die oberen Knöpfe der Bluse, unter der sich ein Kettenanhänger erspüren ließ. Ein Blechkreuz, das sie von August in einem anderen Leben geschenkt bekommen hatte.

Albert schüttelte den Kopf. »Nein, damit kann ich nicht dienen, aber ich weiß, dass der alte Lutz expandiert ohne Ende. Er beliefert jetzt sogar Dieterich mit seinen Spielzeugeisenbahnen.«

Caroline blickte ihm direkt in die Augen: »Hast du dich eigentlich schon mal im Leben gefragt, ob alles, so wie du es entschieden hast, richtig gelaufen ist? Also würdest du all das wieder genauso machen? Falls du noch einmal die Wahl hättest?«

»Du hast ja heute merkwürdige Fragen. Mhm, ich weiß es nicht, ich habe so noch nie darüber nachgedacht. Aber mein Geschäft läuft sehr gut, und im Privaten jetzt ja sowieso, also warum sollte ich etwas ändern wollen?«

Caroline zwang sich, ihn anzulächeln, aber in ihrem Inneren war sie durcheinander. Ihr Leben fühlte sich so schwer an, als ob ihr alles nur unter größten Mühen gelänge und die Kosten dafür manchmal höher wären, als sie es ertragen konnte. Machte sie in ihrem Leben alles richtig? Sie wusste es nicht.

Am nächsten Tag reiste Wilhelm geschäftlich nach Stuttgart, und Caroline wusste, was sie zu tun hatte. Sie ließ die Kinder bei ihrer Mutter, schnappte sich Pauline, und zusammen marschierten sie den ausgetretenen breiten Weg nach Besigheim entlang. Es war Zeit, die Angst zur Seite zu schieben, um damit anzufangen, die Dinge richtig zu machen.

Die beiden Frauen standen vor dem herrschaftlichen Haus, in dem ihre Schwester gefangen gehalten wurde, anders konnte man das nicht bezeichnen, zu dieser Betrachtung waren sie beim Herwandern gekommen. Es war ein normaler Arbeitstag, und somit mussten sie keine Angst haben, in die Arme von Maximilian zu laufen.

Das Dienstmädchen öffnete die Türe, und Caroline musste fast lachen, als sie sah, wie es erschrocken die Augenbrauen nach oben zog. Es grenzte fast an ein Wunder, dass ihr nicht die Dienstmädchenhaube vom Kopf gerutscht war. Bevor diese ihre Sprache wiederfand, eilten die Schwestern an ihr vorbei, die Treppe hoch und klopften an die Schlafzimmertür von Emilie. Nichts rührte sich.

Sie klopften erneut, aber es gab nur eine bedrückende Stille und das Klackern der Schuhe, als zwei Dienstmädchen zu ihnen eilten.

»Sie können doch nicht einfach …«, fauchte das eine, während hinter ihrem Rücken das andere Handzeichen gab, dass sie einfach eintreten sollten.

Die Türe öffnete sich, und es bot sich für Caroline das gleiche Bild wie bei ihrem letzten Besuch. Zugezogene Vorhänge, Dunkelheit und Mief. Diesmal ließ sie die Fenster verhangen, wartete ein paar Sekunden, bis sich ihre Augen an das dämmrige Licht im Raum gewöhnt hatten, und eilte zum Bett.

Emilie lag schlafend darin, so dünn wie ein Kind.

»Emilie, komm, wir sind hier, um dich mitzunehmen.« Pauline stand auf der anderen Seite und rüttelte an dem Arm ihrer Schwester.

Doch mehr als ein Stöhnen drang nicht aus deren Mund, die Augenlider zuckten kurz, aber dann sackte der Kopf zur Seite, und der Mund stand offen, wie bei jemandem, der bewusstlos war.

»Emilie«, Pauline zerrte an dem zarten Arm, und Caroline bekam Angst, dass sie ihn abreißen könnte.

»Hör auf«, schrillte Caros Stimme. Sie griff nach einer schmalen Verpackung, die auf dem Nachttisch lag, und las die Worte, die darauf standen, aber für sie keinen Sinn ergaben.

Eins der Dienstmädchen trat herbei und flüsterte: »Das gibt er ihr, jeden Tag. Vom Arzt, damit sie schläft.«

»Schlafen?« Pauline hatte sich über den Körper ihrer Schwester geworfen und weinte. »Das ist doch kein Schlafen. Er bringt sie um!«

Das zweite Dienstmädchen erschien wieder im Türrahmen. »Ich muss Ihnen mitteilen, dass wir nach dem Hausherrn geschickt haben. Er wird wohl jeden Augenblick da sein.«

Die beiden Schwestern blickten sich an.

Pauline baute sich vor dem Dienstmädchen auf, wischte sich die Tränen aus dem Gesicht. »Was fällt dir ein, du … du …«

»Was fällt Ihnen ein, unsere Madame zu stören und hier so einzubrechen.«

Mit einem gezischten »Du Miststück« schubste Pauline sie zur

Seite und nahm erneut die Hand von Emilie in die ihre. Leise sagte sie: »Ich verspreche dir, dich hier rauszuholen, und wenn es das Letzte ist, was ich in meinem Leben tue.«

* * *

»Was hast du gemacht?« Wilhelms Stimme überschlug sich. »Dir ist schon klar, was Maximilian für eine Stellung hat? Der kann dich zerquetschen wie eine mickrige Bettwanze. Damit hat er ja bereits angefangen …«

Caroline schaute auf ihre Fußspitzen. »Aber Wilhelm, ich …«

»Und ich soll morgen in den Spielzeugladen gehen, um zu schauen, was Dietrich so anbietet? Warum denn? Ich muss da nichts nachmachen, ich tue das, was ich selbst tun will, verstehst du mich? Und das ist vor allem eins: Nicht dir nach der Nase zu tanzen!« Er trat an sie heran, dass sie seinen Atem riechen konnte. Er hatte wieder getrunken. »Wenn du diesen Maximilian jetzt gegen uns aufgebracht hast, dann … dann gnade dir Gott.« Damit drehte er sich weg, ging und warf die Türe ins Schloss. Aus großen Augen starrten Sophie und Rosine sie aus der Ecke heraus an. Nur Willi hatte von allem nichts mitbekommen, der schlief so tief und fest, als ob er die Träume einer Woche auf einmal träumen müsste.

*»Das Spielzeug an sich ist Nebensache,
die fantasievolle Beschäftigung damit ist alles.«*

Peter Rosegger (1843–1918),
Schriftsteller und Poet,
vormals Bauer und Schneider

Kapitel 10

Kreisend

ZWEIEINHALB JAHRE SPÄTER,
SOMMER 1863, GÖPPINGEN

Wilhelm schnappte Caroline und zog sie in die Mitte der Küche, umfasste mit der einen Hand ihre Hüfte, mit der anderen ihren Arm und tanzte mit ihr wild zu einem selbst gepfiffenen Lied über den Boden. Seitdem sie vor drei Jahren das Ladenlokal eröffnet hatten, liefen die Geschäfte ziemlich gut, und sie hatten ihr Programm erweitert. Auch die Waren von Drittanbietern zierten die Regale und lockten mehr Kundschaft in die eigenen Räume.

In den letzten Jahren ruhte die Welt nicht, im Gegenteil, sie drehte sich immer schneller und schneller. Ein württembergischer Sanitätsverein wurde von Henry Dunant gegründet, nachdem er die grausigen Zustände bei einer Schlacht von Österreich mit eigenen Augen gesehen hatte, er betonte, dass allen verwundeten Soldaten im Krieg geholfen werden müsse, egal welcher Nationalität sie seien. Die Weltausstellung in London hatte hohe Wellen geschlagen, und das nicht nur unter dem Bug der Schiffe, die auf den Weg dorthin dampften, es gab sogar eine extra komponierte Kantate von Giuseppe Verdi, die zur Verbrüderung der Völker und Frieden aufrief. In den Städten feierte man Johann Strauß mit seinen Walzern und Polkas, in der Schweiz wurde die Zahnradbahn erfunden, da die Züge ab sechzehn Prozent Steigung leider nicht mehr einsatzbereit waren, und in Amerika wurde eine erste Strickmaschine ausgetüftelt.

Auch in Göppingen passierte in den letzten Jahren viel, die Stadt breitete sich aus wie ein warmer Hefeteig. Die Handwerksbetriebe siedelten sich nicht mehr nur hauptsächlich an dem Oberen Wehrkanal und Mühlkanal an, wo die verschiedensten Mühlen standen, sondern sie verteilten sich im gesamten Stadtbild. Das zog natürlich eine ganze Zahl von Arbeitern an, die wiederum Wohnraum brauchten und sich dicht in düsteren und miefigen Mietskasernen drängten. Göppingen wuchs und wuchs, und so mancher fragte sich, wohin das noch gehe. Die Maifeiern fanden jedes Jahr um eine Nummer größer statt, wobei die Kirche es weiterhin zähneknirschend duldete, dass getanzt wurde. Dank der neuen Gaslichter, die nun die Innenstadt säumten, erhielten die kürzeren Wintertage eine nette Beleuchtung, und man munkelte, dass es Gaslichter in nicht allzu langer Zeit auch für die einzelnen Häuser geben sollte. An einer Hausfassade in der Hauptstraße stand seit Kurzem an der alten Apotheke folgender Schriftzug: *Homöopathische Centralapotheke Professor Dr. Mauch*, und es kamen sogar Leute von außerhalb, um die sogenannten spagyrischen Mittel dort zu kaufen. Angeblich ging dieses Herstellungsverfahren auf den Alchemisten Paracelsus zurück. Der Apotheker ließ sich eine repräsentative Villa im östlichen Teil der Stadt erbauen, die mit ihrer Größe und dem schönen Fachwerk überall nur Haus Mauch genannt wurde.

Caroline hatte sich eingelebt, wenn man das so sagen konnte, sie hatte ihre festen Tagesabläufe, war in das soziale Leben integriert und kümmerte sich neben den Mädchen und Willi nun noch um ihr zweites leibliches Kind. Eugen war vor zwei Jahren fast ein Christkind geworden, kam er doch nur ein paar Tage vor dem Heiligen Abend auf die Welt. Er war ein schlaues Kind, das recht schnell Zusammenhänge begriff und versuchte, seinem großen Bruder in allen Dingen nachzueifern und ihn nachzuahmen. Aber am liebsten befand er sich in der Werkstatt und verfolgte mit glänzenden Augen, wie sein Vater zusammen mit dem Lehrling und den Gesellen mit den Hämmern das Blech bearbeitete oder mit speziellen Maschinen in Form drückte. Und doch merkte man Caroline an, dass auf ihrem Gemüt ein Schatten lag.

Sie saß am Küchentisch und las einen Brief, den sie von ihrer Schwester Pauline erhalten hatte.

Liebe Caro,
wie geht es Dir? Was machen die Geschäfte, konntest Du Wilhelm davon überzeugen, Deine neue Spielzeugidee umzusetzen, von der Du so begeistert erzählt hattest?
Ich erwähnte doch August Benz, den Ingenieur, der mich in den letzten Monaten immer wieder zum Spazierengehen abgeholt hat. Ich glaube, er will mir einen Antrag machen, aber ich bin mir nicht sicher. Er sagt, dass er wohl bald ins Ausland gehen muss, um dort weiter seine Maschinenhallen zu bauen. Russland war im Gespräch. Und ich will wirklich nicht weg von hier. Hier ist doch alles, was ich liebe. Ja, ich weiß, dass unser Bruder in Russland sehr zufrieden ist, die Kultur und das Essen und die Menschen lobt, aber ich bin nicht Carl. Was kannst Du mir raten, liebe Schwester?
Übrigens – ich werde nochmals zu Emilie gehen. Ich komme fast um vor Sorge, es sind nun genau hundertsieben Tage, seitdem ich nichts mehr von ihr gehört habe. Auch nicht von der Köchin. Lina hat erzählt, dass diese wohl das Haus gewechselt hat und nun irgendwo anders angestellt ist. Lina selbst steckt mitten in ihren Reisevorbereitungen und erwähnte, dass sie ja bald bei Dir vorbeikommt. Ich werde sie vermissen, nicht so stark, wie ich Dich hier vermisse, keine Angst, sie kennt ja nicht die Geheimnisse, die ich Dir als kleines Mädchen anvertraut habe und die Du geschworen hast zu bewahren, bis Du so grau wie Großmutter sein wirst. Mutter muss ja nicht erfahren, wer die Plätzchen an Weihnachten geklaut hat oder dem Nachbarsjungen eins auf die Nase gab.
Ich schreibe Dir, sobald ich zurück bin, und nein, Du kannst mich davon nicht abhalten. Diese Untätigkeit bringt mich um. Es ist doch …

Wilhelm kam herein, betrachtete seine herumsitzende Frau missfällig, trat zum Herd und schaute in den Topf, dem ein Duft von fleischhaltiger Brühe und würzigen frischen Kräutern entwich, und stellte zufrieden fest, dass im Ofen Kirschenmus auf ihn wartete. Hinter ihm traten der Lehrling Leopold sowie die beiden Gesellen Conrad und Julius ein. Leopold war ein dicklicher Junge von fünfzehn Jahren, den man eigentlich eher in der Küche neben dem Ofen vermuten würde, aber er stellte sich recht geschickt an und würde mal einen tüchtigen Flaschner abgeben. Die beiden Gesellen waren schon seit einiger Zeit bei ihnen und gehörten zum vertrauten Hausstand dazu. Sie hatten ihre zweijährige Wanderzeit[22] hinter sich, die den Anfang der zwölf vorgeschriebenen Ausbildungsjahre bildete, und waren froh, ihre verbleibenden Jahre bei Wilhelm arbeiten zu können. Conrad war der Sohn eines Webers, zwanzig Jahre alt, und sah mit seinen breiten Schultern und dem kantigen Gesicht eher eckig aus, während Julius dreiundzwanzig Jahre alt war, kurze schwarze Haare hatte, ernst dreinblickende hellblaue Augen und lange schöne Finger. Er war der Sohn eines Kassenverwalters aus Freudental, der dort einem Naturalien-Magazin vorstand und somit die landwirtschaftlichen Erzeugnisse der Stadt verwaltete.

Conrad setzte sich an den Tisch und lächelte dem Dienstmädchen Marie zu, dessen Wangen sich sogleich mit einem Zartrosa überzogen.

Wilhelm streifte seine Kappe ab und klatschte diese auf Conrads Kopf. »Hast du dir überhaupt die Hände gewaschen?« Man konnte sehen, dass es ihm gar nicht gefiel, dass sein Geselle mit Marie schäkerte. Das entsprach nicht seinem Bild von Zucht und Ordnung, was unter seinem Dach stattfinden sollte. Aber er konnte den jungen Männern ja schlecht befehlen, mit geschlossenen Augen zu essen, geschweige denn das Dienstmädchen immer wegschicken.

Sophie half leise singend mit, den Tisch zu decken, legte die Löffel neben die Steingutschüsseln. Rosine saß bereits auf der Bank, betrachtete ihre Finger, die sie vor dem Bauch gefaltet hatte, linste dabei immer wieder für Sekunden hoch, um Julius zu beobachten, der unbeeindruckt den Brotkorb zu sich zog, eine Scheibe herauspflückte und herzhaft hineinbiss.

Er kaute und sprach mit vollem Mund: »Frau Märklin, ich habe über Ihren Vorschlag nachgedacht, das müsste man hinbekommen, also das mit dem Mechanismus. Wenn ich das Blech spiralförmig wickle und dann zusammenpresse, hat es einen ähnlichen Effekt wie von der Federwaage, und wenn ich die beiden Teile übereinanderlöte, wie Sie das bei den Kutschen mit der Elliptikblattfeder gesehen haben, und man von oben drückt, dann gibt es auch etwas nach. Es federt ganz leicht, wobei ich nicht weiß, was ich damit machen …«

Wilhelm unterbrach recht schroff: »Jetzt sollst du gar nichts machen, außer den Auftrag mit der Waschbeckenbestellung abzuarbeiten, Junge. Lass den Firlefanz von meiner Frau sein, das kostet nur Zeit!«

Caroline lächelte dem Gesellen zu. »Wilhelm hat recht, das hat natürlich erst mal Vorrang und ist wichtig. Danke, dass du …«

Erneut unterbrach ihr Mann: »Das hat nicht nur Vorrang, das ernährt uns, oder denkst du, dass die paar verkauften Kinderherde oder das Kindergeschirr uns das Essen auf den Tisch bringen?« Er lachte. »Sobald das der Fall ist, höre ich mit der normalen Flaschnerarbeit auf, das verspreche ich dir.«

Die anderen stimmten in das Lachen mit ein, doch Caroline versetzte es einen Stich. Er wusste doch ganz genau, wie ihr Herz daran hing. Oft genug las sie ihm aus der Zeitung vor, wenn dort etwas über die Firma Rock & Graner aus Biberach stand, die seit über zehn Jahren erfolgreich Puppenherde verkaufte, oder über Ludwig Lutz, der in Ellwangen saß und seit über zwanzig Jahren Kinderspielzeug im Angebot hatte. Eigentlich vermied sie es, mit Lutz etwas zu tun zu haben, aber dessen Erfolg konnte sie nicht ignorieren. Die Züge, die sie im Schaufenster von Dieterich gesehen hatte, waren auch von ihm gewesen. Die Bodenläufer, die man an einer Schnur hinter sich herziehen konnte, sowie ein Zug, der sich auf einer Schiene schieben ließ. Dazu gab es uhrwerkbetriebene Züge, die auf einer Fahrbahn im Kreis ihre Runden drehten und von einer Landschaft umgeben waren. Es hieß, dass Lutz bereits weit über hundert verschiedene Artikel im Spielwarenbereich führe.

Später, wenn Wilhelm unterwegs war, würde sie sich das anschauen, was Julius für sie erprobt hatte. Seitdem Maximilian bei der Zunft der Klempner sich über Wilhelm beschwert hatte, war die Stimmung zwischen ihnen immer wieder angespannt. Ihr Mann verstand zwar, was ihre Beweggründe gewesen waren, nochmals bei der leidenden Schwester vorbeizuschauen, er fand es auch bedenkenswert, wie diese anscheinend behandelt wurde, aber eine Vorladung vor das Zunftgericht hätte für Gerüchte gesorgt, was Auftragseinbußen nach sich ziehen könnte, und ein Ausschluss aus der Zunft seinen kompletten Ruin. Es blieb vonseiten der Zunft bei einer Verwarnung. Er solle überdenken, wie er die Arbeitskraft seiner Frau einsetzen werde, und Handelsreisen seien Männersache.

Allerdings war der Einfluss der Zunft seit einigen Monaten nicht mehr relevant. Seit der Durchsetzung der Gewerbefreiheit im Königreich Württemberg fielen die Zünfte. All das, was seit dem Mittelalter bestanden hatte, den Handwerkern Halt gegeben, soziale Leistungen abgesichert und das Leben in vielen Bereichen bestimmt hatte, war weg. So etwas hatte sich bereits angedeutet, aber trotzdem geriet Wilhelm ins Schleudern, während Caroline sich freute. Wer sollte ihnen jetzt noch vorschreiben können oder sie ermahnen, wie sie ihr Geschäft zu führen hatten? Aber Wilhelm hielt an den alten Bräuchen und Richtlinien fest, alles brauche seine Zeit, und die Menschen dächten nicht plötzlich von heute auf morgen komplett anders, nur weil sich eine rechtliche Sache verändert habe.

Ein lautes Scheppern ließ die kleine Runde zusammenzucken, und Kinderheulen setzte ein. Eugen hatte so lange einen Becher im Kreis gedreht, bis er runtergefallen war. Caroline nahm den Kleinen auf den Arm und beruhigte ihn. Tja, wenn man auch mit allem spielte, was in Greifnähe lag, dann passierte so etwas halt. Wenn etwas vom Tisch runterkullerte, dann fiel es nach unten. Caroline küsste die Tränen weg, und eine Idee zuckte durch ihren

Kopf: Was wäre wohl passiert, wenn sich unten am Becher solche Spiralfedern befunden hätten?

Nachdem die Küche aufgeräumt, das Dienstmädchen mit Besorgungen in die Stadt geeilt war, Rosine leichte und handliche Waren ausgeliefert und Sophie sich um ihre kleinen Geschwister gekümmert hatte, zog sich Caroline eine frische Schürze an, kontrollierte ihre hochgesteckte Frisur und betrat den Laden. Wilhelm befand sich gerade in einem Verkaufsgespräch, und sie hielt sich im Hintergrund, um nicht zu stören. In den Regalen hingen und lagen eine Vielzahl von Gebrauchsgegenständen in allen Größen. Milch- und Petroleumflaschen, Trichter, Dosen, Eimer, Reibeisen, Schöpflöffel, das Gesundheitsgeschirr, wobei Wilhelm mittlerweile davon den Großteil von anderen Herstellern bezog, Dampfkochtöpfe, Gießkannen, Wannen, Siebe, Kuchenformen, Eimer, große, flache Schüsseln und jede Menge Lampen. In einer Ecke auf dem Boden ruhte ein kleines Holzhaus, das ihr gerade mal bis zur Hüfte ging, worauf ein blechernes Dachgesims saß und die Regenrinnen an der Seite befestigt waren. Wilhelm hatte es für eine lustige Idee gehalten, in Miniaturform Werbung für diese Waren zu machen, stellten doch die Aufträge dafür einen Hauptteil der Einnahmen dar. Daneben standen ein Kinderkochherd und die dazu passenden Kinderkochtöpfe, Teller, Bräter und andere Gegenstände, die auch die Erwachsenen zum Kochen benutzten, sowie eine Handvoll kleiner Blechkreisel[23], was aus der letzten Idee von Caro entsprungen war und sich richtig gut verkaufte, da sie selbst Hand mit anlegte und sie liebevoll mit kleinen Details wie Bäumen oder Katzen bemalte.

Wilhelm hustete, und Caroline schaute zur Verkaufstheke. Ihr Mann hatte bereits ein rotes Gesicht. Sie eilte in die Küche und kam mit einem Glas Wasser zurück, was er hektisch hinunterstürzte, sich räusperte und mit belegter Stimme zum Kunden gewandt fortfuhr: »Entschuldigen Sie bitte, aber wenn der Husten mal angefangen hat, dann … Sie fragten mich nach den Lackiermöglichkeiten für die Schüsseln, richtig?«

Der Kunde, der während des Hustenanfalls betreten zur Seite geblickt hatte, nickte. »Ja, für diese Schüsseln mit dem gebogenen Rand.« Diese Form war eine Besonderheit von Wilhelm, für die er das Blech am oberen Rand über eine spezielle Form mit dem Hammer trieb, bis es sich formschön bog wie ein Blütenblatt. »Mich interessiert, ob Sie eine Sonderanfertigung machen könnten. Etwas Landschaftliches und dazu im Blech selbst reliefartige Erhebungen einarbeiten? In der Schweiz hatte ich so was gesehen.«

Wilhelm räusperte sich erneut, Caroline sah ihm an, dass er die Bitte verneinen wollte, und fasste seine Hand, drückte sie. »Falls ich mich hier einbringen darf, ohne Ihre fachliche Unterhaltung stören zu wollen, ich wollte dich noch daran erinnern, dass einer deiner Angestellten so einen ähnlichen Auftrag erst abgeschlossen hat und es bald ausgeliefert werden kann.«

»Ja?«, überrascht schaute Wilhelm sie an, bis ein erneutes Husten seinen Oberkörper schüttelte. Mit erstickter Stimme sagte er: »Können Sie die Details bitte meiner Frau mitteilen, wir melden uns dann.« Damit ging er ins Haus, wo man noch lange sein Prusten und Geschnaube hörte.

Als er sich eine Stunde später auf den Weg machte, einen Neukunden aufzusuchen, der wegen Regenrinnen eine Beratung und einen Preisvorschlag wünschte, hielt er Caroline einen kurzen Vortrag, dass er bei Kundengesprächen nicht unterbrochen werden wollte. Sollte denn der Auftraggeber denken, dass die Frau mehr Ahnung und Überblick hatte als der Meister selbst?

Caroline sah ihm seufzend nach. Immer, wenn er kränkelte, blieb seine Laune im Keller hängen. Erfahrungsgemäß würde das aber in ein paar Tagen besser werden. Sie schloss die Ladentür und eilte zur Werkstatt. Sie hatte Conrad gebeten, für sie eine Botanisierungstrommel anzufertigen, das sollte ihr neuestes Kinderspielzeug werden. Andere Firmen besaßen davon aufwendig verzierte, mit allem Schnick und Schnack, aber wozu bräuchten das die Kinder? Sie wollten doch nur gesammelte Pflanzenteile und Käfer darin aufbewahren. Sie öffnete die Tür und stieß dabei fast mit Rosine zusammen, die den leeren Warenkorb an einen Haken hängte. Sie sah rosig aus, strahlend, verbreitete einen leichten Duft nach frischer Süße.

Lachend sagte sie: »Caroline, ich bin jetzt fertig mit den Auslieferungen, muss aber noch mal in die Stadt.«

»Musst du?«, wunderte sich Caroline.

»Ja«, rief sie über ihre Schulter, da sie bereits aus der Tür verschwunden war. »Hebt mir was vom Abendbrot auf.«

Bevor Caroline protestieren konnte, war das Mädchen weg. Nur der Geruch hing noch in der Luft. Da muss ich wohl mal genauer hinschauen, dachte Caroline und beugte sich über die beiden Blechspiralen, drückte darauf herum und bewunderte die Botanisierungstrommel, die wie ein Zylinder geformt war, dessen beide Enden man öffnen konnte, lobte die Gesellen kräftig und lief wieder zurück in den Laden. Ein Bote klopfte an die Tür, trat ein und überreichte ein Telegramm. Es war von ihrer Mutter, darauf stand: *Maximilian tot. Emilie im Krankenhaus.*

Caroline erschrak. Als sie die Worte wieder und wieder las, zitterte ihre Hand. Was hatte das zu bedeuten? Es dauerte eine gefühlte Ewigkeit, bis sie Ruhe fand, um auf einem Blatt einen Entwurf für die Schüssel zu skizzieren. Dabei fielen die Bäume, der Hohenstaufen und das Meer aus Wolken etwas düster aus.

Ein paar Stunden später kündigte sich ihr Mann mit lautem Husten an. Man hörte ihn quasi, bevor man ihn sehen konnte, es schien ihm auf jeden Fall nicht besser zu gehen. Sie goss Kamille mit heißem Wasser auf, seihte die Pflanzenteile nach zehn Minuten ab und stellte ihm das Gebräu auf die Werkbank vor die Nase. »Wenn du nicht langsam machst, liegst du sicherlich bald komplett flach.«

Mit einem »Danke« versuchte er, sie zu küssen, doch rannte sie lachend vor ihm davon.

Am nächsten Tag kam er tatsächlich nicht aus dem Bett, sein Atem hörte sich rasselnd an, aber Caro sollte nicht nach dem Arzt schicken, Wilhelm meinte, dass er schon zwei gebrochene Arme haben müsse, um sich einem Weißkittel anzuvertrauen. »Liebes«, sagte er gedämpft und räusperte sich. »Danke für deine Fürsorge, aber ich muss dich um etwas bitten, was ich eigentlich nicht mehr machen wollte. Reise für mich nach Karlsruhe, ich habe da auf einer Regionalmesse in einem angesehenen Handelshaus einen Tisch gebucht.« Er musste schlucken, um seine Stimme anzufeuchten. »Ich kann dir keinen der Gesellen mitschicken, da wir bereits in Verzug sind und ich jetzt auch noch ausfalle. So kannst du bei deiner Familie vorbei und schauen, was passiert ist. Aber du weißt: Wer zu viel will …« Ein erneutes Husten schüttelte ihn, und Caro schob ihm ein zweites Kissen unter den Kopf, auf das er erschöpft zurücksank und die Augen schloss.

Seit Jahren hatte sie es herbeigesehnt, wieder auf Reisen gehen zu können, aber jetzt konnte sie sich nicht freuen. Überhaupt nicht.

Geschäftig organisierte sie das Dienstmädchen, ihre Kinder, sprach mit den Gesellen und dem Lehrling ab, was sie mitnehmen musste, faltete ihre Kleider so klein wie möglich, dass sie wenig Platz wegnahmen. Sie brauchte ja noch Raum für die Botanisierungstrommel, die Blechkreisel und die anderen Spielzeugsachen. Wilhelm musste davon nichts wissen, nur schade, dass sie keine Zeit mehr finden würde, ihre neuen Ideen weiter auszubauen. Während sie packte, pochte in ihrem Kopf Wilhelms Satz: »Du weißt, wer zu viel will …« Er spielte da auf ein Gespräch mit Albert an, wo Caroline danebengesessen hatte und sich stark zurückhalten musste, sich nicht einzumischen. Die Männer diskutierten über Friedrich List, über dessen Tod. Friedrichs Ideen, was die Eisenbahn und deren Rolle im Gesamtdeutschland spielen sollte, hatte damals kein Gehör gefunden, er wurde sogar als Spinner beschimpft und verjagt, sodass er sich zurückzog. Sein investiertes Vermögen in dieses Projekt war aufgebraucht, und in einem Anflug von Schwermut hatte er seinem Leben selbst ein Ende gesetzt. Albert und Wilhelm rätselten, warum er nicht einfach denen hatte zuarbeiten wollen, die wenigstens im Kleinen solche Eisenbahnideen umsetzten. Er wollte keine Kurzstrecken haben, er wollte ein Eisenbahnnetz, was sich komplett durch das Land zog. Wilhelm kam zu dem Schluss, dass Friedrich einfach zu viel gewollt hatte. Er war nicht mit dem Spatz in der Hand zufrieden gewesen. Albert warf das Lukas-Evangelium ein mit dem Spruch *Habt keine Angst: Ihr seid Gott mehr wert als ein ganzer Schwarm Spatzen* und äußerte sich bedrückt darüber, dass jemand so verzweifelt sein konnte, sich selbst das Leben zu nehmen, eine der größten Sünden, die man vor Gott machen konnte. Waren nicht Phasen des Leids und des Schmerzes Prüfungen, die man durchstehen musste? Bei den Korinthern stand, dass Gott einem nicht mehr Last auftrage, als die man bewältigen könne.

Eine andere Geschichte fiel Caroline ein, als ihr Vater ihr damals im verlassenen Hof der königlichen Porzellanmanufaktur den kreisrunden Brennerofen gezeigt hatte. Eine Innovation damals, die aus Frankreich kam, genauso wie der damalige Leiter extra aus Paris[24] eingestellt wurde. Der König wollte damals so feine Ware herstellen wie im Ausland und beschäftigte deshalb für ein überaus großzügiges Honorar diesen Menschen, der sich allerdings überhaupt nicht mit den hiesigen Böden und Tonvorkommen auskannte und somit überteuertes Material aus Frankreich importieren ließ. Fehlschläge reihten sich an Fehlschläge, die Glasuren rissen auf dem anderen Material, die Arbeiter wussten damit anfangs nicht umzugehen, und man verlor die Wirtschaftlichkeit aus den Augen, was zum Schluss zu einem Riesendebakel geführt hatte und zum Aus der Manufaktur. Caroline war durchaus bewusst, dass dies nicht die einzigen Gründe gewesen waren, aber es war wohl einer der Hauptfaktoren, auch hier wollte jemand höher hinaus, was ihn zum schnelleren Sturz gebracht hatte. Zum ziemlich endgültigen.

Aber wenn sich Caroline in der wachsenden Stadt umsah,

konnte sie das nicht glauben. Nur die wurden groß, die sich etwas trauten, nur die bekamen etwas, die nicht zögerten. Sonst gäbe es weder Dampfmaschinen noch Eisenbahnen. Das Pech von Friedrich List war, dass er zur falschen Zeit gelebt hatte. Und dieses Gefühl war ihr nicht fremd.

***

Carolines Mutter nahm sie fest in ihre Arme, als sie mit dem ganzen Gepäck vor dem Elternhaus angekommen war. Dem Jungen, der danebenstand und sich am Ohr zupfte, gab sie die versprochene Münze und noch eine kleine mehr, was ihn dazu veranlasste, freudig pfeifend das Gepäck von seinem Karren abzuladen. Es waren drei große rechteckige Koffer, deren Ecken abgerundet waren, mit rundum laufenden Buchenholzbügeln, und eine bestickte Tasche für das Handgepäck.

»Emilie?«, fragte Caroline, und das besorgte Gesicht ihrer Mutter entspannte sich.

»Ihr geht es besser, Pauline ist bei ihr. So wie es aussieht, kann sie das Krankenhaus in ein paar Tagen verlassen. Und deine Schwester kommt heute Abend wieder, dann kann sie dir selber berichten.«

»Was ist passiert?«

»Komm doch erst mal rein, die Nachbarn erfahren davon noch früh genug«, die Mutter schaute am Haus hinauf, wo einige Fenster in den Stockwerken offen standen.

»Und du? Ziehst du gerade um?«

Caroline grinste, erklärte die Umstände ihrer Reise, und zusammen wuchteten sie die Koffer in den Eingangsbereich, wo sie stehen bleiben sollten, bis die Reise weiterging. Hier würde wohl keiner einen Musterkoffer stehlen.

Zwischen einer Tasse Tee und einem geschmierten Stück Brot erfuhr Caroline, dass Maximilian im eigenen Haus durch ein offenes Fenster gefallen und sofort tot gewesen war. Genickbruch, sagte der Arzt. Unfall, sagten Emilie und Pauline, die im gleichen Raum gewesen waren. Der Wind habe den Vorhang rausgeweht, und er habe ihn reinholen wollen, bevor er das Fenster des Schlafzimmers schloss. Ein edles Teil, mit kostbaren Fäden durchwebt. Ein kräftiger Windstoß habe den Fensterladen, woran er sich dabei festgehalten habe, noch weiter nach außen gestoßen, wobei er das Gleichgewicht verloren habe. Emilie stand unter Schock und wurde im Krankenhaus aufgepäppelt, ihr ausgemergelter Körper mit Nährstoffen versorgt und ein paar Wunden behandelt, die sie sich bei einem anderen kleinen Unfall wohl zugezogen hatte. Pauline bestätigte dies später, wobei sich auf ihrem Gesicht verschiedene Gefühle widerspiegelten. Caroline vermochte nicht, diese zu deuten, entnahm der aufgeregten Stimme und den fahrigen Bewegungen aber, dass die Ereignisse auch ihre Schwester stark mitgenommen hatten.

»Was für ein Glück, dass du vor Ort warst«, sagte Caroline und drückte Paulines Hand.

»Na ja«, sie senkte ihre Stimme. »Du musst wissen, dass ich die Fenster geöffnet hatte, um …«

»Ja, stimmt, die waren doch immer geschlossen«, bestätigte Caro. »Man konnte ja überhaupt nichts sehen, dann noch diese schweren dunklen Vorhänge.«

»Du hättest Emilie sehen sollen …«, Paulines Stimme brach, sie brauchte eine ganze Weile, bis sie sich wieder gesammelt hatte. »Ein Skelett hat mehr Fleisch auf den Knochen.«

Die Mutter war rausgegangen, um noch etwas Holz zu holen.

Pauline flüsterte: »Er schaute so überrascht, als er fiel, so …«

Ein Gänseschauer zog sich Caroline vom Nacken bis zu den Beinen. »Pauli, du … du?«

Ihre Schwester nickte und sagte tonlos: »Der Wind hatte nicht gereicht.«

Der Zug fuhr in drei Stunden ab. Caro würde in Karlsruhe in einem Handelshaus ihre Muster präsentieren. Für die Messe gab es im Freien oder in einigen wohlhabenderen Häusern extra dafür Tische, in den Gebäuden wurde teilweise sogar ein ganzer Stock freigeräumt, um für mehrere Händler und Verleger Platz zu schaffen. Die Käufer konnten so in aller Ruhe ihre Runden drehen und die feilgebotenen Waren anschauen.

Doch noch saß Caroline mit ihrer Schwester, der Mutter und Lina zusammen im Garten, sie redeten kurz über den sich verbessernden Gesundheitszustand von Emilie und dann ausführlich über das im August bevorstehende 15. Schwäbische Landesturnfest, das zum ersten Mal in Ludwigsburg stattfinden sollte. Es wurden tausendzweihundert Sportler erwartet, was eine ordentliche Herausforderung für das elftausend Einwohner zählende Städtchen bildete. Somit mussten Privathäuser Unterkünfte bereitstellen, und es wurde sogar schon debattiert, wie man die Straßen mit Zweigen und Fähnchen schmücken wollte. Lina hatte eine Postkarte dabei, die sie dafür extra entworfen hatte. Eingerahmt von hölzernen Stangen, an denen Efeu emporrankte, standen vier Männer, davon waren zwei Feuerwehrmänner, ein anderer im Anzug, und der Letzte war ein Jäger, die sich alle um die Mitte drapierten, die das Symbol des Turnfestes schmückte. Darüber stand in großen Buchstaben *Schwäbisches Turnfest – Gut Heil – Ludwigsburg, den 16., 17. und 18. August 1863,* und in zwei Bändern las man: *frisch frei* und *froh fromm.*

»Schön«, bewunderte Caroline das kleine Kunstwerk. »Ich dachte, du hast an deinen Ungeheuer verkauft und bist jetzt alles los?«

»Na, kann ich da nicht noch nebenbei Geld verdienen? Es stinkt mir ja genug, dass weder in den Turnvereinen noch bei den Wettkämpfen Frauen mitmachen dürfen. Man sollte doch meinen …«

Die Mutter mischte sich ein: »Liebe Frau Neubert, ich mag ja nicht so ein moderner Mensch wie Sie sein, aber es ist ganz gut, wenn die Frauen sich etwas schonender behandeln, oder?«

»Warum?«, entgegnete diese. »Körperliche Ertüchtigung trägt doch dazu bei, dass man sich selbst gut behandelt, dass man fit und gesund bleibt, nicht wahr?«

Caroline lächelte. »Genauso wie reisen, Lina, erzähl, wo geht es hin? Du bist doch jetzt reich! Nicht, dass dich gleich ein Mann wegschnappt und vom Fleck weg heiratet.«

»Der Mann, der sich mich schnappt, braucht aber Mut! Und reich … was ist schon reich? Ich werde endlich mal die Möglichkeit haben, auf den Spuren des Baedeckers zu wandeln und seine Rheinreise bis Basel auszutesten, und dann vielleicht auch ein bisschen auf denen von Goethes Italienreise. Zwischendurch wollte ich mir Baden-Baden anschauen und meinen arbeitsgeschundenen Körper in einer Kur pflegen.« Sie blickte Caro an. »Schade, dass du keine Zeit frei machen kannst, ich hätte dich gerne als Unterhaltung mitgenommen.«

Die beiden anderen Frauen blickten erstaunt, sie hatten davon gar nichts gewusst.

Lina lächelte. »Aber ich komme wieder und bringe dann Geschenke mit! Und Bücher, viele Bücher.«

»Unverbesserlich«, Pauline lachte. »Und eins muss ich euch sagen, da wir gerade zusammensitzen: Ich werde heiraten. Dieses Jahr noch, ich werde meinem August auf seine Frage mit Ja antworten.«

Diesmal schauten drei Augenpaare verdutzt.

Die Mutter sagte: »Bist du dir sicher, Pauline? Du wolltest eigentlich nicht mit nach Russland!«

Doch diese nickte nur, und Caro sah die kleine Pauline vor sich sitzen, die sich mit fünf Jahren die Knie blutig geschlagen hatte, aber die Lippen zusammenpresste, um nicht weinen zu müssen.

Manchmal passiert zu viel, was ein Mensch ertragen kann, dachte Caroline und wusste zu diesem Zeitpunkt noch nicht, was ihr selbst für Schicksalsschläge noch bevorstanden.

»Nichts ist leichter, als die Kinder dazu zu erziehen, daß sie gehorchen, gefallen, aufwarten und alles tun, was Eltern und andere Erwachsene begehren. Freilich sind dann die Kinder nichts, nicht mehr als die Eltern. Aber schwerer ist es, Gehorsam und Freiheit zu vereinigen, die Kraft dazulassen und doch zu lenken und sich selber einen Gegner der besten Art zu erziehen.«

Jean Paul (1763–1825),
deutscher Dichter,
Publizist und Pädagoge

Kapitel 11

Größer

DREI JAHRE SPÄTER,
NOVEMBER 1866, GÖPPINGEN

Caroline betrachtete das kleine Wunder, was sich in ihren Arm schmiegte. Wie konnten Menschen nicht gläubig sein, wenn sie doch Zeugen wurden, wie neues Leben in den Körpern von Frauen heranwuchs und als vollständiges, lebensfähiges Geschöpf das Licht der Welt erblickte. Für sie selbst reichte schon ein Spaziergang zum Hohenstaufen, um das Göttliche um sich herum zu spüren, aber eine Geburt stellte alles in den Schatten. Ihr drittes Baby krähte, es war gerade vier Monate alt und machte mit seinem Kopf suchende Bewegungen, schmatzte. Der kleine Junge, den sie Carl genannt hatten, wollte wieder trinken. Nun ja, korrigierte Caroline ihre Gedanken, alleine lassen konnte man die Babys in diesem Alter dennoch nicht, komplett lebensfähig ging anders. Sie legte ihn an und fühlte eine tiefe Dankbarkeit durch ihren Körper fließen, eine große Liebe, die nicht nur ihre Kinder, sondern die ganze Umgebung mit einschloss. Gleichzeitig spürte sie eine Verwundbarkeit, viel mehr als nach den anderen Geburten. Ihre emotionale Hülle schien Löcher bekommen zu haben, und Worte und Gesten der Außenstehenden durchdrangen diese schneller als ein Lufthauch. Ihre Fähigkeit, Stimmungen wahrzunehmen, die wahre Gesinnung hinter gefallenen Worten, schien wie mit einem Magneten verstärkt worden zu sein. Das war gerade nicht gut, gar nicht gut. Sie brauchte ihre Stärke.

Willi und Eugen spielten neben dem Sofa, dort stand ein schwarzer Kinderkochherd, der Caro bis zu den Knien ging. Sie schoben Töpfe auf dem Herd hin und her, von der einen Seite zur anderen, schienen sich zu langweilen, was in einem deftigen Streit endete. Der sechsjährige Willi schimpfte, dass er keine Lust habe, doofe Mädchensachen zu spielen, woraufhin der fünfjährige Eugen empört die Nase rümpfte und sich mit einem entschiedenen Ruck wegdrehte.

Caroline verkniff sich ein Lachen. »Willi, komm mal!« Sie griff auf dem Tisch nach einem Blechfrosch. Man konnte den Frosch runterdrücken, und beim Loslassen sprang er in einem hohen Bogen durch den Raum. »Aber lass Eugen auch mal damit spielen.« Doch Eugen hatte etwas anderes gefunden, er schüttete Getreidekörner von einem Gefäß in ein anderes und wunderte sich, wenn er feststellte, dass nicht alle die gleiche Füllmenge vertrugen. Auch wenn er den kleinen Trichter benutzte, passten nicht mehr Körner in die Tasse, stattdessen ergossen sie sich mit leisen Klackergeräuschen auf den Herd und den Boden.

Willis Frosch sprang immer höher, und der Junge quietschte vor Freude. Zufrieden betrachtete Caro ihre drei Jungs. Die letzten Jahre waren so gut, so erfüllt und erfolgreich gewesen. Erst im März hatten sie es geschafft, all die aufgenommenen Schulden abzubezahlen. Das hatten sie Wilhelms Fleiß und der ausgezeichneten Qualität seiner Waren zu verdanken, aber auch Caroline. Ein heftiger Streit vor zwei Jahren war daran nicht unschuldig: Wilhelm hatte ihr erzählt, dass er Spielzeug von Drittanbietern für seinen Laden einkaufen und die Handelsreisen einschränken wolle, was sie zur Weißglut brachte. Zuerst kochte sie nur innerlich, sie brauchte Zeit, darüber nachzudenken, mit persönlichen Konflikten war sie nicht so geübt, oft fehlten ihr die richtigen Worte, und am Ende war sie die Dumme, obwohl sie eigentlich recht hatte. Wenn sie vor Fremden stand und es um geschäftliche Angelegenheiten ging, fühlte sie sich recht sprachgewandt, aber das war etwas anderes, da spielten keine Emotionen hinein, und mit Wilhelm konnte sie sich einiges verscherzen, das hatte sie aus der Vergangenheit gelernt. Doch der Frust stieg, und der Wutpegel erreichte Höchststand, suchte einen Weg, um nicht zu implodieren. Sie erläuterte ihm bei Spargel-Pastetlein, was er am liebsten mochte, dass sie natürlich seinem Vorschlag folgen konnten und somit klein blieben, von den Preisen anderer abhängig, oder sie versuchten selbst, mehr Spielzeug herzustellen, und er ließ sie wieder auf Reisen gehen, um selbst zu expandieren. Sie erzählte von ihrem Vater, der in entscheidenden Momenten nicht weiter in Ausbau und weiterentwickelte Werkzeuge investiert hatte, sondern sich von Schramberg hatte überholen lassen. Trotz der hohen Güte seines Steinguts. Obwohl ihr Vater immer zu sagen gepflegt hatte: »Ohne große Träume kann man nur klein bleiben.« Den Spruch kannte Wilhelm bereits gut, da sie ihn gerne zitierte. Was ihren Vater davon abgehalten hatte, sich zu vergrößern, fragte Wilhelm daraufhin, worauf Caro nur die Schultern zucken konnte. Sie wisse es nicht, sagte sie, vermutlich wollte er sich nicht noch mehr in Schulden reinreiten, hatte er ja bereits von seinem ehemaligen Arbeitskollegen Jakob Bestel zweihundert Florin geliehen, Bestel hatte sich sogar als Teilhaber der Steingutfabrik bezeichnet, als er das Bürgerrecht erlangen wollte. Man konnte die Uhr nun mal nicht zurückdrehen, aber man hatte die Chance, aus den Fehlern anderer zu lernen.

Und Wilhelm entschied sich richtig.

Er wollte sich darauf einlassen, die Produktion mit mehr Spielzeug zu erweitern, sie setzten sich zusammen, und er hörte ihr tatsächlich aufmerksam zu, als sie von ihren Erfahrungen auf den Messen erzählte, und als sie aus dem Brief ihrer Mutter vorlas, die über die Spielzeugneuerungen der Firma Dieterich berichtete. Er schenkte ihr auch konzentrierte Aufmerksamkeit, als sie über die Göppinger Holzspielwaren berichtete und von dem Austausch mit anderen Müttern. Und sie durfte wieder reisen. Mit Musterkoffer und einem neuen Kleid mitsamt Tuch. Wer etwas verkaufen wollte, sollte auch vom Äußeren her gefallen, und nicht wie eine Person aus dem letzten Jahrhundert daherkommen. Die Mode schien sich fast noch schneller zu drehen als der Rest der Welt. Die Form der riesigen Krinolinen war verschwunden, der nach allen Seiten weit ausladende Rock flachte vorne ab, ragte aber hinten immer noch imposant auf, wie das Hinterteil einer Gans, wobei man unter den Röcken auch die billigeren Petticoats oder eine Art Stoffwurst tragen konnte, die für die entsprechende rückseitige Erhebung sorgte. Darunter trug man ein Hemdchen, die Chemise, die den Schweiß aufnehmen sollte, und darüber ein schnürbares Oberteil, ein Korsett, wobei die Ärmel jetzt enger anliegen durften und man nicht mehr Gefahr lief, sich beim Anzünden der Petroleumlampen selbst in Flammen zu setzen. Die Haare wurden mithilfe von Haaröl oder Pomade in der Mitte gescheitelt, kunstvoll geflochten und gerne zu Rollen und Knuddeln aufgesteckt, die jüngeren Frauen umspannten dies mit Haarnetzen und setzten mit perlenbestückten Haarnadeln Akzente. Andere zeigten sich mit weit ausladenden Hüten oder einer Haube. Die feineren Damen der Stadt trugen diese Form der Kleider mit einer Überladung von Spitzen, Volants oder gerafftem Stoff, die wie Wellen über den eigentlichen Rock lagen, sodass man manchmal davon fast gar nichts mehr sehen konnte. Jacken reichten bis zur Taille, die dadurch besonders betont wurde. Caro entschied sich für eine schlichte, dem Reisen angemessene Variante in einem satten Lila, mit einer einzelnen Bahn Stoff darüber, die hinten gerafft hinunterhing und mit ihrem helleren Lilaton eine tolle Farbkombination bildete. Dazu besorgte sie sich einen passenden Hut mit Schleifchen.

Die Reiseroute wählte sie zusammen mit Wilhelm aus, vor ausgebreiteter Karte, auf der sich die Bahnstrecken entlangwanden wie lange schwarze Würmer. Da in den letzten Jahren die Nebenstrecken rund um Göppingen ausgebaut worden waren, bot sich das an. Diese Strecken waren noch nicht so abgegrast, aber Caroline wollte mehr. In die Schweiz reisen, bei Wilhelms Schwester Johanna in Basel vorbei und bis nach Luzern. Die Konkurrenz von Nürnberg orientierte sich schwerpunktmäßig Richtung München und Innsbruck, wenn man sich mit den südlichen Städten beschäftigte, da blieb aber noch eine Menge an Kundschaft in den anderen Ecken frei.

Caroline konnte mittlerweile auf eine ganze Reihe von Reisen zurückblicken, aber eine würde sie niemals vergessen: als sie das allererste Mal bis runter an den Bodensee gefahren war. Über die Strecke Ulm, Biberach, Ravensburg nach Friedrichshafen, wobei sie in der Gegend um Biberach gar nicht aussteigen musste, um nach Käufern zu werben, da dort die Spielzeugfirma Rock & Graner ihren Standort hatte.

Das Blau des Wassers begleitete sie von Beginn der Reise an, zunächst gesellte sich die tiefblaue Donau zur Bahnstrecke, später die schöne Schuss durch das Schussental, aber als die Gleise das letzte Mal abknickten und sie den ersten Blick auf den Bodensee werfen konnte, war es um sie geschehen. Da lenkte auch der Dampf des schnaufenden Zugs, der lautstark über die Schienen ratterte und wankte, sie nicht ab.

Blau! Dieses grenzenlose Blau, das in den Himmel überging und sich endlos fortsetzte. Es war ein Stück Ewigkeit, ein Rütteln am Throne Gottes, weil man sich selbst so erhaben fühlte und wusste, dass das Göttliche in jeder Pore der Natur und in jedem Menschen vorhanden war und keinen Verwalter brauchte, nur einen Schöpfer.

Als sie in Friedrichshafen ausstieg und der erste Windstoß herbeiwehte, spürte sie gleich, dass die Luft frischer war, reiner. Caroline setzte sich unten ans Ufer auf eine Parkbank, beobachtete eine Möwe, die sich von der Luft in die Höhe tragen ließ, neugierig näher flog und zu ihren Füßen niedersank. Ein geflügelter Gruß direkt aus den Wolken. Caroline schloss die Augen, spürte die tastenden letzten Sonnenstrahlen des Tages auf ihrem Gesicht und wusste, sie war glücklich.

Fast hätte sie vergessen, warum sie dort war, verloren in Träumen und im gleichmäßigen Plätschern der Wellen, dem Glitzerspiel auf den Wasserkronen. Es hätte sie nicht verwundert, wenn Poseidon höchstpersönlich aus dem Wasser aufgetaucht wäre. Bei klarer Sicht konnte man das entfernte Ufer auf der anderen Seite erahnen, eine dunkle Linie, die weit weg wie mit Wasserfarben hingepinselt erschien, doch das trübte den Eindruck der Weite nicht. Auch in der Stadt schien das Wasser nie weit zu sein, die Menschen bewegten sich dadurch leichter, dachte Caroline. Ob hier wohl alle schwimmen konnten? Sie würde sich ja nie weiter ins Wasser wagen als bis zum Knöchel. Bilder von Wasserkobolden und Nixen zogen an ihrem inneren Auge vorbei. Mit grünen Wasserpflanzen als Kopfschmuck und einer Baumwurzel als Zepter.

Als sie weiterreiste, faszinierten sie vor allem die Menschen, denen sie begegnete. So verschieden in Gestik, Betonung, Sprache, Aussehen und Wirkung, aber doch allen war eigen, dass sie auf zwei Füßen aufrecht laufende Wesen waren und Essen und Trinken zum Leben brauchten. Mit der Zeit wurde Caro mutiger, jedes Zusammentreffen gab ihr neue Ideen, brachte ihr Erfahrung. Sie traf auf unwirsche Männer, die mit ihr kein Wort wechseln wollten, weil sie eine Frau war, sie traf auf begleitende Ehefrauen, die ihre Männer überredeten, die Waren anzufassen und schließlich zu kaufen, und sie traf auf Männer, die selbst aufgeschlossen waren, in ihr nicht nur eine Frau sahen, die unverschämterweise in eine Männerdomäne drängte, sondern eine Handelsreisende, die es verstand, Geschäfte zu machen. Und sie traf auf zudringliche Männer, die dachten, sich etwas herausnehmen zu können. Zumindest mit der Zeit wurde es immer besser. Was aber auch daran lag, dass sie begann, die Handelsreisen spielerisch zu betrachten. Die Ignoranz der Männer und deren Abneigung verletzte sie nicht mehr so stark wie zu Beginn, sie hörte auf, an ihren Plänen zu zweifeln, sondern setzte ihr Augenmerk auf die Geschäfte, die abgewickelt wurden. Sie musste besser sein als die Konkurrenten, nicht nur durch ihren Charme, sondern auch durch Wissen. Dabei halfen ihr die pädagogischen Werke von Lina, aus denen sie zu passenden Gelegenheiten zitierte, auch wenn die Sprüche dann nur zur Hälfte dem Original entsprachen, aber der Inhalt passte und unterstrich die Bedeutung und den Nutzen von Spielzeug. Außerdem machte es Eindruck, sich auf Autoren zu beziehen, die bekannt waren und geachtet wurden. Nicht zu vergessen ihre praktischen Fachkenntnisse, die sie sich in der Werkstatt aneignete. Wenn Wilhelm keine Zeit oder Lust hatte, dann konnte sie Julius fragen, der für sie immer einen Moment fand und sie sogar etwas zu bewundern schien. Und, es hörte sich vielleicht etwas ironisch an, das war aber so, es half ihr, eine Frau zu sein. Denn so konnte sie aus der Perspektive einer fünffachen Mutter erzählen, die sowohl Töchter als auch Söhne hatte und somit wusste, dass unterschiedlich gestaltetes Spielzeug durchaus Sinn ergab, und da sie im Haushalt selbst mit anpackte und kochte, wusste sie um die Handhabung von Dampfkochtopf, Schöpfkelle oder Bräter. Außerdem fand sie schnell heraus, ob eine Ehefrau in den Haushaltswarenläden mitarbeitete, und benutzte diese als astreine Verbündete, deren Einfluss auf den Chef des Hauses nicht zu unterschätzen war. Manchmal half auch ein kleines Geschenk in Form ihrer liebevoll lackierten Kreisel, die zumindest bei ihr zu Hause für etliche Stunden Ruhe sorgten.

Caroline lernte ständig dazu, was ihr auch recht gut gefiel. Ob es das Packen für die Reise betraf, das Auswählen ihrer Haltestationen oder einfach nur, mit welchem Reisekleid es sich am besten eine längere Zeit sitzen ließ. Und sie verfeinerte ihr Gespür für die jeweilige Lokalität. Wenn sie in einer neuen Ortschaft ankam, unterhielt sie sich mit den jungen Burschen, die ihr für ein paar Münzen das Gepäck transportierten. Sie fragte nach Empfehlungen zum Übernachten, hörte sich die vorgebrachten Antworten an, zahlte erneut eine Münze und sagte, dass sie jetzt nicht die Gastwirtschaften oder die Hotels genannt haben wolle, die die Buben ihrerseits bestachen, sondern eine ehrliche Empfehlung. Auf dem Weg zur Unterkunft gab es dann oft genug Gratis-Informationen über tagesaktuelle Ereignisse und welche Haushaltswarenläden oder Gemischtwarenhändler gut gelitten waren, welcher Besitzer zu bärbeißig war und wo eine Ehefrau mit im Geschäft stand. In den großen Städten folgte sie dem Beispiel von Gustav, sie quartierte sich in einem der angesehenen Hotels ein, gab in der

Lokalpresse eine Annonce auf, dass sie am Folgetag ihre Muster präsentieren würde, wovon einige eine große Ersparnis an Zeit und Holz darstellten, sowie Kinderspielzeuge für alle Altersklassen und neben dem Gesundheitsgeschirr Neuerungen für die Küche, und harrte der Dinge, die da kamen. Da sie in den Annoncen ihren Vornamen mit einem C. abkürzte, erwarteten die meisten Herren einen Mann namens Carl und dachten automatisch, sie sei die begleitende Ehefrau. Erst wenn die Männer bereits die Waren begutachtet hatten, Fragen von ihr beantwortet bekamen und die Zeichnungen von Caroline oder die Prospekte über den Dampfkochtopf betrachteten, fiel die Frage, wann der Chef endlich komme, sie als Handlangerin sei ja bestimmt netter anzuschauen, aber jetzt gehe es ja um die Geschäfte. Die Gesichtsausdrücke, wenn sie erfuhren, dass da keiner mehr kam, waren oft die ganzen Strapazen wert. Bis auf die wenigen Male, wenn besonders jähzornige Männer anfingen, sie wüst zu beschimpfen, doch da fanden sich recht schnell Gentlemen unter den Anwesenden, die ihr beistanden und am Ende sogar noch mehr bestellten als der Durchschnitt.

Caroline bevorzugte es jedoch, selbst in die Geschäfte zu gehen. So konnte sie vorher das Warensortiment im Schaufenster begutachten, einschätzen, was bereits vorhanden war, und musste nicht parallel auf mehrere Männer reagieren und versuchen, wie eine Jahrmarktshändlerin sich selbst in superlativem Lob zu überschlagen.

Die Bahnstrecke führte sie rund um den Bodensee, und besonders ihre Stationen in St. Gallen und in Luzern[25] brachten ihr gute Einträge ins Auftragsbuch. Dank der Zugverbindung war der Transport zum Kunden nicht nur gesichert, sondern auch versichert, falls dies der Kunde wünschte zumindest.

Wenn sie in der Schweiz unterwegs war, reiste sie oft nach Basel weiter, um ihre Schwägerin zu besuchen, und schloss die Runde über Karlsruhe und Stuttgart, um dann wieder nach Göppingen zu fahren.

Messen waren eine zweite Sache, die ihr viel Freude bereitete. Auch wenn es sehr mühsam war, immer rechtzeitig herauszufinden, in welchem Örtchen oder welcher Stadt eine stattfand. Im Jahr gab es zwei große, die auch internationale Händler, Verleger und Kunden anzogen. Frankfurt am Main und Leipzig, allerdings war die Konkurrenz vor Ort doch so groß, dass sie die kleinen Messen bevorzugte. In den gutbürgerlichen Handelshäusern einer Stadt herrschte eine angenehme Atmosphäre, vorausgesetzt, die Tischnachbarn lästerten nicht zu laut über sie als Frau, was ihr schon einmal passiert war. Die Kunden waren meistens die Besitzer von Gemischtwarenläden, wobei sich auch immer mal wieder Privatkunden darunter verirrten. Die Handelsvertreter waren eine eingeschworene Gemeinschaft, die sich hassten, sich gegenseitig Vertrauen schenkten, betrogen und alle eine gemeinsame Liebe hatten: das Reisen und die Bahn, die solch weite Wege überhaupt erst ermöglichte. Und Caro hatte das Gefühl, dass sie von Messe zu Messe und von Begegnung zu Begegnung immer mehr ein Teil davon wurde. Noch kämpfte sie darum, vollständig respektiert und akzeptiert zu werden, aber auch das würde sich ergeben, sie brauchte nur Geduld und musste immer wieder selbstbewusst als weibliche Handelsreisende auftreten, auch wenn es noch manchmal auf Erklärungen hinauslief wie: »Ja, das ist schlimm, dass ich für meinen Mann reisen muss, aber wissen Sie, er liegt mit furchtbar hohem Fieber und Lungenentzündung zu Hause und kann sich nicht einmal mehr so richtig um unsere … um unsere neun Kinder kümmern. Aber das wird schon alles, wir vertrauen auf Gott, wissen Sie. Wie viele Kleinkinder haben Sie, hatten Sie gesagt?«

Nur so langsam musste sie anfangen, sich zu merken, wem sie was erzählte, man traf sich ja durchaus auch wieder.

Dank der steigenden Aufträge konnten sie noch einen weiteren Flaschner einstellen. Walter war ein Mann wie ein Pferd, groß, kräftig, kurze braune Haare, meistens mit grimmigem Gesichtsausdruck, und er konnte mit dem Hammer das Blech stundenlang bearbeiten, ohne Anzeichen von Müdigkeit zu zeigen. Er kam aus einem kleinen Ort in der Nähe und hatte keinerlei Umgangsformen. Am Tisch saß er mit viel Platz um sich, da er auf sein Essen hustete und nieste, und die Wörter Danke und Bitte waren in seiner Sprache nicht angelegt. Wilhelm hatte ihn angestellt, da er tatkräftige Unterstützung brauche und keine gesellschaftliche Konversation betreiben wolle, hatte er betont, doch Caro vermutete, dass er ihm eine Chance geben wollte, da Walter in den letzten Jahren sehr kurzfristig die Arbeitgeber gewechselt hatte. Wahrscheinlich nicht freiwillig, vermutete Caroline, die in seiner Anwesenheit nie wusste, was sie genau sagen sollte. Gespräche über Landwirtschaft und Tiere konnte man mit ihm gut führen, kam er doch von einem Bauernhof. Allerdings waren das keine netten Geschichten über kleine Küken und Katzenbabys, wie sie die Kinder gerne hörten, sondern über das Unheil, was über die Tiere und die Menschen kam. Milzbrand nannten es die Viehärzte, und es hörte sich noch viel zu harmlos an. Walter erzählte, wie quicklebendige Schweine, wovon seine Eltern eine ganze Menge hielten, von einem auf den nächsten Tag einfach tot umfielen und innerhalb kürzester Zeit verfaulten, wenn man sie nicht verarbeitete. Anfangs verwerteten die Eltern diese noch, sogar das Blut wurde noch benutzt, um Blutwurst zu machen, bis zunächst der Vater, die Mutter und zwei seiner Geschwister an Bauchschmerzen und Erbrechen erkrankten. Ab diesem Zeitpunkt konnte er nur noch zusehen, wie eins der Tiere nach dem anderen starb, sein Vater und seine Mutter bekamen Fieber, was mit blutigen Durchfällen einherging, bis sie qualvoll starben. Daraufhin verkaufte sein Onkel, der die Pflegschaft übernommen hatte, den Hof. Walter war der letzte Sohn, der übrig geblieben war, und wurde im Nachbardorf bei einem Flaschner in die Lehre geschickt. Auf dem Bauernhof lastete ein Fluch, hieß es, und mit Flüchen kannte man sich in der Märklinfamilie aus.

Sophie arbeitete im Laden mit und hatte angefangen, einige der hergestellten Waren zu lackieren, was sie ganz ordentlich machte. Nur Rosine war ihr Sorgenkind geblieben, vor zwei Jahren, als sie sechzehn geworden war, hatte sie Knötchen an ihrem Körper bekommen, gefolgt von einem Ausschlag, der sich in kleinen roten Punkten, angefangen von den Handinnenflächen, über den Körper zog und nach zwei Tagen in schuppige Stellen umwandelte. Der Arzt, der herbeigerufen wurde, diagnostizierte die Franzosenkrankheit, Syphilis[26], und fing sofort mit der Behandlung an, indem er den Ausschlag mit Silbernitrat verätzte und ihr die Pastille Pilula hydrargyri verschrieb, die durch ihren Quecksilbergehalt die Krankheit zum Erliegen bringen sollte. Es kostete das ordentliche Sümmchen von fünfundachtzig Florin, wovon die Versicherungskasse zu Stuttgart fünfzig übernahm. Die Behandlung schlug an, auch wenn Rosine am ganzen Körper in Massen die Haare ausfielen und sie nur noch mit ihrem Strohhut durch die Gegend lief. Sie wurde in Kur geschickt und kam erholt zurück, war aber komplett verändert. Sie war so unsicher, schien öfters mitten in der Bewegung anzuhalten und zu überdenken, was sie eigentlich gerade machen wollte. Sie betrachtete manchmal stundenlang jeden Zoll ihres Körpers, ob die Erkrankung zurückkomme. Das angespannte Verhältnis zu ihrem Vater wurde dadurch natürlich auch nicht besser, im Gegenteil, nach einer häuslichen Wutexplosion, bei der Wilhelm sie angeschrien hatte wie ein von einer Wespe gestochener Esel, verfiel er ins Schweigen. Ignorierte sie komplett. Als Rosine das nicht mehr ertrug, fasste sie den Entschluss, nach Amerika auszuwandern. Sie hatte Kontakt zu Carolines Bruder aufgenommen und gefragt, ob sie im Friseursalon anfangen könne. Caroline war damit sehr unglücklich und versuchte, das Mädchen zum Bleiben zu überreden, aber diese verbiss sich in die Idee, dass sie nur im Ausland glücklich werden konnte. Sie wollte nicht einmal sagen, von wem sie die Krankheit hatte, aber Caroline bedrängte sie nicht. Wilhelm schien sogar erleichtert und verlor keinen Ton über die Reisekosten von hundertfünfundsiebzig Florin, auch sein Abschied fiel eher nüchtern aus denn traurig.

Als Caroline ihre Stieftochter zur Abfahrt zum Zug begleitete, drückte sie ihr noch etwas Reisegeld in die Hand und hatte Tränen in den Augen, da umarmte Rosine sie zum allerersten Mal so herzlich, wie man eine Mutter umarmte. Ihre letzten Sätze hatten sich bei Caro festgebrannt.

»Du kannst nichts dafür, dass ich dich damals nicht leiden konnte, weißt du, immer waren in Papas Leben andere Menschen, die wichtiger waren. Meine Geschwister, wovon fast alle starben, dann lag die Mutter über Jahre krank im Bett, und ich musste sie pflegen, und dann kamst du und hattest alle Aufmerksamkeit. Du warst so schön und lieb und bereits schwanger … es tut mir leid. Ich kann mich schon gar nicht mehr daran erinnern, dass mein Vater mich mal Rösle genannt hat.«

Als Caroline abwinkte, schüttelte Rosine den Kopf.

»Nein, es tut mir wirklich leid, dass ich dir damals das Hochzeitskleid ruiniert habe, der Florin, den bekam ich dafür von Fräulein Weber. Soweit ich in der Stadt mitbekomme, hetzt sie gegen dich. Hier ist er. Er hat schon immer nur in meiner Hand gebrannt.« Mit diesen Worten gab sie Caroline den Florin.

Und dann war sie weg, einfach aus Carolines Leben entschwunden, wie zuvor ihre Brüder und eine Schwester. Und sie hatte bis heute noch keine Idee gehabt, was sie mit dieser Information machen sollte. Vielleicht wartete sie einfach nur darauf, dass ein neues Gerücht die Runde machen würde, dann könnte sie … ja, was?

Wilhelms Stimme erklang aus dem Schlafzimmer, worauf ein Hustenanfall folgte. In den letzten Jahren hatte er öfters mal dumpfen Husten gehabt, der sich hartnäckig für zwei bis drei Wochen hielt, aber diesmal war es anders. Er war ans Bett gefesselt, konnte seinen unruhigen Geist nicht dadurch besänftigen, dass er umherlief. Schuld war ein Sturz durch die Kellerluke. So ganz klar, wie das passieren konnte, war es Caro noch immer nicht. Angeblich stand diese abends offen, was man im Dämmerlicht eh nicht so gut sehen konnte, und als Wilhelm in die Küche kam, trug er mehrere Kartons auf dem Arm und hatte keinen freien Blick. Er fiel durch das Loch, stieß sich an der Leiter, kam so unglücklich auf, dass einige Rippen gebrochen und der Rest vom Körper von blauen Flecken überdeckt war. Ausgerechnet jetzt, vor dem Weihnachtsgeschäft, eigentlich wollten sie ein weiteres Schaufenster in der Nachbarschaft dazumieten und Annoncen schalten, um auf ihr Sortiment aufmerksam zu machen, was nun natürlich nicht ging. Erneut hustete Wilhelm, und als Caro mit einem Krug Wasser eintrat, sah sie, wie er in ein Tuch gelbgrünen Schleim spuckte. Sie fühlte seine Stirn und sagte besorgt: »So, jetzt ist aber genug, ich mach dir Wickel.«

Ihr gefiel das gar nicht. Vor fast zwei Wochen hatte der Husten angefangen. Innerhalb eines Tages bekam er Schüttelfrost und Fieber und bölkte so stark, dass er sich fast übergeben musste. Nachdem sie ihm kalte Wickel um die Waden gelegt hatte, dämmerte er hinüber ins Land der Träume, in der Küche klapperte Geschirr, es war Essenszeit. Caroline öffnete die Fenster, ließ sie weit aufstehen, damit frische Luft das Atmen erleichtern würde, und ging hinunter. Das Dienstmädchen hatte eine kräftige Gemüsesuppe gekocht, und am Tisch warteten bereits die Angestellten und die Kinder.

Nach einem Tischgebet stießen die Löffel auf die Suppenteller hinunter, wie Raubvögel sich auf Kleintiere stürzten.

»Sie schauen so besorgt, Frau Märklin«, sagte Julius. »Machen Sie sich keinen Kopf, wir können zwar nicht das Ziel des Meisters erreichen, aber wir kommen ihm schon recht nah. Und Ihre Bestellungen bekommen wir auch noch rechtzeitig fertig.«

»Danke«, sagte Caroline und lächelte ihn an. Doch blieb ihr der nächste Satz im Halse stecken, als erneutes Husten aus dem Schlafzimmer erklang, was gar nicht mehr aufhören wollte.

»Sophie, magst du deinem Vater auch etwas Suppe bringen?«, fragte Caroline. Sie fühlte sich so erschöpft und wünschte sich nur einen Tag herbei, an dem sie durchschlafen konnte. Ohne die drei Söhne, das Geschäft und Wilhelm.

Julius schöpfte sich eine zweite Portion auf den Teller. »Ich gehe nach der Arbeit zur Post, soll ich etwas von Ihnen mitnehmen?«

Caroline schüttelte den Kopf.

»Kam von Rosine immer noch kein Brief?«, fragte Julius.

Caroline schüttelte erneut den Kopf. Der kleine Carl krähte, er hatte wieder Durst. In den Augen von Caro sammelten sich Tränen.

Julius schaute sie an, und ein Ausdruck von Teilnahme legte sich auf seine Züge. »Wenn ich die beiden Jungs gleich in der Werkstatt beschäftige, dann kann doch Marie auf den Wurm aufpassen, oder?«

Caroline sah ihn fragend an.

»Ja Jesses, damit Sie mal wieder schlafen, Frau Märklin, entschuldigen Sie meine Direktheit, aber sonst klappen Sie uns auch noch um und dann?«

Sie lächelte schwach, wollte schon den Kopf schütteln, besann sich aber und nahm das Angebot an. »Danke«, sagte sie, stillte den Kleinen und legte sich danach im Kinderzimmer auf Sophies Bett. Weit weg vom Husten, weit weg von allem.

»Caro«, schrillte Wilhelms Stimme durchs Haus, und das Dienstmädchen kam angerannt, um sie wach zu rütteln.

»Frau Märklin, Frau Märklin, schnell!«

Schlaftrunken folgte sie ihr, hatte sie nicht erst vor einer Sekunde die Augen geschlossen? Als sie an Wilhelms Bett stand, wusste sie, dass etwas gar nicht stimmte. Sein Gesicht war so grau wie die Asche im Kamin, sein Atem ging schnell und flach, und er wirkte, als ob jeder einzelne Atemzug nur unter größten Anstrengungen gemacht werden konnte. Seine Augen waren weit aufgerissen und schauten sie entsetzt an. Er fasste sich mit der Hand an die Brust. »Caro, Caro, mir drückt es hier so grässlich.« Auf seiner Stirn hatten sich Schweißperlen gebildet, und sie tupfte diese ab. Ihre Hand zitterte dabei. Leise flüsterte sie Marie zu: »Hol den Arzt, schnell!«

Wilhelm griff nach ihr. »Caro, Liebes, du musst wissen, dass es für mich ein großes Glück war, dich damals in Ludwigsburg getroffen zu haben. Drei Söhne hast du mir geschenkt! Gesunde und kräftige. Dafür bin ich dir immer dankbar. … Du musst mir eins versprechen«, seine Worte wurden von seinem rasselnden, häufigen Atemholen unterbrochen. »Caro, du musst wieder heiraten, ja? Damit meine Söhne nicht alles verlieren, nicht noch mal. Caro, versprich mir das!«

Caro küsste seine Hand, seinen Kopf, sie konnte nichts mehr sehen, da ihr Tränen aus den Augen rannen und nicht mehr versiegen wollten.

Es fühlte sich an, als ob der Arzt Stunden gebraucht hätte, bis er endlich kam. Er horchte Wilhelm mit einem Hörrohr ab, fühlte seinen Puls und die Temperatur und schaute sich den Auswurf an. Ein erneuter Hustenanfall schüttelte Wilhelms Körper, schleuderte ihn nach vorne und drückte ihn wieder zurück in die Laken. Es tat Caro körperlich weh, ihm zusehen zu müssen.

»Kommen Sie bitte«, sagte der Arzt und schritt vor die Schlafzimmertür. »Dass es ernst ist, muss ich Ihnen nicht sagen, aber das hört sich ganz nach Lungenentzündung an. Im Endstadium, würde ich meinen.«

»Was?«, das Entsetzen stand Caro und Marie ins Gesicht gezeichnet.

»Ich lasse Ihnen noch etwas da, gegen die Schmerzen, aber da kann ich nicht mehr viel machen. Warum haben Sie mich denn nicht zu Beginn geholt?«

»Es … er«, stammelte Caroline. »Wilhelm wollte es nicht, er hustet schon seit Jahren immer wieder … das geht dann … das verschwindet eigentlich von selbst, meint er. Das tut es doch auch diesmal, oder?«

»Nein, wie gesagt, ich schreibe Ihnen dann eine Rechnung.« Mit Blick auf Caros Gesicht fügte er hinzu: »Tut mir leid.«

Hinter der Türe war es verdächtig still geworden, und als Caro die Tür anstieß, damit diese aufschwang, schrie sie. Laut und schrill. Da lag er. Sein Kopf zur Seite gedreht, der Mund stand offen, eine Stubenfliege landete auf seiner Nase und fing an, sich ihre Flügel zu putzen. Mit einem zweiten Schrei riss Caro eins der Tücher von den Wadenwickeln, die auf einem Stuhl neben dem Bett lagen, und schlug damit gegen die Fliege, doch traf sie nur Wilhelms Kopf, den sie mit dem Schwung zur Seite stieß, die Fliege war einen Moment zuvor weggeflogen.

Caro sank auf die Knie und vergrub ihr Gesicht in den Händen. »Was soll ich denn jetzt bloß tun, Wilhelm! Was soll ich denn jetzt bloß tun?«

***

In der Zeitung vom 22. Dezember 1866 stand zu lesen:

Göppingen

Trauer-Anzeige. Den vielen Freunden und Bekannten gebe ich hiermit die schmerzliche Nachricht, dass unser unvergeßlicher, lieber Gatte und Vater

Wilhelm Märklin,

Flaschner hier,
in Folge eines unglücklichen Falles und hinzugekommener Lungenkrankheit heute Vormittag 11 ½ Uhr unerwartet schnell, aber sanft verschieden ist.
Die Beerdigung findet Samstag nachmittags 3 Uhr statt, und möge solches als Einladung hierzu angenommen werden.
Um stille Teilnahme bitten
die Hinterbliebenen.

Den 20. 12. 1866

Die Sonne schimmerte am Himmel, und Caroline wunderte sich, wie es den Menschen um sie herum gelang, ein normales Leben zu führen. Wie konnten ihre Nachbarn morgens aufstehen, sich ankleiden und ihrem Tagewerk nachgehen? Wie konnten sie das machen, wenn direkt neben ihnen, hier im Hause Märklin, eine Existenz zerbrach, eine ganze Familie. Zersplittert in Tausende von Einzelteilen, und es würde nie wieder möglich sein, diese komplett zusammenzusetzen.

Mithilfe von Marie zog sich Caroline an, stillte den Kleinen, bevor sie die Türe öffnete, die Kälte hineinließ, um die verschneite Straße entlang zur Kirche zu laufen, um bei einer Beerdigung zum letzten Mal Wilhelm zu sehen. Lang gestreckt im Sarg, wie eine der Figuren, die er seinen Söhnen aus Holz geschnitzt hatte. Unbeweglich mit steifen Gliedern, ohne Möglichkeit, mit dem Auge zu zwinkern oder mit den Fingern zu wackeln. Seine Stimme, die manchmal so tief geklungen hatte wie bei einem Bären und Caro den einen oder anderen Gänseschauer über den Rücken gejagt hatte, war verstummt.

Caro saß neben Sophie in der Bankreihe, hörte den Gesang aus mannigfaltigen Kehlen, die Abschied und teil an ihrem Leid nahmen, doch war ihr, als ob die komplette Umgebung mit dicker Wolle gepolstert wäre.

War das das Ende von allem? Das Ende ihres Traums?

Zum Leichenschmaus hatten sie beim Metzger Eberwald geladen. Freunde ihres Mannes, Verwandte, Menschen, die sie vom Sehen kannte, aber nicht einordnen konnte, schüttelten ihre Hand und wünschten ein herzliches Beileid. So viele Hände hatte Caroline seit ihrer Hochzeitsfeier nicht mehr geschüttelt. Sie musste ein Schluchzen unterdrücken, wand ihren Kopf ab und blickte auf Julius, der Eugen auf dem Arm hielt und ihn hinter dem Ohr kitzelte. Wie egoistisch, dachte Caroline, wie egoistisch von mir, es geht ja nicht nur um mich und meine Kinder, es geht um den ganzen Betrieb. Eugen kicherte und strampelte mit seinen Kinderfüßen.

Das lasse ich nicht zu. Caros rechte Hand ballte sich zu einer Faust. Ich werde das nicht zulassen, dass Märklin als Firmenname in Göppingen erlischt. Im Gegenteil. Ich werde dafür sorgen, dass wir zu so einem angesehenen Unternehmen wachsen, dass wir die Nächsten sein werden, die eine Gasbeleuchtung erhalten und uns ein Klavier kaufen können, auch wenn keiner von uns darauf spielen kann. Dann werden wir einen Mechanismus einbauen, wie bei den kleinen Spielkarussells zum Aufziehen, dass es alleine spielt. Caroline Märklin, geborene Hettich, sprach sie sich selbst Mut zu, auch das wirst du überleben.

Sie drehte sich wieder zu Sophie, die neben ihr ausharrte, und zu den restlichen Beileidssagenden, da sah sie ihn. Er stand als Letzter in der Reihe und studierte den Fußboden, als ob er eine Renovierung plante.

Da stand August.

Sie schüttelte eine Hand nach der anderen, bis sie seine spürte.

Er sagte: »Es tut mir sehr leid für dich, ich … ich weiß, wie du dich jetzt fühlen musst.«

»So?«, sagte sie und schickte Sophie weg. Zu ihren Halbbrüdern, die bereits an der Kuchentafel standen und sich ein paar süße Exemplare auf die Teller schaufelten. Wie lange das wohl dauern würde, bis diese es realisiert hätten, dass Papa überhaupt nicht mehr kommen würde? Bis jetzt hatten sie sich nur gewundert, warum er so still dagelegen hatte, und ließen sich davon trösten, dass er einfach nur schlief.

»Meine Frau«, August[27] stockte, »meine Frau starb letztes Jahr. Es tut mir wirklich so leid.« Sein Kopf ruckte zur Tür. »Ich hätte nicht … ich wollte dir nur sagen, dass ich jetzt erst mal nach Paris gehe.« Ein schiefes Lächeln erschien auf seinem Gesicht. »Metalldruckerkunst, du weißt doch, dass ich das schon …« Mit einem zweiten »es tut mir leid« drückte er erneut ihre Hand und ließ sie stehen, eilte aus der Wirtschaft hinaus, als wäre der Leibhaftige hinter ihm her, weil auf dem Friedhof noch ein Grab offen war.

Caroline stand da und spürte, dass ihr Herz vor Schmerz fast zu zerspringen schien.

»Menschen mit einer neuen Idee gelten so lange als Spinner, bis sich die Sache durchgesetzt hat.«

Mark Twain

Kapitel 12

Wandel

EIN MONAT SPÄTER,
JANUAR 1867, GÖPPINGEN

»Haben Sie jetzt etwas aus Amerika gehört?« Julius schmierte Butter auf sein Brot. Sie saßen beim Frühstück, und Caroline hatte die Zeitung aufgeschlagen neben sich liegen. Der Ofen bollerte und heizte das Haus, so warm es ging, was auch bitter nötig war, wehte der Wind doch ums Häuschen, wie der Fuchs den Hasen jagte. Das Weihnachtsgeschäft hatten sie rumgebracht, aber bei Weitem nicht so viel einnehmen können, wie sie erhofft hatten. Im Lager standen unzählige Kinderkochherde, die noch unfertig waren, kleine Münzkästchen ohne Lackierung, Gesundheitsgeschirr und Schöpflöffel, die keine Käufer finden konnten, da entweder niemand da war, der sie zur ganzen Schönheit fertigstellen konnte, oder weil der Laden zubleiben musste, aufgrund von Personalmangel. Die Aufträge der umliegenden Städte und im Ausland hatten Vorrang.

»Nein, ich weiß auch nicht, was ich da noch machen soll, es gibt kein Lebenszeichen von Rosine. Eigentlich hätte sie schon längst bei meinem Bruder anfangen sollen, aber dort kam sie nie an.« Caro starrte dem Gesellen in die Augen. Sie hatte keine Tränen mehr, die sie noch weinen konnte, alles war vertrocknet, wie nach einer endlosen Dürre. »Wir schaffen das, gar keine Frage!« Caro schlug mit der flachen Hand auf den Tisch. »Gibt es denn keine andere Möglichkeit?« Verbrüderung suchend ging ihr Blick zu ihrem Gesellen, der ihr zunickte und aufstand.

»Jawohl, Frau Märklin, warum sollten wir das auch nicht schaffen! Wir sind ja schon auf dem richtigen Weg. Ich habe zu Wilhelm immer gesagt: ›Ihre Frau, die hat die richtige Nase, die weiß, was sich verkaufen lässt.‹«

Ohne die treuen Angestellten, ihre Familie und Friederike hätte Caro es nicht geschafft. Das wusste sie durchaus und war dafür mehr als nur dankbar. Ihr Onkel Albert sicherte ihr sofort finanzielle Hilfe zu, falls sie eine Durststrecke haben sollte. Er war so mitfühlend und herzensgut, dass es ihr die Kehle zuschnürte, erst Anfang des Jahres hatte er sein heiß geliebtes Töchterlein verloren. Die Kleine wurde krank und immer kränker und erholte sich davon nicht. Schlief geschwächt ein und wachte nicht mehr auf. Alberts Frau Pauline sprach von ihr als *mein Engelchen* und litt tausend Qualen, doch das Rad des Lebens drehte sich weiter, und ihre Resolutheit brach sich wieder an die Oberfläche. Auch Carolines Mutter versprach, bei Bedarf sofort anzureisen, um auf die Kinder aufzupassen oder mit anzupacken, wobei Caro lieber das Angebot ihrer Schwester Emilie annahm. Emilie war lange in Kur gewesen, begleitet von der Mutter, hatte sich von den letzten Jahren versucht zu erholen, aber das ging so einfach nicht. Wie konnte ein altes Ölbild, das bereits Löcher in der Leinwand hatte und von dem Farbe abgegangen war, sodass man die Details gar nicht mehr erkannte, wieder im alten Glanz erscheinen? Die drei Totgeburten, die Maximilian durch seine ständigen Gewalteinwirkungen verursacht hatte, lasteten schwer auf ihrer Seele. Die ersten Wochen hatte sie fast ausschließlich damit verbracht, die angestaute Trauer loszulassen. Sie weinte, bis die Haut unter den Augen vor Trockenheit schmerzte, sie weinte um jedes einzelne ihrer Babys, die in ihrem Bauch die Misshandlungen hatten mit erleiden müssen und die nicht einmal den Hauch einer Chance gehabt hatten, etwas Liebe zu erfahren. Oder hatten sie es gespürt, dass ihre Mutter um sie gekämpft hatte? Alles erduldete, nur dass ihr Ehegatte keinen Anlass fand, auf sie einzuprügeln, dass er nicht das Ungeborene treffen konnte, dass es vielleicht doch etwas geben konnte, weswegen es sich lohnte zu leben. Aber alles war umsonst gewesen, alles. Sie fühlte sich als Versagerin, die nicht einmal ihre unschuldigen kleinen Kinder beschützen konnte. Auch wenn Emilie nach den drei Jahren äußerlich ganz normal wirkte, vielleicht etwas blass und meistens recht ernst, so wusste ihre Familie, dass sie sich Tag für Tag innerlich selbst zerriss und unter Selbstvorwürfen litt, die schrecklicher nicht sein konnten. Sie lebte bei ihrer Mutter, da sie nie wieder in ihrem Leben einen Schritt in das Haus setzen wollte, das ihr noch Albträume bescherte. Selbst nachts mussten in Emilies Zimmer die Lampen brennen, Dunkelheit war etwas, was bei ihr sofort zu Panik führte und Atemnot zur Folge hatte. Wenn alles gut ging, dann würde sie bald das Haus verkaufen lassen und vielleicht irgendwo anders hinziehen. Seit ein paar Tagen wohnte sie bei Caro, half ihr im Haushalt, kümmerte sich um die Kleinen und besorgte die Auslieferung der Ware mit. Sie verhielt sich zwar wie eine unscheinbare Maus, die bei jedem lauten Geräusch zusammenzuckte und sich am liebsten in den kleinsten Löchern verkriechen wollte, aber sie gewann auch von Tag zu Tag an Kräften. Vielleicht weil sie hier gebraucht wurde und endlich eine Rolle fand, die sie ausfüllen konnte, oder es war einfach der richtige Zeitpunkt für sie, einen Strich unter ihre Vergangenheit zu machen und nach vorne zu blicken.

»Weißt du, Caro«, sagte sie, »eins ist sicher: Ich werde nie wieder heiraten!« Emilie stand am Herd und schnitt Kartoffeln in dünne Scheiben, die sie schuppenförmig in eine Auflaufform schichtete. Caroline verrührte lautstark mit einer Gabel Sahne mit Milch, in die sie Salz, Muskat, Pfeffer und fein geschnittene Rosmarinnadeln gegeben hatte. Heute gab es verdämpfte Erdbiren für die ganze Runde, da hatte man schon etwas Schneidearbeit.

»Du bist doch noch ganz gut in Schuss, sag niemals nie!«, erwiderte Caro und betrachtete das hagere Gesicht ihrer Schwester, das mittlerweile aus seiner Starre erwacht war und wieder etwas Lebendiges hatte, in dem sich Emotionen spiegelten, die Augen an manchen Tagen sogar funkelten.

»Hä? Wie meinst du das?«

»Na, was wohl, nicht nur deine inneren Werte, Liebes.«

Im nächsten Moment flog ein Handtuch quer durch den Raum und traf Caro am Kopf, die mit einem Indianergebrüll das Geschoss schnappte und zurückschleuderte, kurz darauf waren die beiden in einen Kampf verwickelt, wie sie es wohl seit zwanzig Jahren nicht mehr getan hatten. Erwachsenenlachen ertönte seit Langem einmal wieder aus der Küche. Und genau da gehörte es hin, wie auch in den Rest des Hauses. Die bösen Geister wollten ja vertrieben werden.

Am abendlichen Esstisch saßen sie zusammen, die beiden Schwestern, die Gesellen und Walter, der die Leitung in der Werkstatt übernommen hatte und bestimmte, was in welcher Stückzahl produziert wurde und welche Aufträge Vorrang hatten. Er schien an seiner Aufgabe zu wachsen, koordinierte, steuerte, lobte sogar die anderen, dass sie so fleißig und schnell arbeiteten. Er fragte die Kinder, was sie am Tage so getrieben hatten, erzählte eine lustige Geschichte, was er als wandernder Geselle bei einem Bauern erlebt hatte, der ihm nicht den versprochenen Lohn für seine Flaschnerarbeiten geben wollte und er sich so eins der kleinen Ferkel unter den Arm geklemmt hatte und damit stiften gegangen war. Immer wieder schickte er ein schüchternes Lächeln in Caros Richtung.

Als die beiden Schwestern alleine waren und den Tisch abräumten, während Marie sich um Willi und Eugen kümmerte, sagte Emilie: »Caro, du weißt schon, was Witwen in deiner Position machen?«

»Trauern?«, antwortete diese und wusch das Geschirr plätschernd in der Spüle ab.

Emilie grinste schief. »Ja, das natürlich sowieso, aber nein, sie heiraten bald wieder. Einen Angestellten, der bereits im Betrieb gut eingearbeitet ist, oder einen Chef von einem anderen Betrieb. Das nennt man dann Wachstum.«

Kopfschüttelnd betrachtete Caro das Baby, das im Stubenwagen neben ihr lag. »Wie sollte ich jetzt schon wieder ans Heiraten denken können? Carl ist gerade mal ein halbes Jahr alt.«

»Mhm, hier im Haus sehe ich zwei Kandidaten, die das durchaus schon tun.«

»Emilie«, sagte Caro streng. »Davon will ich jetzt aber wirklich nichts hören.«

Wäre das nicht Verrat an ihrem verstorbenen Mann? Und bräuchte es für eine Heirat nicht wenigstens ein bisschen Liebe?

Am nächsten Morgen stand Caro in der Werkstatt und schaute Walter zu, wie dieser mit dem Finger auf eine Liste pochte. »Wir müssen das machen, da haben wir gar keine andere Wahl, wenn wir als Betrieb überleben wollen.«

Caro schüttelte den Kopf. »Nein, Walter, sei mir nicht bös, aber das will ich nicht. Ich will jetzt nicht nur Waschbecken und Badewannen herstellen. Ich weiß, dass wir da im Verhältnis recht gut dran verdienen, genauso wie an den Regenrinnen, aber Wilhelm und ich wollten uns mit den Kinderkochherden vergrößern. Schau, wir haben doch schon Abnehmer bis runter in die Schweiz, im Lager stehen fertige und ein großer Schwung halb fertiger, und ich bin mir sicher, dass immer mehr …«

Walter unterbrach sie. »Frau Märklin, das ist so aber nicht. Das hat keinen Taug, wir werden auch dünneres Blech in Zukunft benutzen, dann sparen wir am Material, und diese feinen Lackierungen, die braucht kein …«

»Auf keinen Fall«, Caro stampfte mit ihrem Fuß auf. »Die Firma Märklin steht für beste Qualität, da werden wir jetzt nicht anfangen, am Material zu sparen oder …«

»Jetzt ist aber gut, Sie tun ja gerade so, als ob Sie das alles verstehen würden«, Walters Stimme klang streng.

Caroline schaute ihn an, schwieg.

Er redete mit lauter Stimme weiter: »Wir müssen das machen, sonst geht das hier bald alles den Bach runter, und Sie stehen dann da mit Ihren vier Kindern.«

»Müssen? Entschuldigen Sie bitte, aber hier entscheide immer noch ich. Und ich sage, dass wir das …«

Walter drängte Caroline gegen die Wand. Mit einem Ruck nahm sie die harte Holzwand in ihrem Rücken wahr. Er legte seine Hand auf ihren Busen und fasste mit der anderen an ihren Rock, fing an, ihn hochzuziehen. »Caroline, meine Gute, du weißt doch, dass dir gar nichts anderes übrig bleibt, als dass du mich …«

Caro versuchte, ihn von sich wegzustoßen, aber er überragte sie um zwei Köpfe und war so stark wie ein Ochse. Sein Atem, der nach Pfeifentabak und Käse roch, verursachte ihr Übelkeit. »Hör sofort auf«, schrie sie, doch er legte seine große Hand auf ihren Mund und erstickte damit ihre Worte.

»Caroline, ich weiß, dass du es willst. So wie du mich immer anschaust, du wirst schon sehen, mit mir wirst du richtig Fahrt aufnehmen, wir …«

Mit einem lauten Rums donnerte von hinten ein Blechtopf auf Walters Hinterkopf, riss ihn von den Beinen und ließ ihn bewusstlos zu Boden sinken.

Julius stand da, spuckte verächtlich auf den Hünen. »Was für ein Hanswurst, ich hätte nie gedacht, dass …«

Caro rutschte mit dem Rücken an der Wand nach unten, blieb in einer Hocke sitzen wie ein Häufchen Elend. Der Mund und die Kehle waren so trocken, dass sie sich nicht einmal mehr räuspern konnte.

Julius verstummte, fasste sie unter den Achseln, half ihr auf, wischte ihr die Tränen aus den Augen und brachte sie zu ihrer Schwester, die sie gleich ins Bett verfrachtete.

»Schock«, murmelte Emilie, damit kannte sie sich aus.

Die beiden Gesellen schleppten Walter aus der Werkstatt, setzten ihn in die Hauseinfahrt, mitten in den Schnee, rafften seine Sachen zusammen, schmissen sie in seinen Reisesack und diesen dann auf ihn drauf. Er solle sich nie wieder blicken lassen, sonst würden sie ihn bei der Polizei anzeigen. Am besten würde er gleich ganz in eine andere Stadt verschwinden.

Und die Firma Märklin hatte einen Festangestellten weniger.

* * *

»Bitte, was?« Friederikes Augen waren vor Staunen so groß wie Unterteller. »Er hat dich was?« Beide standen in Caros Küche und warteten, bis das Wasser heiß genug für den Kaffee war. Friederike lehnte bereits seit zehn Minuten nahe beim Ofen, aber ihr war immer noch kalt. Draußen herrschten Temperaturen, bei denen sich vielleicht Pinguine gut fühlen würden, die in Caros Bilderbuch zwischen Schneebergen spielten und dabei sogar noch gut gelaunt wirkten.

Gut gelaunt war Caro nicht, sie wippte nervös mit ihrem Fuß. »Das ist jetzt auch egal, ich bin nur froh, dass ich meine beiden Gesellen habe, sonst … sonst hätte ich echt Angst.« Sie schluckte. »Aber hör mal, Friederike, ich brauche deinen Rat. Walter hatte gesagt, dass wir uns auf die sanitären Waren verlegen sollten, um nicht finanziell in den Ruin zu wandern. Du weißt, woran mein Herz hängt, aber wenn ich dann am Ende ohne alles dastehe? Ich fühle mich so hilflos ohne Wilhelm.«

»Caro«, Friederike nahm sie in den Arm, streichelte ihren Rücken. »Was müssen Frauen nicht alles erleiden. Und ich kann dir da nichts raten, es tut mir leid, aber mit dem Flaschnerhandwerk kenne ich mich überhaupt nicht aus und auch nicht, was so gekauft wird. Was sagt dir denn dein Herz?«

Mit leiser Stimme antwortete Caroline: »Das schweigt.«

Friederike seufzte. »Ich kann dir nur aus meiner Erfahrung mit den Kunden sagen, dass es viele Bürger gibt, die sich Spielzeug leisten können. Vor Kurzem habe ich mich mit dem Kronenwirt unterhalten, und der meinte, dass er seiner kleinen Tochter ein Kochbuch gekauft hätte. Für ihren Kinderkochherd. Und sie scheint damit auch etwas anfangen zu können. Sie brauchte sogar noch mehr Zubehör, irgendwas wie eine Schöpfkelle oder so für ihre Suppe. Das hört sich nicht an, als würde der Spielzeugmarkt stagnieren.«

Caroline schaute auf ihre Fußspitzen.

»Wie ist es denn mit Emilie?«, fragte ihre Freundin weiter.

»Gut, danke, ich habe das Gefühl, dass sie so langsam darüber nachdenkt, wie sie ihr Leben jetzt anpacken mag. Sie findet Stückchen für Stückchen zu ihrem alten Ich zurück. Immerhin etwas, das runder läuft.«

»Caro, auch bei dir wird bestimmt bald alles besser, ich bin mir sicher. Komm, lass uns nach den Kindern schauen.«

Sie gingen ins Wohnzimmer, wo Marie aufpasste, dass die drei Knaben auch nur das in den Mund nahmen, was da hineindurfte, und Willi mit seiner Peitsche, die den kleinen hölzernen Kreisel antreiben sollte, auch nur diesen traf. Eine Weile lang betrachteten die Frauen das Idyll, vergaßen die Nöte, die der Alltag ihnen abverlangte, bis Friederike meinte: »Caroline, komm doch morgen Abend zum Essen zu uns. Theodor Engel ist zu Besuch, er hat seine Promotion nun hinter sich. Und bring deine Schwester mit, ja? Dann machen wir uns einen netten Abend. Es sind nur ein paar andere Gäste noch eingeladen. Falls nicht zu viel Schnee hinunterkommt und uns komplett die Türen blockiert.«

***

Caroline trug Schwarz, diese Farbe des Kummers würde sie das komplette Trauerjahr begleiten, wobei sie schon Frauen gesehen hatte, die nie wieder eine andere wählten. Ob der Gram so lange anhielt oder die Kleidung einfach gut eingetragen war und man sich dran gewöhnt hatte, mochte Caroline nicht beurteilen, für sie kam das aber nicht infrage. Dafür liebte sie die Vielfalt viel zu sehr. Rot wie Kirschen, grün wie Klee, blau und weiß wie ein wolkenverhangener Himmel, Farben waren so viel mehr als nur Kleidungsdekoration, es war etwas für die Stimmung. Und selbst wenn man Schwarz mit der Eisenbahn und dem Fortschritt verband, war einem ja eigentlich nicht jeden Tag danach. Wenn sie es sich leisten könnte, würde sie gerne so zwei, drei Kleider mehr haben. Falls nicht andere Dinge dann wichtiger wären. Ihre Mutter erzählte schon immer: Mütter sind schlecht darin, sich selbst etwas zu gönnen. Das war leider wahr. Die Kinder kamen an erster Stelle.

Die Wacklers lebten mittlerweile in einem vornehmen Haus, das auch nach außen hin ihren Wohlstand präsentierte. Friederikes Mann hatte einen wachen unternehmerischen Geist und passte sich der wandelbaren Welt schnell an. Aus einem Personen-Fuhrunternehmen war so ein Warentransport geworden, was einige Angestellte sogar als exzellente Änderung bezeichneten. Ware konnte nicht meckern und hatte weniger Wünsche, wenn man längere Strecken zurücklegte, hatte weder Hunger, noch musste sie Pipi.

Im Speisezimmer stand eine imposante hölzerne Standuhr, deren Ticken den Lauf der Dienstmädchen rhythmisch zu steuern schien. Diese schritten fast im Takt, um Gläser zu füllen, Teller einzudecken oder Essen vorzulegen. Der ganze Raum war in einem hellen Rehbraun gehalten, mit samtroten Vorhängen vor den Fenstern und dunklen, schweren Möbeln. Die Tapeten hatten ein feines weißes Muster, das Caro allerdings an Küchenkacheln erinnerte. An den Wänden hingen große Bilder, die allesamt Porträtaufnahmen zeigten von einzelnen Männern, ein paar Frauen und einem Kind. Neben der Tür befand sich ein großer düsterer Kamin, aus dem immer mal wieder einzelne Funken nach draußen zuckten, ihre Freiheit für wenige Sekunden genossen, bis sie sich einfach auflösten.

Caro hatte nicht viel Lust gehabt, an diesem gesellschaftlichen Zusammentreffen teilzunehmen, ihr war mehr nach Schneckenhaus und sich zurückziehen zumute, aber sie musste an die Firma denken. Dazu gehörten nun mal auch solche Dinge. Sie hatte Wilhelm am Anfang ihrer Ehe dazu überreden können, in den Schützenverein einzutreten, was mit der Zeit einige Aufträge nach sich gezogen hatte, sowie etliche Waffen bei ihnen zu Hause und einen mächtigen Hirschfänger, der im Wohnzimmer hing.

»Frau Märklin«, sprach Theodor Engel, der neben ihr saß und mit der Gabel ein Stück Wild aufspießte. »Mittlerweile sind Sie ja mehr auf Reisen als ich. Falls ich mal einen Tipp für Übernachtungen brauche, wende ich mich wohl am besten an Sie.« Er lächelte, steckte sich das Fleisch in den Mund und kaute genussvoll.

Caroline war froh, dass er nicht wie die anderen minutenlang sein Beileid ausgesprochen, sondern ihr einfach verständnisvoll die Hand geschüttelt hatte. Irgendwann kam man sich etwas doof vor, nicht nur das, man bekam so etwas wie ein schlechtes Gewissen. Während der Tote in seinem kalten Sarg lag und verrottete, speiste man währenddessen und trank teuren Wein. Sie war für jede Normalität dankbar, die sie haben konnte, und antwortete: »Na ja, mit der Reiserei wurde es ja etwas ruhiger um die letzte Geburt herum, aber im Frühling zu den ersten Messen werde ich wohl wieder losfahren.« Ihr wurde der Inhalt ihrer Worte erst bewusst, als sie diese ausgesprochen hatte. Aber ja, das war genau richtig, sie wollte und musste das Reisen wieder voranbringen. Auch die Messen waren wichtige Orte, um sich zu treffen, Neuigkeiten zu betrachten und um ihre Waren anzubieten. Das Leben lief ja plötzlich nicht rückwärts oder blieb stehen, Stillstand wäre der sichere Tod für sie und all diejenigen, die von ihr abhängig waren. Das konnte und wollte sie nicht zulassen.

»Frau Märklin, Sie hören mir ja gar nicht zu«, die Stimme von Herrn Engel klang verschnupft.

»Doch, natürlich, entschuldigen Sie bitte, ich war gerade in Gedanken, was sagten Sie?«

»Dass ich bald in Biberach meine erste Stelle antreten werde.«

»Ach ja, ich gratuliere, dass Sie so schnell als Pfarrer etwas gefunden haben. Und Biberach kenne ich, da könnte ich Sie ja als Informant einsetzen, was die Spielzeugfabrik vor Ort anbelangt, Rock & Graner ist recht groß.«

»Ja, gerne.«

»Bitte?«, fragte Caroline.

»Ich werde Ihnen gerne Informationen liefern, was Rock & Graner so verzapfen, aber dafür müssen Sie mir versprechen, im nächsten Sommer wieder einen Ausflug mit mir zu machen.«

Emilie drehte sich interessiert zu ihnen. Ihr Tischnachbar war ein Herr von der neu gegründeten Gewerbebank in der Stadt, schien aber anstelle von Humor etwas Ödnis als Kind mitbekommen zu haben. »Ausflug?«, wiederholte sie neugierig.

»Ja, kennen Sie die Geschichte noch nicht, Frau Gulden? Ihre Schwester hatte mich vor über sieben Jahren das erste Mal auf einem Ausflug begleitet, und da fiel mir auf, dass es nicht nur die Männer sind, die sich von den Geschichten über Dinosaurier und Fossilien begeistern lassen. Damit war die Idee geebnet, Exkursionsführungen für alle Interessierten anzubieten. Also ...«

Während Engel über sein Lieblingsthema referierte, betrachtete Caroline die beiden und dachte, dass es vielleicht doch ganz gut gewesen war, die Essenseinladung anzunehmen.

»Erzählen Sie mir mehr über Ihre Dissertation«, bat Emilie später und brachte es durchaus fertig, weitere zwanzig Minuten lang einem Vortrag über den irischen Gelehrten Johannes Scottus Eriugena zu lauschen, der im neunten Jahrhundert als Lehrer am Hofe Karls des Kahlen tätig gewesen war und grundlegende Ideen für die Bildung des Mannes beigetragen hatte mit seinen sieben Künsten und der Philosophie.

Die anderen Gäste waren Caroline ebenfalls bekannt, aus dem Handels- und Gewerbeverein, in dem Wilhelm Mitglied gewesen war. Für sie hatte er zum Teil auch Aufträge erledigt. Aber ihr war nicht nach viel Sprechen, sie spielte diesmal die Zuhörende und weilte in Gedanken bei ihrem Mann, den sie mehr vermisste, als sie gedacht hätte, jemanden überhaupt vermissen zu können. Es waren die vertrauten Dinge, die Momente, in denen man sich manchmal nur kurz über die Kinder austauschte oder durchging, was in der Woche anstand, den anderen an etwas erinnerte, das Sich-aufeinander-verlassen-Können. War es das, was die Liebe ausmachte? Caroline wusste es nicht, sie wusste nur, dass es gerade sehr wehtat, dies nicht mehr zu haben.

***

ZWEI MONATE SPÄTER, MÄRZ 1867

Der Schnee blieb noch etwas, obwohl sich der Winter bereits verabschiedet hatte, zumindest meteorologisch. Es war wie mit Gästen in einem Wirtshaus, die nach Schankschluss einfach sitzen blieben und sich weigerten zu gehen, da nützte auch die Drohung mit der Polizei nichts. Als ob die Kälte sich davon beeindrucken ließ.

Caroline saß bequem in ihrem Sessel im Wohnzimmer und studierte eine Liste mit Warenpreisen, als Emilie an sie herantrat. »Schwester, wir müssen reden.«

»Ist was passiert?«, fragte Caro.

»Nein, nein, für mich wird es nur so langsam Zeit. Ich habe das Gefühl, dass ich hier anfange zu stören. Mittlerweile zumindest«, fügte Emilie schnell hinzu und drückte ihr die Hand. »Du bist hier ja gut gelandet, mit Freunden und solchen, die es noch ein bisschen mehr werden wollen.«

»Emilie, du störst doch nicht, das ist ja Quatsch, und was meinst du mit den Freunden? Du sprichst in Rätseln.«

»Ja, siehst du das wirklich nicht? Ich sprach ja immer von zwei Männern, die einer Verbindung nicht abgeneigt wären. Der eine ist nun nicht mehr da, was keiner bedauert, aber es gibt noch einen zweiten.« Auf den erstaunten Blick von Caro fuhr sie fort: »Julius meine ich. Mensch, Caroline, manchmal mag man so etwas auch nicht sehen, oder?«

Caro machte eine wegwerfende Handbewegung, was bedeuten sollte, dass sie das überhaupt nicht teilte. Ein Bild zuckte vor ihrem inneren Auge auf, sie saß in einem unordentlichen Zimmer, wo Briefmarken über Apfelresten lagen, Klamotten, Socken, Brötchen, Wurst und überall fettige Abdrücke. Zwei Mäuse flitzten herum, nein, es waren drei, die an einer Person knabberten, die am Boden lag, es war allerdings nicht zu erkennen, ob es ein Mensch oder eine Puppe war. Caroline schluckte. Es waren ähnliche Bilder wie aus einem der ersten Bücher, die sie als Kind in Händen gehalten hatte, aus dem *Nussknacker*. Allerdings viel trister und bedrückender. Zu Lebzeiten ihres Vaters hatte die Weihnachtszeit immer gute Geschäfte bedeutet, verbunden mit Keksduft, Gottesdiensten, die festlicher nicht sein könnten, und besonderen Leckereien am Heiligen Abend. Das war jetzt alles vorbei, seitdem Wilhelm in der Weihnachtszeit verstorben war. Aber warum dachte sie ausgerechnet jetzt daran?

Ihre Freundin Lina hatte es als Witwe geschafft, die Geschäfte alleine zu stemmen, warum sollte sie es nicht auch schaffen? Lina war gerade in Italien, hatte ihr angeboten, sofort alles stehen und liegen zu lassen, um ihr beizustehen, aber das wollte Caro nicht. Sie hatte genug Verwandtschaft vor Ort, sodass Lina weder ihre lang geschmiedeten Reisepläne verwerfen musste noch ihr hart Erspartes für die teuren Zugreisen verschwenden. Kämpfen, sie musste einfach stark genug sein und kämpfen!

Emilie reiste ein paar Tage später ab. Sie wollte nach Ulm zu Rieke und dann weitersehen. Es dränge ja nichts, betonte sie am Bahnsteig, sie sei frei wie ein Vogel und so schnell, wie die Bahn eben Tempo machen könne. Vielleicht nehme sie noch die Einladung von Engel an und würde sich einfach weiter bis Biberach treiben lassen, mal sehen.

An diesem Abend fühlte sich Caroline zum ersten Mal seit Langem so richtig alleine. Das lag nicht nur daran, dass ihre Schwester abgereist war, sondern an einem Gespräch, was sie aufgeschnappt hatte. Sie war mittags zum Metzger gegangen, um ihre Bestellung abzuholen, trat ins Geschäft ein und stellte sich still hinten an eine Reihe von wartenden Frauen an, da fiel der Name ihres Mannes, was ihre Aufmerksamkeit erregte.

»Wilhelm, der gute Mann. Das hat er nicht verdient«, sagte eine unangenehm dünn klingende Stimme, die Caros Nackenhaare dazu brachten, sich aufzurichten.

Eine zweite antwortete: »Ja, das war schrecklich mit dem Unfall und dann der Erkrankung, aber es ist ja schon eine Weile her, was meinen Sie denn?«

»Erkrankung? Woher weiß man denn, was da passiert ist? Ich kannte ihn nur als widerstandsfähigen, zähen Menschen, den eine Erkältung doch nicht umpusten konnte …«

Bei diesem Satz verließ Caro das Geschäft und schickte etwas später Marie, um den Braten zu besorgen. Die Stimme hatte sie gleich am Anfang erkannt, das war mit Sicherheit die Weber gewesen. Aber was bezweckte sie eigentlich? Was hatte Caroline ihr denn getan?

»Julius, warum rauchen Sie eigentlich keine Pfeife?« Caroline saß mit den Kindern und den Angestellten am Mittagstisch. Es war Sonntag, die Uhren drehten sich an diesem Tag langsamer, zumindest nach dem Gottesdienst.

»Ich?«, fragte dieser verwundert zurück. »Warum, fehlt Ihnen der kräuterige Dampf, den Wilhelm immer verteilt hat?« Er lachte. »Damit kann ich Ihnen wahrlich nicht dienen, tut mir leid.«

Marie kicherte. »Julius hat ja keine Laster, er ist mustergültig, selbst zum Tanzen will er nicht mitkommen.«

»Ich kann nicht tanzen, damit tue ich Ihnen nur einen Gefallen, Marie, glauben Sie mir, und jetzt entschuldigen Sie mich bitte.« Er stand auf und wollte gehen, als Caroline ihn am Ärmel festhielt. »Auf ein Wort, auch wenn an Ihrem freien Tag nichts Geschäftliches besprochen werden sollte, aber falls Sie es einrichten könnten?«

Er nickte und folgte ihr ins Wohnzimmer, wo sie sich in zwei Sessel gegenübersetzten.

»Julius, Sie stehen nun am längsten in unseren Diensten, ich …«

»Sie wollen mich doch nicht etwa entlassen?«, fragte er.

»Nein, nein«, beschwichtigte Caroline. »Im Gegenteil. Ich wollte Sie um Ihre Einschätzung bitten und um Ihre Unterstützung.«

Seine Augenbrauen gingen in die Höhe.

»Ich werde wieder als Handelsreisende losziehen … also falls das für Sie in Ordnung ist und … und Sie denken, dass das zweckvoll ist. Was sagen Sie?«

Er schaute sie an, und Caroline spürte, wie der Blick ihre Stirn prickeln ließ. »Sie haben sich doch Gedanken darüber gemacht und es so schon entschieden. Sie sind die Chefin, also was soll ich dazu noch sagen?«

»Ist es vernünftig, will ich wissen, macht es Sinn?«

Er lachte, lang und herzhaft. »Liebe Frau Märklin, als ob das Leben sich nach sinnvoll und sinnlos einteilen ließe. So als ob man daran glaubte, dass alle Sünder für ihre Sünden bestraft würden. Entschuldigen Sie bitte.« Er guckte verlegen. »Wissen Sie, manchmal erlebt man Dinge, die lassen einen an allem zweifeln, aber zu Ihrer Frage: Natürlich macht das Sinn. Wilhelm hat Ihre Vertretergeschicke immer in den Himmel gelobt. Wir wollen ja weiter wachsen, richtig?«

Sie sah ihm fest in die Augen und wiederholte: »Wir wollen ja weiter wachsen!«

Sophie fand das gar nicht gut. Wie sollte sie zusammen mit Marie die Jungen bändigen und den Haushalt und den Laden am Laufen halten? Erst als Carolines Mutter zusagte, für eine Weile nach Göppingen zu kommen, entspannte sie sich. Caroline merkte immer wieder, was sie da für einen Schatz an Stieftochter geschenkt bekommen hatte.

»Sophie, ich bin dir wirklich dankbar, wie du … wie du einfach da bist und mithilfst. Auf dich ist Verlass, das schätze ich sehr, das wollte ich dir schon lange gesagt haben.« Caroline stand im Schlafzimmer und packte die Kleidungsstücke zusammen, die mit auf die Reise gehen sollten.

Verlegen blickte Sophie ihre Schuhspitzen an. »Das ist doch klar, also ich … ich wäre ja jetzt Waise, wenn es dich nicht gäbe.«

Caroline setzte sich aufs Bett und klopfte neben sich, bis das Mädchen dort Platz genommen hatte. »Du bist jetzt siebzehn Jahre alt, und ich habe dich noch nie gefragt, was du aus deinem Leben machen willst.«

Erschrocken schaute Sophie sie an. »Soll ich etwa gehen? Brauchst du den Platz für eine … eine neue Familie?«

»Neue Familie?«, wiederholte Caro verwundert. Warum dachten immer alle gleich, dass sie sie loswerden wollte?

»Willst du wieder heiraten?«, fragte das Mädchen verwirrt.

»Nein, was denkst du denn, ich dachte da eher an dich, willst du dich denn nicht etwas umsehen? Ich erinnere mich gar nicht, ob du überhaupt schon einen Freund hattest … oder willst du gerne unabhängig von mir sein und was anderes machen? Das Sticken oder Weben hat dir doch Spaß gemacht? Es gibt ja genug Stellen in den Fabriken.«

Ein Lächeln zeigte sich auf dem Gesicht des Mädchens. »Nein danke. Wirklich nicht, ich bin hier ganz zufrieden mit dem Laden und der Werkstatt. Einen Freund? Wenn ich da an Rosine denke, weiß ich nicht wirklich, ob ich so etwas will.«

Caroline hatte in der Vergangenheit gute Verkäufe in Österreich und der Schweiz erzielt und wollte an diesen anknüpfen. Nirgendwo anders bekam sie den Kopf so schön frei wie bei der Fahrt zum unendlichen Blau des Bodensees und dem Alpenpanorama. Jedes Mal ging ihr das Herz auf, und sie fühlte, wie der Ballast und die Sorgen von ihr abfielen. In Bregenz angekommen, stieg sie zum dritten Mal im Gasthof Gruner ab, wo man sie bereits kannte, und somit entfiel lästiges Erklären ihrer Reisesituation. Mit zwei neuen handlichen Mustern und dem großen Musterbuch, in dem sie selbst die Zeichnungen erstellt hatte, schritt sie zu einem ihrer Lieblingskunden, dem Handelshaus Pircher. Durch enge mittelalterliche Gässchen mit niedlichen Fachwerkhäusern, am Martinsturm vorbei, und über allem thronte das Deuringer Schlösschen.

»Frau Märklin, wie schön, Sie zu sehen, wie geht es Ihnen?«, empfing sie eine Dame am Eingang und schritt voran zum Büro des Chefs.

»Danke, die Reise war recht angenehm, und es ist schön, wieder einmal hier zu sein.«

Mit ausgestreckter Hand kam Herr Pircher auf sie zu, ein kleiner, dicklicher Mann mit Glatze und Vollbart, und stellte genau die gleiche Frage. »Frau Märklin, wie schön, Sie zu sehen, wie geht es Ihnen? Mein herzliches Beileid darf ich Ihnen von mir und allen Mitarbeitern ausrichten.«

»Danke«, kam Carolines Antwort. »Es ist ja nun auch eine Weile her, und das Leben läuft weiter, wissen Sie?« Sie machte eine kurze Pause, sammelte sich. »Und es ist schön, wieder hier zu sein. Es gefällt mir, dass Sie sich von Besuch zu Besuch immer mehr vergrößern. Da haben Sie auch bestimmt noch Platz für ein oder zwei witzige …«

»Frau Märklin, lassen Sie uns erst setzen und darüber reden, wie es bei Ihnen denn nun weitergehen wird.« Er winkte sie zu einer Sesselgruppe, die sich um einen modernen Glastisch gruppierte, auf dem Gläser und eine Karaffe Wasser standen.

Caroline nickte, setzte sich und sagte artig: »Danke. Ich habe Ihnen zwei neue …«

»Eine Sache müssten wir jedoch im Vorfeld klären … Wer leitet denn jetzt die Geschäfte im fernen Göppingen?«

Caroline war auf vieles vorbereitet, aber nicht auf so eine Frage. »Mein … meine … meine Angestellten zusammen mit mir.«

»Frau Märklin, das ist doch höchst unsicher, wenn ich Ihnen das so sagen darf. Sie wissen ja, dass wir in der Geschäftswelt auch gerne den ehrlichen, offenen Umgang pflegen. So mit direkten Worten und so. Aber wenn es Ihren werten Herrn Gatten nicht mehr gibt, dann sind wir nicht mehr im Geschäft, ich hoffe, Sie verstehen das. Wir brauchen Planungssicherheit, und die ist dann ja nicht mehr gegeben.« Er erhob sich, klopfte irgendeins der unsichtbaren Staubkörner vom Revers seiner Jacke und wollte sie schon herauswinken, da räusperte sich Caroline und sagte mit monotoner Stimme: »Es gibt bereits Pläne für eine Hochzeit, aber Sie wissen ja, das Trauerjahr … wollen Sie denn so lange die Geschäfte ruhen lassen?«

»Wenn das so ist«, er setzte sich wieder und rieb sich die Hände, als witterte er ein köstliches Essen. »Dann lassen Sie mal sehen.« Er blätterte das Musterbuch[28] durch, das Caroline im Laufe der

Jahre immer mehr erweitert und koloriert hatte, und lächelte, als er zum Spielzeug kam. »Diese Kinderkochherde hatten bis jetzt eine hohe Qualität, und wie ich sehe, haben Sie noch weitere Modelle mit ins Programm genommen. Können Sie mir denn zusichern, dass die Güteklasse so beibehalten wird?«

»Ja, natürlich! Wissen Sie, mein Zukünftiger kommt ebenfalls aus dem Gewerbe und hat speziell mit diesen Herden viel Erfahrung, also zusammen mit meinem Gemahl daran gearbeitet.« Während sie den Gebrauch demonstrierte und auf die Verzierungen hinwies und die Details in der Lackierung, krampfte sich ihr Bauch zusammen, und ihr wurde ganz kalt. Wie kam sie aus der Nummer nur wieder raus? Bevor sie nachdenken konnte, sagte sie: »Und haben Sie schon diese niedlichen Kochbücher gesehen, die es zu diesen Herden gibt? Speziell für Kinder geschrieben, spätestens jetzt können sich die kleinen Köchinnen dann auch als echte Hausfrau fühlen.«

Und wie sie es erwartet hatte, fing er an, über seine beiden Töchter zu reden, und zeigte sich recht begeistert über die Kombination von Herd und so einem Kochbuch. Dummerweise konnte sie keins zeigen. Spontane Ideen, die aus dem Mund heraussprudelten, erlaubten keine Vorbereitungszeiten.

Als sie aus dem Geschäft heraustrat, schloss sie kurz die Augen. Schüttelte innerlich den Kopf über sich selbst. Aber Pircher als Kunden zu verlieren, war keine Option, das Handelshaus expandierte seit Jahren und hatte erst vor ein paar Wochen ein weiteres Lager hinzugekauft. Gerade jetzt war es wichtig, die Bestandskunden zu behalten. Was hätte sie machen sollen? Wieder einmal verfluchte sie die Tatsache, dass sie als Mädchen das Licht der Welt erblickt hatte. Das war nicht gerecht! Doch davon würde sie sich nicht unterkriegen lassen. Aufgeben war keine Alternative.

Sie rückte in ihrem kleinen Hotelzimmer den steifen Holzstuhl ganz nah ans Fenster, sodass sie möglichst viel Blau sehen konnte, und öffnete das Auftragsbuch, betrachtete mit Genugtuung die

Einträge von heute. Da hätten sie erst einmal wieder etwas Arbeit. Das reichte noch lange nicht, aber die Summe machte es aus, und zufriedene Kunden ergaben Kunden, die immer mehr bestellten. Mit einem Seufzen schloss sie das Buch, legte es auf den Boden und zog ein westentaschengroßes Notizheft aus ihrer Tasche, das in schwarzes Leder gebunden war und ein edler Goldschnitt zierte. Ein Geschenk ihrer guten alten Lina, damit sie ihre Reiseeindrücke festhalten konnte.

Aber es war viel mehr – es war der Kern ihres Erfolges.

Sie zückte einen Bleistift. Davon hatte sie immer mindestens fünf Stück bei ihren Reisen dabei, um auch während einer leicht schaukelnden Bahnfahrt Gedanken aufzuschreiben, das wäre mit einer Schreibfeder nicht so leicht gewesen, außerdem hatte sie so nicht das Problem, dass man die Seiten trocknen lassen musste, bevor man sie umblättern konnte, dafür hatte sie oft genug keine Zeit. Keine Zeit! Das schien aktuell ihr Lebensmotto zu sein.

Sie blätterte in dem Buch, bis sie auf die Überschrift BREGENZ stieß, die nächste freie Seite aufschlug und schrieb: *Pircher begeistert von Idee: Kochbuch zu Herd. Tochter Anna hat im Juni Geburtstag, Frau schwanger mit fünftem Kind, Geburt im Herbst, erkundigte sich nach Verkaufsattraktion von uns in der Schweiz – erwähnte Frösche.*

Mit einem Stirnrunzeln klappte sie das Notizbuch zu, drehte es auf die Rückseite und klappte es nun von hinten auf. Sie benutzte es von beiden Seiten, von vorne trug sie Informationen zu den einzelnen Händlern und Kunden ein, von der anderen Seite waren die wichtigsten Punkte gesammelt, was sie zu erledigen hatte. Auf der ersten freien Seite schrieb sie: *Bregenz – Pircher, Kochbuch zusenden.* Ein Stückchen weiter hatte sie Monatslisten notiert, wo sie im Juni den Namen *Anna Pircher/Bregenz* hinzufügte und im Monat September *Geburt fünftes Kind Pircher/Bregenz.*

Caroline hatte zwar ein gutes Gedächtnis, aber auch dem waren Grenzen gesetzt. Eigentlich sollte ich einen Rabatt mit der Post aushandeln, dachte sie. Diese ganzen Postkarten und Briefe schreiben, um Glückwünsche zu übermitteln, fraß einiges an Porto und Zeit. Ich muss Sophie mehr einbinden, falls sie das will, aber das wäre die beste Lösung, schoss es ihr durch den Kopf. Eine schöne Schrift hatte das Mädchen, und fleißig war es auch. Bis die Jungen einsetzbar waren, würde es noch ein paar Jahre dauern. Ein paar Jahre war gut, sprach sie in Gedanken mit sich selbst. Willi war gerade mal acht.

Caroline hatte bei dieser Rundreise Abstecher zu ihren Kunden in St. Gallen, Luzern, Basel, Lahr und Karlsruhe eingeplant, wollte bei einem Markt in Stuttgart vorbei, um zu schauen, was die Konkurrenz anbot, um dann möglichst schnell wieder zu Hause zu sein. Eine innere Unruhe hatte von ihr Besitz ergriffen, die sie nicht abzuschütteln vermochte.

Sie saß in der Oberrheinbahn auf dem Weg nach Karlsruhe, hatte die Augen geschlossen und döste vor sich hin, was nach einer gewissen Zeit des Hin- und Hergeschaukels ganz normal geworden war, als etwas knallte. Der Zug schlingerte und blieb ruckartig stehen, sodass sie nach vorne gegen die gegenüberliegenden Sitze geschleudert wurde. Menschen schrien verängstigt durcheinander, worin sich eine Tierstimme mischte, die so hoch schrillte, dass es die Trommelfelle zu zerfetzen schien. Caroline hatte sich mit der Hand am leeren Sitz gegenüber abfangen können und zog sich am Fenster hoch, starrte hinaus. Die Abteile waren zum Stillstand gekommen, aber die Lokomotive und der dahinterliegende Schlepptender pflügten sich überstürzt die Böschung hinunter, bis sich die Schnauze der Lok so in die Erde gegraben hatte, dass sie senkrecht stehen blieb. Totenbleich schwankten der Lokomotivführer und sein Helfer hinaus, entfernten sich hastig von der Lok und blieben einige Meter davon kopfschüttelnd stehen. Irgendwie war die Kupplung hinter dem Schlepptender gerissen. Fahrgäste strömten aus den Abteilen, einige stöhnten, hielten sich Körperstellen, andere bluteten aus Platzwunden, ein kleines Kind wollte sich gar nicht mehr auf dem Arm seiner Mutter beruhigen lassen.

Neben Caroline drängten sich die drei Köpfe der Mitreisenden, die sich laut unterhielten, mit den Armen und Händen gestikulierten, Caro etwas fragten, die automatisch nickte, ohne ein Wort verstanden zu haben. Sie wurde zur Seite geschoben, die Türe geöffnet, und die anderen stiegen aus. Alles war wie in Watte eingepackt, so irreal. Als ob Caroline das Geschehene als Bilder in einem Buch sehen oder davon in einem Zeitungsbericht lesen würde, anstatt selbst Beteiligte eines Zugunfalls zu sein.

Das Kind draußen schrie und schrie, hatte schon ganz rote Wangen, die Mutter schaute sich verzweifelt um.

Caroline drehte ihren Kopf, wo war ihre Reisetasche hingeschleudert worden? Als sie sich bückte, um sie aufzuheben, spürte sie ein Stechen im Knie, doch sie wühlte in der Tasche, bis sie einen der Frösche gefunden hatte, die sie immer mit sich herumschleppte. Sie eilte hinaus, setzte sich vor das Kind auf die Wiese, drückte den Kopf des Frosches nach unten, zog die Hand weg und sah dem Blechspielzeug zu, wie es mit einem hohen Hopser abhob, um dann auf der Seite im Gras zu landen.

Das Kind verstummte, betrachtete Caroline, die den Frosch immer wieder springen ließ, bis es selbst nach unten wollte und den grünen Blechkameraden glücklich an sein kleines Herz drückte.

»Danke«, sagte die Mutter und ließ sich daneben ins Gras sinken. »Sie haben mich gerettet.«

Caroline saß zwischen ihrem Gepäck, was die Zugbegleiter mittlerweile an die Passagiere verteilt hatten, und sie wartete, vielleicht zwei Stunden, bis die zehnte Pferdekutsche eingetroffen war, in die sie mit hineinpasste. Vorrang hatten natürlich die Verletzten gehabt, dann die sehr wichtigen geschäftigen Geschäftsleute, hernach die quengelnden Kinder mit dem Rest der dazugehörigen Familie, und Caroline hatte es ja nicht eilig. Der Kutscher brachte sie in die nächstgelegene Stadt, nach Bühl in Baden. Eigentlich wollte Caroline nach Karlsruhe, aber auf den einen oder anderen Tag kam es da nicht an.

Es dämmerte bereits, als sie das Gasthaus Zur Traube betrat, zwei Burschen ihr Gepäck in ein Zimmer trugen und sie sich kurz frisch machte, um danach in die Wirtsstube zu treten. Hunger hatte sie hinuntergetrieben, das war auch das Einzige, eigentlich wäre sie viel lieber ins Bett geschlüpft und hätte die Decke über ihren Kopf gezogen.

Die Stube war voll belegt, und sie blieb stehen, um zu schauen, wo ein freier Platz war, als eine Frau ihr zuwinkte. Es war die Mutter des Kindes, dem Caroline den Frosch geschenkt hatte. »Bitte setzen Sie sich doch zu uns, es wäre uns eine Freude.«

»Gerne, danke schön.« Caroline nahm an dem Tisch Platz.

Der Ehemann stellte sich als Fritz Kurz vor, von Berufs wegen Arzt, und Caroline erinnerte sich, dass er sich um die Verletzten gekümmert hatte.

Caroline unterhielt sich mit dem Ehepaar darüber, ob sie am nächsten Morgen wie angekündigt zu einer Fortsetzung der Bahnreise abgeholt werden und wer die Kosten für die Unannehmlichkeiten übernehmen würde, als der Wirt ihnen Rotwein in die Gläser goss. Samtweich glänzend und beruhigend. Nicht ohne Grund verschrieben die Ärzte zur Entkrampfung und Entspannung Wein. Fritz fragte den Wirt nach dem Namen des Weins und sagte erstaunt: »Affentaler? Ja, gibt es denn hier Affen?«

Der Wirt schmunzelte. »Nein, natürlich nicht, das sagen auch nur wir hier. Eigentlich heißt das Tal, in dem die Reben wachsen, das Ave-Maria-Tal.«

»Ave-Maria-Tal?«

»Ja, wissen Sie, die Zisterzienser-Mönche des Klosters Baden-Baden-Lichtental bauten dort als Erste diese Spätburgunderreben an, da blieb vom Ave noch der Affe hängen.«

Die Gäste lachten, und Caroline genoss es, den Kopf etwas frei zu bekommen, frei von dem Gedanken, was wäre denn gewesen, wenn die Kupplung weiter hinten durchgebrochen und die Lokomotive so viel Schub gehabt hätte, dass die Waggons allesamt aufeinandergestürzt wären? Sie selbst tot und die Kinder elternlos?

Als sie später im Bett lag, schlugen verschiedene Bilder Purzelbäume in ihrem Geist und ließen sie den Schmerz vergessen, der bei jeder Bewegung in ihr Knie stach wie eine zornige Wespe. Fritz hatte gemeint, dass das schon wieder von alleine weggehe, sie solle es schonen und still halten. Mit dem Affen hatte sie eine neue Idee für ein Spielzeug bekommen: Könnte man da nicht mit einem Uhrwerk so einen Blechaffen zum Klettern bringen? In dieser Nacht lag Caro noch lange wach und dachte über die Erzählungen von Wilhelm nach, die er in seiner Kindheit im Waisenhaus erlebt hatte, auch er war innerhalb von wenigen Monaten zum Vollwaisen geworden. So etwas konnte keiner einplanen, das Leben fuhr auf seiner eigenen Schiene.

»Drum prüfe, wer sich ewig bindet,
Ob sich das Herz zum Herzen findet.
Der Wahn ist kurz, die Reu' ist lang.«

Friedrich Schiller

Kapitel 13

Pochen

ZWEI WOCHEN SPÄTER,
JUNI 1867, GÖPPINGEN

In Göppingen war alles wie immer und doch ganz anders. Julius hatte sie vom Bahnhof mit dem Handkarren abgeholt, das war sie gewohnt, da Wilhelm früher oft keine Zeit dafür gefunden hatte, und die Gesellen seien ja auch für so etwas da, hatte er zu sagen gepflegt. Auf eine freundliche Begrüßung und Austausch von Floskeln folgte eine Gesprächspause, während sie den Weg zum Haus liefen. Caroline hätte genau sagen können, wie viele Schritte sie bis zu welcher Weggabelung brauchte, so oft war sie hier schon entlanggeschritten. Und doch fühlte es sich diesmal fremd an. Ihr Knie fing wieder an zu schmerzen, und ihr Herz pochte so schnell, dass sie für einen Moment glaubte, keine Luft mehr zu bekommen. Sie blieb stehen und schaute Julius hinterher, der den Handkarren vor sich herschob, als ob der riesige Musterkoffer nichts wöge. Er spürte ihren Blick in seinem Rücken, hielt an, drehte sich um, schob die Mütze mit der einen Hand etwas zur Seite, um sich darunter am Haar zu kratzen. Er stellte den Karren ab und kam zurückgelaufen. »Frau Märklin, ist alles in Ordnung mit Ihnen?«

Sie nickte, schwankte und fasste nach seinem Arm. Stützte sich ab und humpelte zwei Schritte vorwärts.

»Vom Zugunglück?«, fragte er.

Sie nickte erneut, biss sich auf die Lippe und war froh, als sie im Inneren ihres Hauses war. Hier fühlte sie sich weniger verletzlich, hier war ihr Zuhause.

Die nächsten Tage waren erfüllt mit dem Sortieren von Aufträgen, ständigen sich wiederholenden Diskussionen, welche Reise die

Firma Märklin mit ihrem Warensortiment antreten solle, mit den gängigen Bestellungen aus der näheren Umgebung, die Regenrinnen, Haushaltswaren und Badezimmereinrichtungen anbelangten, der Vorstellung eines neuen Lehrlings und eines ausgelernten Flaschners.

Und mit dem Besuch von Lina. Sie stand eines Morgens vor der Tür, als hätte der Frühling sie dort abgestellt, um die letzten Blüten an den Apfelbäumen zu öffnen. Linas Gepäck war nicht gerade viel weniger, als wenn Caroline mit dem mächtigen Musterkoffer loszog, aber dafür hatte ihre Freundin anstelle der Blechwaren einen Haufen Bücher, edle Kleidung aus Seide, Tee und Geschenke für die Kinder dabei. So ein bisschen gehörten die Kinder ja auch ihr, das behauptete sie zumindest ab und an, wenn sie Caro überreden wollte, sie in Ludwigsburg besuchen zu kommen, und sie darauf anspielte, dass niemand so gute Ratschläge für nicht funktionierende Erziehungsmethoden geben könne wie sie.

Lina nistete sich bei ihnen ein wie zuvor Emilie, nur dass Caros Gestalt der Trauer mittlerweile von einem Riesen auf einen Zwerg geschrumpft war. Es war einfach keine Zeit dafür. Natürlich sprach man immer mal wieder von Wilhelm, aber die Gespräche drehten sich lieber um die Zukunft. Um die Lebenden, den Sommer mit seinen sehnsüchtigen Vogelgesängen. Kurz vor seinem Tod hatte Wilhelm noch neue Maschinen bestellt und bezahlt, diese standen endlich in ihrer ganzen Pracht in der Werkstatt und wurden bereits eingesetzt, der Fortschritt ließ sich durch nichts beeindrucken.

»Was stand denn jetzt im Brief deiner Mutter?«, fragte Lina, fuhr sich mit der Hand durch das verschwitzte Haar und verteilte damit Erdklumpen. Sie arbeitete zusammen mit Caroline in dem Gärtchen in den oberen Fischländern, neben Feilenhauer Krauß und Schmid, wo sie Gemüse und Salat anbauten und ernteten.

»Du bist ja gar nicht neugierig … Na ja, im Brief stand so einiges, Mutter erzählt, dass Emilie frisch verliebt ist und überlegt, in einem Kindergarten mitzuarbeiten, dass Rieke mit ihrem Carl wohl Ulm bald verlassen wird, um nach Ludwigsburg zurückzukehren. Es gibt Neuigkeiten aus Russland von Pauline und Karl und natürlich aus Amerika von den erfolgreichen Brüdern, und sie schreibt von August.«

»Aha. August. Was denn?«

»Dass er auf seinem Weg nach Paris noch in Ludwigsburg vorbeigeschaut hat.«

»Ist das nicht in Ordnung?«, fragte Lina, die Carolines Gesicht betrachtete.

»Nein, nicht so ganz.«

»Aber es ist doch schon so viele Jahre her, dass ihr zusammen wart, hängst du ihm immer noch nach?«

»Nein, ganz bestimmt nicht, mir wäre es lieber, wenn er nicht in unsere Familie so eingebunden wäre.«

»Ach Caro, das hat doch alles nichts mit dir zu tun.«

»So, ja? Dann rate mal, wer bei der Beerdigung hier aufkreuzte und mir sein Beileid aussprach?«

»Nee, oder?«

»Doch.«

»Ja, dann ... dann sieht das Ganze etwas anders aus«, schätzte Lina die Lage ein.

»Nee, oder?«, ahmte Caroline sie nach.

»Doch«, sagte Lina und lachte. »Aber er kann ja machen, was er mag, es kommt auf dich an, wie du reagierst. Also, soll er bei deiner Mutter sitzen und Kaffee trinken, ist doch schön, dass sie Gesellschaft hat.«

»Mhm«, grummelte Caroline. Es gab niemanden, der besser auf eine Sachlage einen anderen Blick werfen konnte als Lina. Da verging einem sogar das Rummosern.

Mit Salat, Gurken und Karotten gingen die Frauen wieder zurück zur Wohnung, um sich zu säubern und dann das Mittagessen zu kochen. Während sie anfingen, den Salat zu putzen, erwähnte Lina so nebenbei, dass sie wohl wieder nach Italien gehen würde, diesmal für länger.

»Vielleicht komme ich dich ja mal besuchen«, witzelte Caroline.

Lina schwieg, wobei ihre Putzbewegungen an Schnelligkeit zunahmen.

Caroline hielt inne. »Mhm, sag mal, liebste Lina, was meinst du denn mit *für länger?*«

»So ungefähr bis zu meinem Tod?«, kam die zögerliche Antwort.

»Aber warum das denn?«

»Du sagst ja immer, ich soll mal auf den Arzt hören, und dieser sagt nun mal, dass mir die Luft und die Wärme da unten guttun würden, ich werde ja auch nicht jünger.«

»Jünger vielleicht nicht, aber immer hübscher.«

Lina warf ihrer Freundin eine Kusshand zu. Das Älterwerden war nichts, was man sich aussuchen oder als Retourware zurückgeben konnte, leider.

Ein paar Tage später kam Friederike vorbei, wollte mit Caroline alleine sprechen und erzählte ihr, dass neue Gerüchte die Runde in der Stadt machten, über ihre Reiserei, dass sie das Trauerjahr nicht ernst nehme und sobald Wilhelm unter der Erde sei, sie wieder mache, was sie wolle.

Von wegen machen können, was man wollte, erwiderte Caroline. Sie hatte wochenlang auf eine amtliche schriftliche Genehmigung warten müssen, um geschäftlich reisen zu dürfen. Aber sie konnte sich schon vorstellen, auf welche Person diese Gerüchte zurückzuführen waren. Als Friederike ging, meinte diese noch, dass Caroline nichts Unüberlegtes machen solle. Aber was war schon unüberlegt oder überlegt? Irgendwann war das Fass einfach voll, dann musste der Deckel drauf, bis auch der letzte Hauch Geläster erstickt war.

Caroline fragte bei der Nachbarin, die einen Einblick in das Leben der Familie Roth hatte, so ganz nebenbei nach den Gewohnheiten von Fräulein Weber. Sie erfuhr, dass diese zu festen Zeiten auf den Markt ging, und so lauerte Caro ihr dort auf. Wie üblich kam die

Gesellschafterin am Mittwoch gegen neun Uhr angeschlendert, schick zurechtgemacht, mit Hut nach neuester Mode und ausreichend Rüschen über dem Rock. Sie kaufte ein paar Kleinigkeiten wie eine neue Seife, eine Bürste und vom Imker ein Glas Honig, wechselte hier ein paar Worte, lästerte dort über jemanden, und als sie den Platz verließ, an einer Hauseinfahrt in Richtung Anwesen Roth vorbeikam, stellte sich Caroline ihr in den Weg und zog die Überraschte am Ärmel ein Stück in den schattigen Vorplatz des Hauses. »Wir müssen reden.«

Die Blondine schüttelte ihre Hand ab. »So? Ich wüsste nicht, warum.«

»Wenn du es noch einmal wagst, einen Dreck über mich zu verbreiten, dann …«

»Ja, was dann? Und seit wann sagt man zur Wahrheit Dreck?«

»Ich habe dir nichts getan, lass mich doch einfach in Ruhe.«

Webers Stimme wurde leise. »Du hast ihn mir weggenommen.«

»Bitte?«

»Jawohl, bevor du kamst, waren wir ein Liebespaar«, spie sie aus, und nach einem kurzen Zögern sagte sie gehässig: »Nicht nur dann.«

»Aber … aber er war doch mit deiner Freundin verheiratet.«

»Ich meine ja nach ihrem Tod, da hatte es erst begonnen.«

»Das kann ich dir nicht glauben. Ich warne dich, hör auf, meinen Namen in den Schmutz zu ziehen.«

»Warum? Genau da gehört er hin.«

»Sonst stecke ich das deinem Arbeitgeber, und schau mal …«, bei diesen Worten trat Lina hinter einem Busch hervor. »Eine Zeugin haben wir auch … Nur dass du Bescheid weißt, sonst drehen wir den Spieß um. Mal schauen, ob Familie Roth auf Skandale ihrer Hauswirtschafterin erpicht ist.«

Fräulein Weber spuckte vor Carolines Füßen auf die Erde, drehte sich um und rauschte davon.

Ob Caroline jetzt wohl Ruhe vor ihr hätte? Das würde die Zukunft zeigen.

Ein klammes Gefühl blieb in ihrem Bauch zurück, was war das nur zwischen dieser Gewitterziege und ihrem Wilhelm gewesen, und warum hatte er ihr nie etwas darüber erzählt?

***

EIN HALBES JAHR SPÄTER,
JANUAR 1868

»Natürlich fährst du dorthin, ich bestehe sogar drauf!« Caroline sah ihren ersten Vorarbeiter streng an.

Julius stand vor ihr und wedelte mit einem Brief in der Luft, als ob er Fliegen verscheuchen wollte.

Caroline legte ihre Hand auf seine Schulter. »Wenn deine Mutter krank ist, dann musst du doch nach Hause fahren, egal ob deine Schwester Milli und dein Bruder Gustav mit dir zuletzt im Streit verblieben sind. Familienzwist hört spätestens da auf, wo es um die Gesundheit von einem geht.«

Julius schaute nur traurig, unfähig, ein Wort zu sagen. Vor einiger Zeit, als sie alle zusammen Weihnachten gefeiert hatten, hatte sie mit ihm abends alleine am Küchentisch gesessen und nach seiner Familie gefragt, und er hatte mit weinseliger Zunge von seiner Vergangenheit erzählt, nur Ausschnitte, aber es reichte, damit sich Caroline ein Bild machen konnte, von dem perfekt gelungenen Bruder, der dem Beruf des Vaters nacheiferte und als Finanzverwalter in Tübingen arbeitete, von der Schwester, die einen Goldarbeiter in Gmünd an Land gezogen hatte, und von dem Streit zwischen seinem Vater und ihm selbst, da es ihm nicht gelungen war, die Schule mit einem guten Abschluss zu beenden. Er sei kein Mensch des geistigen Lernens oder des Stubenhockens, betonte er. Er falle mit seiner Art komplett aus dem Schlage Eitel heraus, was er auch ständig unter die Nase gerieben bekam. Er sei ein Träumer und Zauderer, und das seien noch die netteren Betitelungen. Zwar hatte er Bücher von Schiller und Walter Scott in seinem Besitz, und Caroline plauderte gerne über Literatur mit ihm, aber er schob alles Gutbürgerliche weit von sich. Mit den Händen zu arbeiten, am Abend fertige Stücke zu betrachten, das sei erfüllend, meinte er. Und vielleicht mal selbst eine Werkstatt zu besitzen, hatte er leise hinzugefügt und dabei seine Chefin etwas länger angeschaut.

Caroline musste nach dieser Unterhaltung viel über ihre Frage nachdenken, die sie Lina vor Jahren gestellt hatte: Was für einen Einfluss auf das Leben hatte das Zuhause, in das man geboren wurde? Die soziale Schicht konnte zwar Weichen stellen und vieles einfacher machen, aber die Menschen um einen herum, die Unterstützung, die man erfuhr, war anscheinend mindestens genauso wichtig. Wenn sie über ihre Kindheit nachdachte, war da immer eine Leichtigkeit, immer Zeit zu spielen gewesen, zu klettern und zu toben, trotz der Arbeit und dem frühen Miteinbezogenwerden bei Botengängen, in der Küche, in der Werkstatt, aber sie durfte sich auch ausprobieren. Natürlich schimpfte der Vater, wenn sie Material verschwendete, weil sie Muster in zu schrillen Farbkombinationen oder Landschaften gemalt hatte, die eher aus Albträumen zu stammen schienen, mit Bäumen, die ihre Äste wie Greifarme ausstreckten, und düsteren Wolken, die sich zu einem Gewitter über ein Hexenhaus versammelt hatten. Abends lauschte man den Diskussionen über ferne Handelsplätze, was der König für Porzellan an seiner Tafel eindecken ließ und was Paris für einen schlechten Einfluss auf Deutschland hätte. Der Kopf hatte sich mit Träumen gefüllt und die Hände sich in Geschicklichkeit geübt.

»Vielen Dank«, sagte Julius in diesem Augenblick, nahm ihre Hand in die seine. »Frau Märklin, Sie sind wirklich eine ganz besondere Frau. Sie müssen sich keine Sorgen machen, ich werde die anderen genauestens anweisen, was sie machen sollen, sodass von meiner Abwesenheit kein großer Schaden ausgeht.«

»Ich mache mir keine Sorgen, Julius, jetzt verschwind und pack, sonst verpasst du noch deinen Zug.« Caroline schaute ihm hinterher, und verschiedene Gedanken und Gefühle vermischten sich, ließen sie unzufrieden zurück. Sie wusste, dass sie bald eine Entscheidung fällen musste, und sie wusste, dass Julius von sich aus keinen ersten Schritt machen würde, er wartete auf ein Zeichen von ihr. Das hatte sie über ihn mittlerweile herausgefunden: Er war mit allem sehr vorsichtig. Nur wusste sie nicht, ob er damit vor allem sich selbst oder die anderen schützen wollte.

Als er mit warmem Mantel und Koffer vor ihr stand, deutete er einen Handkuss über ihrer Hand an und verließ das Haus. Ließ eine Caroline zurück, die knallrote Wangen hatte, wie ein Schulmädchen nach dem ersten Stelldichein. Jesses, dachte sie, für so etwas bin ich doch echt zu alt.

Julius blieb länger weg, als es abgesprochen war. Dafür hatte er einen ernsten Anlass: Seine Mutter war gestorben, und zwischen den Geschwistern entbrannte ein heftiger Streit. In einem Telegramm entschuldigte er sich über drei Zeilen, erwähnte sein Erbe, das ihn nun in eine bessere Position versetze. Caroline rätselte, was er damit meinen konnte, hatte er nicht auch von seinem jugendlichen Traum erzählt, eine eigene Firma zu gründen? Wollte er sich jetzt selbstständig machen? Vielleicht war er gar nicht schüchtern, sondern hatte einfach kein Interesse an ihr? Immerhin war sie zwölf Jahre älter als er. Sie tanzte zwar noch wie ein junges Mädchen, und Julius meinte, dass ihr gewitzter Geist alle anderen hinter sich verblassen lasse, aber sie war nun mal zwölf Jahre älter. Bis jetzt hatte sie auf weitere Fragen von Kunden, die sie über ihre anstehende Hochzeit befragt hatten, immer vieldeutig geantwortet, dass das Wasser unter den Mühlen der städtischen Beamten leider sehr flach fließe und alles seine Dauer habe, aber sie musste sich etwas einfallen lassen. Als Witwe war sie nicht vollständig geschäftstüchtig, sie hatte das Bürgerrecht beantragen müssen, um weiterhin den Warenhandel, der ins Ausland an Zollabgaben gebunden war, tätigen zu können. Aber sie stieß immer wieder auf Beamte, die ihr das Leben zur Hölle machten, sich weigerten, ihr Dokumente auszustellen, und das Gespräch einfach abbrachen. So etwas war ihr sogar im eigenen Betrieb passiert, als ein frisch eingestellter Geselle in seiner ersten Arbeitswoche nicht auf sie hatte hören wollen. Er nehme keine Anweisungen von Frauen an, hatte er gesagt. Keine Frage, dass er sich die Woche drauf bereits einen neuen Job hatte suchen können, Gott sei Dank waren die Arbeitspapiere noch nicht vollständig ausgefüllt gewesen, aber es zehrte sehr an ihren Kräften.

In der gleichen Woche brachte Marie ihr einen Brief von Albert in den Laden.

Liebe Caroline,
ich fand Deine Idee, Eure Kinderkochherde mit Puppenmöbeln zu ergänzen, großartig. Vielleicht können wir ja sogar kleine Fässer beisteuern. Ich habe übrigens jemanden gefunden, der vielleicht liefern könnte. Sobald ich seine Muster erhalten habe, schicke ich sie Dir.
In Liebe
Dein Onkel Albert

Caroline legte den Brief lächelnd zur Seite. Ein ganzes Puppenhaus konnten sich die wenigsten leisten, aber ein Tisch, ein paar Stühle und vielleicht ein Schrank und Bett ergaben bereits einen ausreichenden Spielraum, den Rest würde die Fantasie der Kinder erledigen. Die Antwort ihres Onkels gab ihr Kraft, die Tage zu überstehen, die Verantwortung zu tragen. Während der Winterzeit war die Arbeit im Haus noch anstrengender, das morgendliche Feuermachen, das Brennholz besorgen, alleine das Aufstehen, wenn die Bettlaken vor Kälte klamm waren und die Kinder vor Unbehagen wie aus dem Nichts anfingen zu weinen. Caroline liebte zwar das Weiß, das sich wie eine Decke über jeden Winkel der Stadt legte und es wenigstens einmal schaffte, alles gleich zu machen, aber auf das Frostwetter hätte sie verzichten können.

Aus der Werkstatt klangen die vertrauten Hammergeräusche,

dieser metallische Laut, der zu Carolines Leben dazugehörte wie die Luft zum Atmen. War das vielleicht Heimat? Wenn die Geräusche um einen herum den Rhythmus des Lebens ausmachten, wenn das Fehlen der Klänge ein Unbehagen auslöste?

Am Nachmittag öffnete sich die Tür zum Laden, und Julius trat ein, mitsamt Gepäck und Schnee, der ihm von den Schultern rieselte. Scheu kam er herein, und Caroline wusste sofort, dass etwas nicht stimmte. Julius und die anderen Angestellten kamen nie durch den Haupteingang, normalerweise benutzten sie den hinteren Eingang.

Zaghaft schloss er die Tür hinter sich, kam auf Caroline zu und sank vor ihr auf ein Knie, nahm ihre Hand in die seine und sagte: »Liebe Caroline, willst du meine Frau werden? Du würdest mich zu einem sehr glücklichen Mann machen …«

Sie schaute auf ihn hinunter und spürte ihr Herz, das sich vor lauter Klopfen aus ihrer Brust zu lösen schien.

Er fuhr fort: »Ich … weißt du, jetzt steh … jetzt knie ich auch nicht mittellos vor dir, ich hab ja etwas … also nicht viel, im Gegenteil, aber …«

Caroline beugte sich vor, verschloss seine Lippen mit einem Kuss. Dazu waren keine weiteren Worte nötig. Sie wusste, dass in Göppingen über ihren Altersunterschied gelästert werden würde, dass die Leute behaupten würden, dass er sie nur heirate, weil er damit sofort eine Werkstatt und Geschäft leiten könne und keinen Meistertitel brauche. Dass sie das Vermögen mit einbringe und er ein armer Schlucker sei. Das mit dem Geschäft leiten ohne Meistertitel war ja rein faktisch korrekt, auch dass sie das Geld hatte. Und sie brauchte einen Mann, um endlich die Geschäfte weiterbringen zu können, darüber würde sie noch mit ihm reden müssen. Aber konnte da nicht auch ein Stückchen Liebe Platz haben? Er umschlang ihre Hüfte, zog sie nach oben, küsste sie leidenschaftlich, sodass in Carolines Kopf die Gedanken Purzelbäume schlugen und davonflatterten wie ein Schwarm Schmetterlinge.

Die Hochzeit fand zwei Monate nach Julius' Antrag im wonnigen Mai statt. In einem bescheidenen Kreis, aber von Bienen umsummt und von der Sonne belacht. Carolines Mutter ging es nicht so gut, und eine der Schwestern blieb bei ihr, somit kamen nur Pauline, Emilie und Albert mit seiner Frau sowie aus der Stadt ein paar Bekannte und Freunde wie Friederike. Von Julius' Familie erschien nur die jüngste Schwester Frieda Eitel[29], die unverheiratet in Weinsberg lebte. Sie war die Einzige, die noch Kontakt zu ihm hatte. Bei der Erbaufteilung und dem Verkauf des Elternhauses, ein zweistöckiges Holzhaus in Freudental direkt neben dem Hirschwirth Weber, der das auch schließlich kaufte, brach das unter der Oberfläche schlummernde böse Blut aus. Julius hatte nie viel darüber erzählt, aber ein Onkel aus Frankfurt hatte die andere Schwester, Emilie, mit dreihundert Florin unterstützt, und es waren wohl noch weitere Summen vonseiten der Eltern in Richtung Gustav und Emilie geflossen, die bei der Auflistung nicht auftauchten. Als Caroline ihm mitfühlend den Rücken gestreichelt hatte, hatte er nur abgewunken und gemeint, dass er dort eh nie hineingepasst und jetzt etwas viel Besseres habe, nämlich sie. »Und die Kinder«, hatte Caroline hinzugefügt. »Natürlich«, hatte er erwidert. »Das gehört dazu.«

Vor der Hochzeit war es Caroline eine Herzensangelegenheit gewesen, mit Julius über die gemeinsamen Vorstellungen zu reden, wie die Firma Märklin weitergeführt werden sollte. Sie hatte den Eindruck, dass er ihre Ideen verstand und den Weg teilte, den sie vor sich sah. Als sie von den Erfolgen der Göppinger Familie Schönhut[30] erzählte, war er beeindruckt. Der jüngste Sohn war nach Philadelphia ausgewandert und entwickelte Kinderklaviere mit stabilen Tasten aus Stahl. Die Klaviere wurden ihm förmlich aus den Händen gerissen, und man munkelte, dass er plane, sein Warenangebot mit weiteren Instrumenten und Spielen zu erweitern. Es steckte, wie so oft im Leben, ein starkes Selbstbewusstsein dahinter mit der Überzeugung, etwas zu wagen, um solch einen

Durchbruch zu haben, und den Mut, bestehende Produkte zu verändern, indem man neue Techniken und Materialien einsetzte.

Julius sprühte vor Tatendrang, informierte sich über den Stand der Entwicklung der Blech verarbeitenden Maschinen und überlegte, wie sie die Werkstatt erweitern könnten, falls der Umsatz steigen sollte. Ihren Vorschlag, Werbeanzeigen in die Tageszeitung zu setzen, fand er gut, und so sah man zum Sommer, Herbst und dann auch zu Weihnachten im *Göppinger Wochenblatt* Anzeigen, die durch einen schwarzen Rahmen, ein Bild und die Größe gleich ins Auge fielen. Gerade zu Weihnachten konnten sie das meiste Kinderspielzeug absetzen, da es Brauch wurde, neben Nüssen und Leckereien auch kleine Geschenke unter den Baum zu legen. Die, die es sich leisten konnten, hatten auch einen geschmückten Weihnachtsbaum in der Stube. So stand über der Zeichnung eines Kinderkochherdes[31] zu lesen:

Für Weihnachten empfehle ich meine
Kinder-Spielwaren: Kochherde in 8 Nummern,
sowie Küchengeräte aller Art. Auch habe ich noch
eine Parthie große Blechwaren,
Gesundheitsgeschirre und lakierte Kaffeebretter,
die sich zu Weihnachtsgeschenken eignen und die ich,
um vollends damit zu räumen, äußerst billig abgebe.
J. Eitel, Flaschner,
Firma: W. Märklin

Sie behielten Märklin als Firmennamen, da dieser bereits bekannt und beliebt war und für gute, gleichbleibende Qualität bürgte. Julius war das zwar nicht recht, aber Caroline ließ seinen Namen groß davorsetzen, und er gab sich damit zufrieden. Unausgesprochen war zwischen ihnen die Tatsache, dass die Firma später auf die Märklinsöhne übergehen sollte, aber das hatte Julius gewusst, bevor sie geheiratet hatten. Die Wochen verstrichen schneller, als der Wind von einer Hausecke zur nächsten huschte. Es ging arbeitsam zu im Hause Märklin wie in einem Ameisenbau. Es wurde geschleppt, gehämmert, gebogen, neue Formen entwickelt, gelötet, genietet, es wurde beraten, entworfen, verworfen. Caroline reiste weiterhin als Handelsreisende durch das Land und hatte nun auch einzelne Blechmöbel als Muster im Gepäck, die ihr Albert vermittelt hatte. Sie stammten von der Firma Lutz, deren Konditionen für den Weiterverkauf zu lukrativ waren, als dass Caroline das hätte abschlagen können. August war weiterhin in Paris, da konnte sie mit seinem Vater ja Geschäfte machen, dachte sie und wusste in ihrem Innersten, dass es falsch war. Augusts schmerzerfüllter Gesichtsausdruck, als er bei der Beerdigung vor ihr gestanden hatte, verfolgte sie in manch schlaflose Nacht und hielt sie wach, bis die Vögel anfingen, den Morgen zu begrüßen.

* * *

ZWEI JAHRE SPÄTER,
SEPTEMBER 1870, GÖPPINGEN

Die Stimmung in Göppingen war seit Monaten angespannt, man hörte immer wieder aus den geöffneten Fenstern Menschen laut klagen und weinen, die Volksfeste waren in dieser Stadt und überall im Lande eingestellt, eine Erstarrung bannte die Freude und bedrohte die Existenz von vielen. Es herrschte Krieg. Krieg zwischen Frankreich und dem Norddeutschen Bund unter der Führung Preußens. Noch hielt Österreich die Füße still, obwohl Frankreich immer wieder versuchte, es auf seine Seite zu ziehen. Der Schrecken von Kampf, Gewalt, Hunger, Tod, das Morden von Brüdern an der Grenze zu Frankreich, es ging weiter, obwohl das letzte grausame Blutvergießen gerade einmal vier Jahre hinter ihnen lag.

»Ich weiß nicht, entscheide du«, antwortete Julius seiner Frau. Er saß mit ihr und den Kindern am Frühstückstisch und blickte mit leerem Gesichtsausdruck auf die aufgeschlagene Zeitung.

Caroline schloss kurz die Augen, atmete leise ein und aus, öffnete sie wieder, dann sagte sie mit normaler Stimme: »Julius, Liebling, was ist denn?«

»Kriegslandkarten, frisch eingetroffen mit Terrain und großen Maßstäben für einen Florin und zwölf Kreuzer, immerhin auf Leinwand. Neue Militärjacken, Feldbestecke, Feldflaschen oder warte … Militärmatratzen zu außerordentlich billigen Preisen. Der Frauenverein hat gesammelt, und auch der Männerverein. Was findest du besser: vier Flaschen Himbeersaft von der Familie Krumm, um die Männer im Feld zu pflegen, oder zweihundert Zigarren von Herrn Lang? Immerhin gibt es jetzt die Möglichkeit, über das Internationale Auskunftsbüro etwas über die verwundeten oder verletzten Soldaten zu erfahren.«

»Julius!«

»Wollen wir dem Unterstützungsverein für bedürftige Familien einberufener Reservisten und Landwehrmänner beitreten? Oder zählen wir selbst irgendwie dazu?« Julius schlug die Zeitung zu und blieb mit gesenktem Kopf sitzen. Ihr Lehrling und der ausgelernte Flaschner waren ebenfalls eingezogen worden. Somit hatte er nur noch einen Gesellen zur Hilfe, und alles ging schleppend und mühsam voran.

Erst am gestrigen Tag waren wieder Truppen durch Göppingen gezogen, eine einfarbige Masse Menschen, die mit trauervollen Mienen in die Züge gekarrt worden waren, wie man Vieh verlud. Direkt an die Front, um dort mit ihrem Blut die Erde rot einzufärben.

»Hast du gestern in der Stadt Blech bestellt?«, fragte Caroline und sah ihren Mann besorgt an. Er war so impulsiv geworden, unberechenbar und kalt. Immer öfters hatte sie das Gefühl, einem Fremden gegenüberzusitzen.

»Nein.«

»Aber wir brauchen das doch!«

Er hob den Kopf und schaute sie mit zusammengezogenen Augenbrauen an. »Dann schick doch Sophie oder mach es selber.«

Mit einem Ruck stand er auf, sodass der Stuhl umkippte und zu Boden polterte. »Du denkst auch, du kannst mich durch die Stadt jagen wie deinen Leibeigenen, oder was?« Mit monotoner Stimme sagte er: »Wenn es die verdammte Eisenbahn nicht gäbe, dann hätten wir diesen ganzen Mist nicht.« In den letzten drei Monaten hatten um die neunhundert Züge Hunderttausende von Soldaten, Pferden und Geschütz an die Front transportiert und verlängerten dadurch nicht nur den Krieg, sondern veränderten auch die Vorteile zugunsten Preußens.

»Daran sind so Leute wie du schuld«, er schmiss ihr die Zeitung in den Schoß. »Immer weiter, immer mehr, immer was Neues. Was ist denn, wenn die Franzosen bald wieder hier vor der Türe stehen? Mit geladenen Gewehren? Na, was wäre dann? Der Metzger hat erzählt, dass letzte Woche bayrische Soldaten ein französisches Dorf niedergebrannt und mindestens dreißig Dorfbewohner erschossen haben. Dorfbewohner! Was denkst du, was die Franzosen mit uns machen werden?«

Caroline versuchte, den weinenden vierjährigen Carl zu beruhigen, und reagierte nicht auf Julius. Sie hatte gelernt, dass irgendwann jedes Wort zu viel war und ihn nur erst recht in Rage brachte.

»Ich hab so was von genug. Ich geh jetzt.« Ein roher Ausdruck legte sich auf sein Gesicht.

»Aber … aber wohin denn?« Caroline sah ihm mit offenem Mund hinterher. Gerade jetzt, wo es auf jede Hand ankam, ließ er sie hängen. Sie räusperte sich, schnitt den Kindern noch eine Scheibe Brot ab und fragte die älteren Buben nach der Schule. Ihr Blick wanderte über ihre Köpfe, es dauerte noch so lange, bis sie flügge sein würden. Drei Jahre noch, bis Willi mit vierzehn in eine Ausbildung gehen konnte, wobei alle bereits tüchtig mithalfen und kleine Aufgaben so gut erledigten, wie sie es konnten. Carl zeigte zwar mehr Interesse an der Arbeit in der Werkstatt als Eugen, aber nicht jeder könne Goldschmied werden, betonte Julius. Manche mussten das einfache Leben zusammenhalten. Von den normal verdienenden Leuten gab es ja auch mehr, und die würden sich nicht einmal Gold aufs Brot schmieren, selbst wenn sie es könnten. Caroline war froh, dass sie ihren eigenen Garten und im Sommer Gemüse und Obst eingemacht hatte. Es gab überall Lebensmittelknappheit, und es wurde an allen Ecken und Enden gespart, sodass weniger Blechartikel verkauft wurden. Aber das Einzige, was Julius einfiel, war, über seine Rückenschmerzen zu klagen. Er war immer so gehetzt und gestresst, dass er nicht einmal mehr Muße hatte, mit ihr das Bett zu teilen. Es stand ihr als Frau ja nicht zu, eindeutige Bemerkungen fallen zu lassen, doch reagierte er überhaupt nicht mehr auf sie. Ob sie jetzt frisch gewaschen von einem netten Duft umhüllt neben ihm lag, für die Seife ein Heidengeld ausgegeben hatte, oder sie ihre Hände auf seinem Rücken wandern ließ, bis sie zu Stellen kam, von denen er sie sofort verdrängte. Er wünschte sich Söhne, aber fasste sie nicht mehr an. Er wünschte sich nicht nur Söhne, er hatte ihr sogar schon vorgeworfen, irgendwelche Mittelchen zu nehmen, um nicht mehr schwanger werden zu können, sodass das ganze Erbe auf Wilhelms Söhne falle. Was natürlich totaler Humbug war. Ihre Mutter hatte mit über vierzig noch Kinder geboren, daran konnte es also nicht liegen. Wenn er sie nur wieder anfassen würde, dann könnte sie ihn vielleicht mit einem Erben beglücken. Ihm nahe zu sein, ihn zu spüren, war so viel anders als mit Wilhelm. Am Anfang der Ehe mit Julius hatte sie sich auf Händen getragen gefühlt, mit dem Kopf zwischen den Wolken, leider hielt das nicht lange an. Das kannte sie ja bereits: Die schönen Dinge waren so flüchtig wie der Nebel. Bis auf ihre Kinder, die liebte sie mehr als ihr eigenes Leben. Wobei dieser Gedanke keinen Trost spendete, sondern sie nur noch trauriger machte.

»Dein Kind sei so frei es immer kann.
Lass es gehen und hören,
finden und fallen, aufstehen und irren.«

Johann Heinrich Pestalozzi (1746–1827),
Pädagoge und Politiker

Kapitel 14

Schwere

SECHZEHN JAHRE SPÄTER,
SOMMER 1886, GÖPPINGEN

Wenn man Caroline nach der Farbe ihres Lebens fragen würde, käme sie ins Schleudern. Strahlend gelb war die Kindheit, voller Sonnenschein und Liebe, grau die Zeit des Erwachsenenwerdens, was lange Schatten warf, grün, als sie Wilhelm kennenlernte und einen Weg fand, den sie als den ihren bezeichnen würde, gefolgt von einem Wechsel an dunkleren Tönen, in die helle Sprenkel Einzug hielten, aber zum Ende hin sich immer mehr einem zusammengepanschten Braun und Schwarz näherten.

Der Krieg hatte Gott sei Dank nach einem Jahr aufgehört, mit über 190.000 Toten und noch viel mehr Verwundeten. Frankreich musste Reparationen an Deutschland zahlen, an das Deutsche Kaiserreich, um genau zu sein, was sich aus dem Zusammenschluss der deutschen Staaten unter Preußen ergab. Es wurde zum zweitgrößten Staat Europas und das Militär dafür gefeiert, so sehr, dass Teile der soldatischen Gesinnung Einzug in Schulen hielten, wie der Geist des blinden Gehorsams. Pädagogische Reformarbeit aus den Jahren zuvor, die auf den Schultern Fröbels und Pestalozzis aufgebaut worden war und das Kind mit seinen Stärken und Fähigkeiten im Mittelpunkt sah, verfiel innerhalb von einem Augenzwinkern.

In den kommenden Jahren sprach man vom zweiten Wirtschaftsaufschwung dieses Jahrhunderts, die Fabrikgebäude mitsamt ihrer beengten, stinkenden Arbeiterviertel verbreiteten sich so schnell, wie Löwenzahnschirmchen durch die Luft flogen. Etwas weiter weg in Parkanlagen wuchsen die dazugehörigen Villen für die Firmenbesitzer. Nur Märklin entfaltete sich schwerfällig.

Caroline hoffte, dass es sich dabei wie mit dem hässlichen Entlein aus dem Märchen verhielt, das am Schluss dann zum schönen weißen Schwan heranwuchs. Sie hatten so viel in die Firma investiert, so viel, dass am Ende sogar die Söhne ausgezogen waren, aber alles der Reihe nach.

Die Nachkriegszeit fing damit an, dass Lina starb. Kurz vor ihrem Tod erreichte Caroline ein langer Brief von ihr, sie schrieb über die letzten Wochen mit einer schweren Erkrankung, die sie in einer Klinik ans Bett fessele, und dass sie nicht davon ausgehe, aus dieser Geschichte noch mal aufrecht heraustreten zu können. Lina bewahrte bis zum Ende ihren Humor und behielt leider einmal wieder recht. Kurz nachdem der Brief aus Italien bei Caro eingetroffen war, erhielt sie aus der Klinik ein Telegramm mit der Information, dass Lina verstorben sei. Ihre Freundin hatte bis zum Schluss alles durchorganisiert gehabt, sogar wer nach ihrem Ableben darüber informiert werden sollte. Caroline trug den Brief lange Zeit direkt unter ihrem Hemdchen am Oberkörper, um sich der geliebten Freundin nahe zu fühlen, und las die letzten Zeilen immer wieder und wieder:

Rasch tritt der Tod den Menschen an,
Es ist ihm keine Frist gegeben,
Es stürzt ihn mitten in der Bahn,
Es reißt ihn fort vom vollen Leben,
Bereitet oder nicht, zu gehen,
Er muß vor seinen Richter stehen!

Natürlich hatte Lina ein Schillerzitat kurz vor ihrem Tod geschickt, das brachte Caroline jedes Mal unter Tränen noch zum Lächeln. Mögen die Richter sich vor ihrer Freundin hüten, in Diskussionen könnte sie durchaus am längeren Hebel sitzen.

Nur ein Jahr danach starb Carolines Mutter, doch war Gott mit ihr gnädiger und ließ sie sanft einschlummern. Caroline war froh, dass ihre Mutter die Nachkriegszeit noch hatte miterleben dürfen, dass sie ihre Enkelkinder kennengelernt hatte und eine Welt hinterließ, die dank ihrer mit willensstarken Kindern bereichert wurde, und dass sich das Listsche Blut bis nach Amerika verbreitete.

Mithilfe des mütterlichen Erbes sowie einem Kredit von Onkel Albert wurde kräftig in die Firma investiert. Wegen baulichen Auflagen konnten sie zunächst keinen Erweiterungsbau im Hof machen lassen, aber da der Nachbar sich ebenfalls räumlich verändern wollte, tauschte man einfach die Plätze hinter den Wohngebäuden. So entstand eine zweistöckige Werkstatt, die Carolines ganzer Stolz war. Im Erdgeschoss hielt die Flaschnerei mit neuen Blechbearbeitungsmaschinen wie einer Sickenmaschine, einer Rundmaschine und einer Abbiegungsmaschine Einzug. Über eine Außentreppe gelangte man in das Stockwerk darüber, in dem gleich drei Arbeitsprozesse nebeneinander ablaufen konnten: eine Metalldreherei, ein Press- und Stanzzimmer sowie ein Lackierofen nebst Lackiererei. Es gab dazu eine hölzerne Drehbank mit eisernem Schwungrad, wo man aufpassen musste, dass einem die Gewichte bei der Arbeit nicht an den Kopf knallten, sowie zwei Windkessel aus Zinkblech. Beleuchtet wurde alles mit Gaslampen.

Das war die größte Investition, die in dieser Firma jeweils getätigt worden war, acht Jahre nach Kriegsende lief es endlich mal rund, zumindest was den Laden anbelangte. Sie hatten sich von der Größe der Arbeitsfläche her fast verdoppelt. Ein neuer Flaschner und Lackierer waren eingestellt worden, und die Waren vermehrten sich so rasch, wie die Hasen Nachwuchs produzierten.

Caroline war sehr stolz auf ihre Söhne, die sich zu fleißigen jungen Männern entwickelt hatten. Carl lernte in Stuttgart den Beruf des Metalldrückers und war früh aus dem Haus gegangen. Eugen besuchte in Göppingen eine kaufmännisch ausgerichtete Gewerbeschule[32], hatte bis vor zwei Jahren mit in der eigenen Firma gearbeitet, nur unterbrochen vom zweijährigen Wehrpflichtsdienst. Er begleitete auch seine Mutter hin und wieder bei Handelsreisen. Sie hatte die Kontakte und ihr Büchlein mit den Informationen, er fachliche Verkaufsargumente wie Mengenrabatt, Treuerabatt, Skonto oder Bonus.

Bis dieses unsägliche Jahr 1883 kam, was Caroline beim Zurückdenken immer noch einen Schauer über den Rücken trieb.

Willi, der im Betrieb als Flaschner[33] mitarbeitete, verkrachte sich mit Julius. Caroline konnte sich gar nicht mehr daran erinnern, wie der ganze Streit angefangen hatte, es ging auf jeden Fall um die Ausrichtung der Firma. Während Julius auf das Altbewährte mit neuer Technik setzte, wollten die Märklinsöhne etwas wagen. Sich vielleicht mit anderen Firmen zusammenschließen, aus den Maschinen das Machbarste rausholen und ins Ausland expandieren. Caroline brachte von ihren Reisen immer wieder frische Ideen mit, die Julius jedoch abschmetterte. Es gab die lustigsten Fahrzeuge, die sich durch Aufziehen oder Anschieben fortbewegten, wie der auf der Schnecke reitende Zwerg oder Affen, die Rikschas zogen. Mit einem Schlüssel konnte man einen Flachfederaufzug spannen, und je fester das getan wurde, desto schneller sauste eine Bäuerin auf einer Gans zum Markt, oder ein Hahn zog ein dickes Osterei, auf dem ein Hase thronte. Es gab komplette kleine Blechküchen, in die man einen Kräutergarten pflanzen konnte, oder Badestuben, in die man echtes Wasser pumpen konnte. Andere Hersteller bemalten ihre Blechpuppenmöbel so gekonnt, dass sie aussahen wie aus edlem Holz, und andere verkauften riesige Blechkasernen mit dazugehörigen Soldaten. Es schien, als wäre alles möglich und der Kreativität keine Grenzen gesetzt. Das Spielzeug brachte nicht nur den Alltag in die Häuser der Menschen, sondern lud sie ein in eine fremde bunte Welt, die immer weiter getrieben werden wollte.

Aber Julius beharrte darauf, dass zuerst die Schulden abbezahlt werden müssten, bevor man auf ungewisse Ziele hinsteuere. Man könnte sonst alles verlieren, und das wollte ja keiner, pflegte er zu sagen und schlug mit dieser Aussage jedes Argument ins Aus. Obwohl er damals nach der Heirat bei dem Eintrag ins Handelsregister seine Firma mit *Flaschnergeschäft und Fabrication von blechenen Kinderspielwaaren* bezeichnet hatte. Aber auf viel mehr als Kinderkochherde in verschiedenen Größen, das dazu passende Geschirr und eine Handvoll weiterer Spielzeuge wollte er sich nicht einlassen.

Oft lag er tagsüber mit Kopfschmerzen im Bett, um kurz darauf ruhelos zwischen den Werkbänken umherzulaufen und die Angestellten anzumotzen, was sie alles falsch machten. Einen Gesellen hatte er bereits vergrault, und Willi hatte die Nase ebenfalls voll, seitdem er wie ein unerfahrener, ungezogener Schulbub abgebügelt worden war.

Als Caroline eines Tages Gebrüll aus der Werkstatt hörte und herbeigeeilt kam, schrie Willi: »Es ist die Firma *meines* Vaters.«

Darauf klatschte es, Julius hatte ihm eine gescheuert, sodass Willi gegen die Wand taumelte. Das war der letzte Tag gewesen, an dem sie ihren Erstgeborenen gesehen hatte. Er packte seine Sachen, fuhr mit dem Zug nach Bremen und schiffte sich dort auf dem nächsten freien Dampfer Richtung Amerika ein. Und so wie Caroline auch nie wieder etwas von Rosine gehört hatte, verlor sich die Spur von Willi[34] nach einigen Jahren. Das Letzte, was sie von ihm erhielt, war ein Brief, in dem er ihr von der Faszination des Reisens durch ein fernes Land berichtete, das für ihn kleine Wunder und Überraschungen an allen Ecken parat hatte und zur Heimat geworden war. Abgesehen von Carolines drei Geschwistern waren fünf weitere Cousinen und Cousins in die USA ausgewandert, dieses Land zog die Menschen mehr an als ein Magnet eine Packung Nägel, verlor dabei aber auch einige.

Eugen, der sich in den Streit mit Julius eingemischt hatte, versuchte zu schlichten, scheiterte aber bitterlich an dem unsäglichen Dickkopf seines Stiefvaters. Julius beharrte darauf, dass er entscheiden würde, basta. Er habe das meiste aufgebaut und sich bis über beide Ohren verschuldet, die Brüder müssten ihm dankbar sein, dass er damals die Firma gerettet und die Mutter geheiratet habe. Dabei bemerkte er nicht, wie die Geschäfte ihm immer mehr entglitten, wie er die Aufträge schleifen ließ, wie er kaum nachkam, die Aufträge, die Caroline von ihren Reisen nach Hause brachte, zu erfüllen, und wie er es an manchen Tagen nicht schaffte, die Werkstatt zu betreten, weil er im Schlafzimmer oder in der Kneipe saß und sich in Trübsal wälzte, manchmal nicht einmal mehr den Kopf heben konnte, weil er sich von Gedanken und Sorgen niedergedrückt fühlte. Caroline versuchte, ihm zu helfen, aber er ließ sie nicht mehr nahe an sich heran. An einigen Tagen benahm er sich wie ein von einer Wespe gestochener Ochse und brüllte alles in Grund und Asche, an anderen lag er im Bett und sprach mit leiser, leidender Stimme mit sich selbst. Er war krank, entschuldigte Caroline ihn vor anderen und wusste, dass das nicht einmal eine Lüge war.

Eugen hielt es nur ein Jahr länger aus als Willi, er zog nach Wien und arbeitete dort als Kaufmann. Auch Sophie verließ das Haus, sie heiratete den Stuttgarter Flaschner Gottlob Britsch, den sie auf einem Maienfest kennengelernt und sich beim Tanz verliebt hatte. Caroline war plötzlich mit ihrem Mann und den Angestellten ganz alleine. Und das Schlimmste daran war, dass sie ihre Kinder verstehen konnte, die in der Flucht ihre eigene Rettung suchten.

***

VIER MONATE SPÄTER, 2. NOVEMBER 1886

Etwas war passiert. Caroline wusste es ganz genau, sie spürte es, wie eine Katze mit ihren Schnurrbarthaaren feinste Erschütterungen wahrnahm. Das Bett neben ihr war leer, was noch kein Anlass war, sich Sorgen zu machen, Julius konnte oft nur schwer schlafen, hatte Albträume, die ihn runter in die Küche jagten, bei einem

Glas Bier oder Wein verloren die Geister ihre Konturen, wurden wieder durchlässig, aber heute saß er nicht auf seinem Stuhl neben dem Ofen, er war nirgends zu sehen.

»Julius?«, rufend wanderte Caroline durchs Haus, spürte die Kälte, wie sie von ihren Fußsohlen aufwärts bis zu ihrem Haaransatz kroch und sie wieder zurück ins Bett trieb. Vielleicht hatte er früh losgemusst, um etwas im Nachbarort zu besorgen oder vom Markt? Sie hatte noch ein wenig Zeit, bis der harte Arbeitstag anfangen würde. Die Arbeit blieb ja nicht liegen, leider nicht, die Firma musste weiterlaufen, um die Kredite abzutragen. Mit Wilhelm hatte sie es damals innerhalb von wenigen Jahren geschafft, schuldenfrei dazustehen, aber mit Julius konnte sie sich anstrengen, wie sie wollte, der Berg schien nicht kleiner zu werden.

Sie legte sich wieder hin und hatte kaum die Augen geschlossen, als es unten an der Türe hämmerte. Die liebe, treue Marie, die immer noch in Caros Diensten stand und seit Jahren nun auch im Haus mit wohnte, kam leichenblass zu ihr ins Schlafzimmer. Die Polizei sei da, müsse dringend mit ihr reden, warte im Wohnzimmer.

Etwas war passiert, Caroline hatte es geahnt. Sie erschauerte. Marie half ihr, in das Kleid zu schlüpfen, was neben dem Bett hing, die Haube auf den Kopf zu setzen, um einer umständlichen Frisur zu entgehen. Carolines Hände zitterten beim Hinunterlaufen, und als sie die ernsten Gesichter der Polizeimänner sah, verlor sie jegliche Hoffnung. Bevor einer ein Wort sagte, wusste sie es.

Tot.

Julius war tot.

Aufgeknüpft im nahen Wald.

Selbstmord, hieß es.

Den Albträumen und den dunklen Gespenstern ein Ende gesetzt.

Tot.

Caroline sank auf das Sofa, ließ den Kopf in die Hände fallen, den Tränen freien Lauf. Sie hatte es ja befürchtet, aber dass er wirklich … Wie verzweifelt musste er gewesen sein, wie alleine hatte er sich in seiner letzten Stunde gefühlt, warum war er nicht zu ihr gekommen, warum hatte er sie im Stich gelassen?

Es dauerte eine kleine Ewigkeit, bis sich zwischen dem Grau und Schwarz ein kleiner Funke bemerkbar machte, sich in ihrem Kopf zu einem Gedanken formte und ein Fitzelchen Hoffnung aufblitzen ließ: Würden ihre Söhne nun wieder zurückkommen?

Am selben Tag verließ ein Telegramm Göppingen in Richtung Wien:

Julius ist tot. Beerdigung am Donnerstag 4 ½ Uhr. Bitte komme alsbald Du kannst.
Vater hatte Großes mit Märklin vor, wir schaffen das!
In Liebe – Deine Mutter

Ein zweites Telegramm schickte sie an Carl, ein weiteres an Albert und Sophie.

Was sollte nur aus ihrer Firma werden? Wie oft musste man hinfallen, bis man endlich stehen blieb? Wie oft würde sie es überhaupt noch schaffen, sich wieder aufzurichten? War Aufgeben eine Alternative? Nein, sie musste es schaffen. Sie musste es!

***

EINE WOCHE SPÄTER

»Ich soll was?« Eugen stand die Empörung ins Gesicht geschrieben. Sein Schnauzer zitterte vor Erregung. »Ich habe mir ein Leben in Wien aufgebaut, es läuft gut, nein, es läuft so gut, dass es nicht besser sein könnte.«

»Aber Eugen«, sagte Caroline und tupfte sich mit einem Tuch die Augenwinkel ab. »Das hat hier alles nur auf euch gewartet …«

»Warum hast du dann nicht Julius schon viel früher rausgeschmissen? Du weißt, dass er uns nicht wohlgesinnt war. Und jetzt? Jetzt ist das Geschäft finanziell vor die Wand gefahren.« Eugens Stimme überschlug sich.

»Ich … er hat doch alles versucht, aus Märklin eine gut laufende Firma zu machen.«

Carl mischte sich ein. »Du hast es zugelassen, dass er uns aus dem Haus vergrault hat, und du weißt das.«

»Aber ihr wart doch schon fast erwachsen. Ihr solltet doch auch Erfahrungen außerhalb sammeln. Außerdem war er doch krank.«

»Mutter, darum geht es nicht, er hat uns fertiggemacht, rund geputzt, auch dich.«

Caroline nickte, und neue Tränen sammelten sich in ihren Augen. Mit erstickter Stimme sagte sie: »Was hätte ich denn machen sollen? Ich hatte doch keine Wahl, ich war doch mit ihm verheiratet. Sonst wäre alles verloren gewesen. Alles. … Und er hat es ja versucht.«

»Was meinst du? Dieser Aufenthalt in der Anstalt? Danach kam er nur und hat sich alles so zurechtgelegt, wie er es brauchte. Wir würden ihn zu sehr strapazieren, seien schuld an seinen Launen, nähmen keine Rücksicht …«

»Nervosität, hieß es. Vielleicht erblich, meinten sie«, Caroline verstummte, die letzten Jahre waren schlimm gewesen. In der Stadt hatten Gerüchte die Runde gemacht, dass sie kurz vor der Geschäftsaufgabe stünden, und Julius hatte in guten alten Freunden wie den Wacklers plötzlich hetzerische Verleumder gesehen, sich an manchen Tagen gar nicht mehr aus dem Haus getraut. Er bekam Probleme mit dem Magen und behauptete, dass sie ihn loswerden wolle, um wieder heiraten zu können. Vielleicht sogar vergiften. Zusammen mit einem Arzt redete sie mit Engelszungen auf ihn ein, sich in eine Klinik zu begeben, sich helfen zu lassen. Dank der Beziehungen von ihrem Onkel Albert konnten sie sogar einen Platz in einer Heilanstalt in Winnenthal[35] ergattern, eine Heilanstalt für Gemüts- und Nervenkranke unter der Leitung von Albert Zeller. Es gab eine Kegelbahn, Bibliothek, gelegentlich Musik, und im Bad standen Wannen aus verzinntem Kupferblech. Als Julius zurückgekommen war, hatte er an Gewicht zugelegt und behauptete, dass es den anderen dort viel schlechter gehe als ihm, und von Heilmethoden zum Ruhigstellen der Patienten erzählt, die sich ums Festbinden an verschiedenen Geräten gedreht hatten.

Eugen stand auf und nahm sie in den Arm. »Mutter, es tut mir leid. Wir schauen mal, ja? Aber du kannst nicht erwarten, dass wir alles stehen und liegen lassen, um …«

»Doch«, sagte Carl. »Mensch, Eugen, jetzt können wir das machen, was wir schon immer machen wollten.« Er sprang auf und marschierte in der Küche auf und ab. »Die technische Ausstattung ist recht gut, etwas anpassen, und wir sind bestens aufgestellt. Noch sind der Laden und die Werkstatt mehr wert, als die Schulden hoch sind.«

Eugen schüttelte seinen Kopf. »Wie stellst du dir das denn vor? Wir haben kein Kapital, und ich hab in Wien mir ein … Mensch, ich bin verlobt!«

Die beiden anderen schauten ihn überrascht an, gratulierten und stellten Fragen, bis Carl wieder an das vorige Thema anknüpfte: »Eugen, entweder machen wir das jetzt, oder wir werden es für den Rest unseres Lebens bereuen und zurück … zurück kannst du dann immer noch. Komm, wir machen das, das könnte unsere Chance sein. Unsere Chance, unsere Träume umzusetzen und viel Geld dabei zu verdienen! Wir tun das, was wir schon immer machen wollten. Wir produzieren Spielzeug!«

Carls Begeisterung riss Eugen mit, auch wenn er im Grunde seines Herzens noch dachte, dass er sehr wohl viel zu verlieren hatte. Nicht nur, dass er Schulden auf seine Schultern laden würde, sondern er hatte ein feines Mädchen in Wien sitzen, das auch nicht ewig auf ihn warten würde. Ein Jahr, das sollte ihre Frist sein. In einem Jahr wollten sie einen Strich darunter ziehen und schauen, ob es sich lohnte oder nicht.

»Vom Guten nur das Beste«, sagte Caroline, goss den Selbstgebrannten vom Nachbarn in kleine Schnapsgläser und stieß mit den beiden Kindern an, die ihr noch verblieben waren.

Es wurde Zeit, sich das letzte Mal zu erheben und der Welt da draußen die Stirn zu bieten.

***

VIER JAHRE SPÄTER, SOMMER 1890

»Nein, liebe Mutter, da kannst du dich nicht davor drücken. Sag mal, was ist denn los mit dir? So kennen wir dich ja gar nicht …« Eugen hatte Caroline untergehakt und zog sie in den Garten von Albert, wo eine festlich gedeckte Tafel auf Besucher wartete. Bestes Porzellangeschirr und drei Vasen voller Blumen versprühten wohlige Laune. »Lutz hat uns nie hängen lassen, auch nicht, als wir für einen kurzen Zeitraum fast zahlungsunfähig waren und sie ewig auf unser Geld warten mussten. Jetzt komm schon.«

Seitdem Eugen und Carl im Laden mitarbeiteten, sich zunächst als offene Handelsgesellschaft Gebrüder Märklin zusammengeschlossen hatten, um ihr die Gebäude abkaufen und die Firma übernehmen zu können, war viel passiert. Der nächste Schritt bestand darin, dass die beiden sich im Handelsregister als *Gebrüder Märklin, Spiel- und Metallwarengeschäft* eintragen ließen. Vom Nachbarn kauften sie dessen Grundstück mit Werkstatt und das halbe Wohnhaus und ließen den Hof zum Teil überdachen, sodass man diesen Platz zum Verpacken nutzen konnte. Sie mussten sich dringend vergrößern, um die Firma auf den neuesten Stand zu bringen. Ein paar Jahre nicht investiert, und das Rad der Weiterentwicklung rollte an einem vorbei. Innovationen seien das A und O, sagten beide. Trotz erneutem Ärger mit dem Gemeinderat wegen irgendwelcher Bestimmungen, was ihre Baumaßnahmen anbelangte, setzten sie sich durch und kauften Maschinen dazu, wie einen gasbetriebenen Motor, wodurch sie das mühsame, kräftezehrende und langsamere Bedienen von Hand überflüssig machten. Man konnte durchaus sagen, dass es moderner eigentlich nicht ging. Allerdings hatte die Firma nach der selbst gegebenen Frist von einem Jahr dreitausend Mark Schulden angehäuft, bei einem Umsatz von zehntausend Mark. An diesem Punkt meldeten andere Firma Konkurs an, was den beiden durchaus bewusst war. Aber Eugen und Carl hatte der Ehrgeiz gepackt, sie rechneten den Wert der Werkstatt und des Hauses so hoch mit ein, dass sie dem Bankrott entgingen. Sie verbuchten das Jahr als Lehrjahr, mit dem Willen, es nun besser zu machen. Durchzustarten.

Es herrschte eine ganz andere Stimmung, Caroline fühlte sich um fünfzehn Jahre jünger, ihr erschienen Dinge, die Julius ihr schwer und madig geredet hatte, wieder leicht und schaffbar. Sie hatte nicht geahnt, wie arg seine seelische Verstimmung auch sie runtergezogen hatte, ihr das Leben fade und traurig erscheinen ließ. Hoffnungslos, so hatte sie sich oft gefühlt. Hoffnungslos und einsam.

»Aber ich … ich«, versuchte sich Caroline aus der Situation zu winden, aber es war zu spät. Sie stand vor dem Besuch. Sie stand August Lutz[36] Angesicht zu Angesicht gegenüber. Er hatte vor ein paar Jahren das Geschäft von seinem Bruder und seinem mittlerweile verstorbenen Vater übernommen. Augusts rehbraune Augen funkelten immer noch wie früher, als er seine Ausbildung zum Kaufmann gemacht und nebenbei Entwürfe für neues Spielzeug gezeichnet und modelliert hatte. Als Caroline ihn damals kennenlernte, sprühte er nur so vor Tatendrang und Ideen. Zusammen hatten sie sich ihre Zukunft rosig und abenteuerlich ausgemalt. Jetzt waren seine Augen von etlichen Falten umrahmt, die ihn beim Lächeln noch sympathischer wirken ließen. Das schokoladenbraune kurze Haar war schütterer geworden, und als er seinen Hut abnahm, verriet eine kahle Stelle am Hinterkopf, dass der Zahn der Zeit an keinem vorbeiging. Seine Kenntnisse in der noch ziemlich geheim gehaltenen Metalldruckerkunst, die er in Paris hatte erlernen dürfen, wurden nur an wenige weitergegeben, und die Firma Lutz profitierte davon. Sie wuchs und wuchs, sodass sie bald fünfzehn Angestellte hatten mit zehn Malern und zwei Flaschnern, die er ebenfalls in die Metalldruckerkunst eingeführt hatte.

Carolines Sohn Eugen reiste wie sie als Handelsreisender durch die Lande und hatte von Lutz bereits vieles in das märklinsche Verkaufsprogramm übernommen. Es gab schwimmfähige Schiffe mit Uhrwerk und Eisenbahnen in den verschiedensten Ausführungen. Dazu gab es Schienen, die man ineinanderstecken konnte, worauf die Züge etliche Meter weit fuhren, sowie Bahnhöfe. Es gab Blechlandschaften mit Springbrunnen und Pumpwerk, welches das Wasser in einem Kreislauf bewegte und Erwachsene genauso wie Kinder begeisterte. Viele der Spielzeuge waren fast so etwas wie Anschauungsmaterial, sodass die Kinder die Technik nicht nur sehen, sondern auch berühren und verstehen konnten. Mit dieser Strategie verkaufte Lutz bereits nach Frankreich, in die Schweiz, nach Russland und Belgien.

Aber heute ging es nicht um die Erweiterung des Sortiments, heute ging es um etwas Größeres.

August schaute sie mit einem strahlenden Lächeln an, sodass Caroline ihre Bedenken runterschluckte, ihm die Hand schüttelte und sich zwischen Eugen und Carl an den Tisch setzte. Albert thronte am Kopfende, ein älterer, vornübergebeugter, gut gekleideter Herr, der sich seinen Schnurrbart immer wieder zwirbelte und dabei fast so verschmitzt aussah wie August. Er blickte so stolz, als ob die Firma Märklin zum Teil ihm gehörte. Und irgendwie stimmte das auch, er hatte sie immer mit Rat und Geld unterstützt. Sein eigenes Unternehmen lief ziemlich gut, und er hatte sich einen gehobenen Lebensstandard aufgebaut, wobei natürlich auch seine Position als Stadtrat geholfen hatte. Man konnte fast behaupten, dass ganz Ludwigsburg ihn kannte und schätzte.

August zeigte auf einen fremden Herrn neben sich und stellte ihn als Anwalt vor. Es gehe heute schlicht um eine Informationsrunde, über die man anschließend in Ruhe nachdenken und diskutieren solle, und wenn man gemeinsame Punkte finde, könne man diese ja bereits festhalten. »Jeder fette Braten braucht eine Verdauungspause«, scherzte er, und Caroline fiel siedend heiß ein, dass seine Scherze schon früher so schlecht gewesen waren, dass sie eher über seine holprige Art hatte lachen müssen als über das, was er gesagt hatte.

»Caroline«, setzte August an. »Du hast ja die Firma deinen Söhnen übergeben, aber ich denke, dass mein Vorschlag auch dein Herz erfreuen wird. Wir werden an euch verkaufen.«

»Was?« Caroline stand das Erstaunen ins Gesicht geschrieben.

»Ja, wir haben die Vielfalt an Produkten mit den dazugehörigen geschützten Gebrauchsmustern und das Wissen, und ihr habt die Maschinen. Falls wir uns einigen können, dann findet der Umzug in wenigen Monaten statt. Einige meiner Facharbeiter haben zugesagt, nach Göppingen zu gehen, dann braucht ihr auf lange Sicht nur noch größere Räume, aber das ergibt sich dann schon fast von alleine.«

Es folgte eine kurze Diskussion zwischen den Männern, bis Carl seine Mutter anschaute. »Was sagst du dazu, Mutter?«

»Was ich dazu sage?« Caroline fasste sich an das blecherne Kreuz, das ihr um den Hals hing, und stopfte es wieder zurück in sein Versteck unter die Bluse. »Kinder wollen ernst genommen werden und trotzdem Freude am Spiel haben, sich in ihrer …«

»Fantasie verlieren«, unterbrach sie August und schmunzelte. »Hat nicht sogar unser guter Goethe gesagt, dass man von den Kindern lernen kann, zu leben und selig zu werden?«

Caroline schenkte ihm einen ernsten Blick und sagte: »Ich hab es mehr mit dem guten Schiller.« August schaute weg. Sie fuhr fort: »Die Details sollen stimmen, das ist wichtig, Märklin steht für gute Qualität. Für die beste. Und keinen Schund.«

Carl räusperte sich. »Aber Mutter, Lutz produziert doch keinen Schund.«

Sie nickte. »Sonst hätten wir ja keine Artikel von denen bei uns im Programm, oder?«

Eugen mischte sich ein. »Wir müssen auf jeden Fall die Zwischenhändler weiterhin umgehen, so wie du es schon immer gemacht hast. Die wollen billige Ware, die schätzen das Material und die Lackierung nicht. Ich sehe unsere Zukunft auf den Messen und im direkten Kontakt mit den Spielwarenspezialgeschäften. Wir gehen deinen Weg weiter, wir holen uns nur Verstärkung ins Boot.«

»Verstärkung, soso«, sprach Caroline leise nach und ließ den Blick durch den Garten wandern, während die Männer über die Bedingungen des Geschäftsabschlusses beratschlagten. August fand es auf lange Sicht wichtig, dass ein weiterer Teilhaber in die märklinsche Firma eintreten sollte, einer mit Kapital. Er selbst wollte sich zurückziehen, vielleicht eine kleine Flaschnerei betreiben mit einem gemütlichen Laden, aber Spielzeug den Brüdern überlassen. Er sei zu alt für die Hektik und die Schnelllebigkeit am Markt.

Bertha trat aus dem Haus und kam mit einem Tablett voller Gläser und einem Krug Wein heraus. Sie hatte eine süße Stupsnase, Sommersprossen und trug ihre braunen Haare seitlich geflochten, versprühte mit ihrem roten Rock und der weißen Bluse sommerlichen Charme. Vor einem Jahr hatte sie Eugen geheiratet und war von Wien nach Göppingen gezogen. Sie war die Tochter des Oberkommandeurs in Wien und brachte eine Lebendigkeit und Ordnung mit in die Firma, die Carolines Herz erfreute. Endlich schienen alle am gleichen Strang zu ziehen, und endlich stand das Spielzeug im Mittelpunkt. Auch wenn Eugen und Carl weiterhin Haushaltswaren produzieren mussten, um die laufenden Kosten und die Fahrtspesen für das Jahr zu decken, denn Spielzeug verkaufte sich nur einmal gut, und das war direkt vor Weihnachten. Aber das sollte sich bald wandeln, da die gut situierten Bürger anfingen, auch zu anderen Gelegenheiten Spielzeug zu verschenken.

Albert lachte laut auf. »August, weißt du noch, als dein Vater von der Stadt einen Ablehnungsbescheid bekommen hat, lackierte

Holzspielwaren zu verkaufen? Das muss 1846 gewesen sein, ein Jahr, nachdem er das Bürgerrecht bekommen hatte. Wie ihr seht, kann es manchmal ganz gut sein, gegen Hindernisse rennen zu müssen, dann sind die Umwege das eigentliche Ziel, nicht wahr?« Zufrieden betrachtete er die anderen. Fast zärtlich sah er seine Nichte an und sagte: »Caroline, du kannst so stolz sein auf das, was du geleistet hast. Ich könnte mir keine andere vorstellen, die so einen Laden so lange am Laufen gehalten und vorwärtsgebracht hätte. Dein starker Wille und die Liebe zu deinen Kindern haben dich das meistern lassen. Und ich weiß, dass dein Vater und deine Mutter das Gleiche sagen würden!«

Carolines Augen füllten sich mit Tränen. Sie war jetzt vierundsechzig Jahre alt und hatte schon so vieles gesehen und gehört, dass es mehrere Leben ausfüllen könnte. Sie stand auf, ging zu ihrem Onkel, legte ihm die Hände auf die Schultern und küsste seinen Kopf, murmelte »Danke« und drehte sich um, wollte sich die Beine vertreten, die Gedanken fliegen lassen.

Doch sie kam nicht weit, August holte sie ein und fragte: »Caroline, hast du einen Moment?« Er reichte ihr den Arm und spazierte mit ihr die Straße entlang, schaute sie von der Seite an. »Sag, was ist uns passiert?«

Caroline schwieg lange, antwortete leise: »Das Alter, August, das Alter.«

»Nein, das meine ich nicht, wie konnte es passieren, dass ich dich damals zurückgelassen habe? Du trägst ja noch meine …«

»Du hast behauptet, dass ich dich belüge.«

»Was?«

»Du hattest mir gesagt, dass ich gar nicht schwanger war, sondern dich nur erpressen wollte, damit du bei mir bleiben würdest. Dass ich dich an mich ketten wollte.«

Er starrte sie entsetzt an, außerstande, etwas zu sagen.

Caroline schüttelte den Kopf. »Ich habe es verloren, August. Es war keine Lüge. Ganz alleine. Ich habe es ganz alleine verloren. Unser …«

Er nahm sie in den Arm, zog sie an sich und küsste ihre Haare, murmelte: »Verzeih mir, bitte verzeih mir. Das wollte ich nicht. Verzeih. Das war der größte Fehler meines Lebens. Glaube mir, es vergeht kein Tag, an dem ich das nicht bereue.«

Und Caroline schloss die Augen, ließ den Schmerz los, der sie seit so langer Zeit als dunkler Schatten begleitete, sie manchmal zu ersticken schien. Sie öffnete sich, reckte sich, streckte ihre Sinne aus, schmeckte die Küsse, zog den würzigen Duft von August ein, tastete vorsichtig den Nachthimmel ab, griff nach den Sternen, könnte ihr das Leben doch noch so strahlend hell glänzen?

»Die Liebe regiert den Hof, das Lager, das Wäldchen,
und die Menschen unten sowie die Heiligen oben,
denn die Liebe ist der Himmel, und der Himmel ist die Liebe.«

Walter Scott (1771–1832),
schottischer Jurist,
Historienromanschriftsteller
und Balladensammler

Kapitel 15

Leichtigkeit

ZWEI JAHRE SPÄTER,
OSTERN 1892, LEIPZIG

Die Leipziger Messe war ein voller Erfolg für die Firma Märklin. Die Brüder präsentierten sich dort nicht nur zum ersten Mal, sondern hatten einen neuen Teilhaber gefunden, so wie es August beim Verkauf seiner Firma als Bedingung gestellt hatte. Emil Friz war ein finanzkräftiger Kaufmann, der die gleichen Visionen hegte wie sie, und somit änderte sich der Firmenname auf Gebr Märklin & Cie. Um das Gleichgewicht zu wahren, war Carl aus der Geschäftsführung ausgestiegen, nahm aber weiterhin an den Sitzungen teil, nannte sich jetzt nur Oberwerkführer.

Seit Jahren entwickelte sich die Leipziger Messe immer mehr zu einer Musterwarenmesse, da die Händler, anstatt die Ware vor Ort zu verkaufen, nur noch Muster mitbrachten und Bestellungen aufnahmen. Die Stadt expandierte und zauberte Jahr für Jahr neue Gebäude aus dem Hut. Es ging darum, den Stellenwert als einer der wichtigsten Messestandorte zu behalten, so gab es nun eine Messepassage, ein Gewandhaus, und dieses Jahr wurde ein Messeausschuss von der Leipziger Handelskammer zusammen mit dem Rat der Stadt gegründet, um Veränderungen vorwärtszubringen. Immer wieder gab es Beschwerden von Händlern, die die Messe gerne an einem festen Termin im Jahr gehabt hätten, um nicht von dem beweglichen Osterfest abhängig zu sein, was oft sehr spät stattfand und somit Verkäufe zeitlich stark verzögerte. Aus diesen Ideen sollte eine vorverlegte reine Mustermesse resultieren, die sich von der Ostermesse abkoppelte und eigenständig wurde, sowie ein weltweit erstes modernes Messehaus, das ausschließlich für diesen Zweck errichtet werden sollte.

In dem Jahr, als die Gebrüder Märklin dort zum ersten Mal ausstellten, kamen Caroline und August als Besucher dazu. Auch das war neu, dass Neugierige aus aller Herren Länder durch die Passagen oder Handelshäuser flanieren konnten, um sich die Stände mit den angepriesenen Waren anzuschauen. Das zog wiederum neue Hotelbauten nach sich, und Leipzig putzte sich heraus wie eine Braut zur Hochzeit.

Carl und Eugen hatten zum letzten Weihnachtsfest in Göppingen ihre Waren nicht nur in ihrem eigenen Laden präsentiert, sondern einen Seitenladen der Firma Wilhelm Rist ein paar Straßen weiter dazugemietet, gute Verkaufserfolge erzielt und ein Gespür dafür entwickelt, was sich besonders gut verkaufen ließ.

Zur Ostermesse in Leipzig stand in dem Adressbuch Folgendes zu lesen:

Märklin, Gebrüder a. Göppingen (Württbg.)
Metallspielwaaren hochfeiner Ausführung als: Küchengeräte, Kochherde, Landschaften, Gefährte, Eisenbahnen, Schiffe mit Uhrwerk, mechanische Spiele. – Vereinigt mit der Fabrik von Ludwig Lutz, Ellwangen.
Str. 6, II:

Der hauptsächliche Messetrubel fand in Auerbachs Hof statt, wobei der Begriff Hof ein falsches Licht auf die Örtlichkeit warf. Es war ein vielleicht hundertvierzig Meter langer Durchgang zum Neumarkt. An beiden Seiten davon standen unzählige kleine Hinterhäuschen, die in den Erdgeschossen Platz für Messegewölbe boten und in den Obergeschossen Zimmer und Säle bereithielten. Bekannt waren auch die Weinkeller, die durchaus mehrere Etagen haben konnten. Man könnte es als einen riesigen Gebäudekomplex bezeichnen, der selbstständig zu atmen und zu leben schien, so belebt, wie es hier immer zuging. Schilder hingen an den Gebäuden und priesen Waren aus allen möglichen Sparten an oder präsentierten die Namen der ausstellenden Firmen und deren Herkunftsort.

August hatte Caroline untergehakt, und sie schlenderten an den Menschen und Ständen vorbei, blieben mal bei einem Teehändler stehen und zogen den frischen und fruchtigen Duft ein, drehten bei einem Huthändler die neuesten Modelle zwischen ihren Händen und bewunderten die feine Verarbeitung und den weichen Stoff, probierten ein magnetisches Spiel bei einem Händler aus Nürnberg aus und hielten immer wieder inne, um ihren Händen Raum zu geben, sich gegenseitig zu finden. Sich klar darüber zu werden, dass sie nun aus der zweiten Reihe heraus agieren durften, in Ruhe, mit Zeit und Abstand, die Verantwortung lag auf den Schultern der nächsten Generation. Und ihre Finger konnten es immer noch nicht glauben, dass sie sich nach so vielen Jahren doch wieder gefunden hatten, die Herzen waren da schneller gewesen. Das Lächeln, die Gestik vertraut wie früher, die Augen verschmitzt. Erst vor zwei Wochen war August zu Caroline gezogen, sie sprachen von einem vorläufigen Versuch, so etwas wie einem längeren Urlaub, traute man doch der eigenen Starrköpfigkeit des Alters nicht so ganz über den Weg, aber bis auf dass August nicht kochen konnte, passten sie auf das Wundervollste zusammen. Ihr Blut schien im Gleichklang zu rauschen.

Ein paar Schritte weiter stießen die beiden auf den Stand von Carl und Eugen. Erwachsene und ein paar Kinder standen davor, alle mit großen runden Augen. Das Metallspielzeug konnte einem aber auch die Sprache verschlagen, in all seiner glänzenden Pracht. Die Brüder hatten bei der Präsentation den Schwerpunkt auf die Kinderkochherde mitsamt Geschirr gelegt, die bunten Kreisel, die Blechlandschaften mit Uhrwerken und die Dampfmaschinen, aber das Hauptaugenmerk lag auf den Zügen. Das war das Herzstück. An zentraler Stelle, sodass es wirklich jeder sehen musste, thronte eine Spielzeugeisenbahn. Sie hatte hohe rote Räder, was ihr den Spitznamen *Storchenbein* einbrachte, nur stakste sie nicht so unbeholfen herum, sondern rollte so rund wie ein schnurrender Ball. Die Schienen, auf denen sie lief, sahen aus wie eine liegende Acht. Es war ein geschlossener Schienenkreislauf mit einer Weichen-Installation, die man bis dahin noch nie gesehen hatte. Man konnte sie ineinanderstecken und so erweitern und umbauen, wie es das Herz des Eisenbahnbesitzers erfreute. Das Aufbauen der Eisenbahnschienen, das Legen der Strecke war nun zum Teil des Spiels geworden und eröffnete ganz neue Möglichkeiten.

Dank Kaiser Wilhelm II. war es seit einem Jahr möglich, eigene Erfindungen gesetzlich schützen zu lassen, und davon machten sie ausreichend Gebrauch. Zunächst konnte man seine Muster für drei Jahre eintragen und dann nochmals um weitere drei Jahre verlängern lassen. Ihre Züge, die von einem Uhrwerk angetrieben wurden, konnten sich erstmals in der Spielzugentwicklung nun auch rückwärts bewegen. Die Brüder hatten zudem eine Bremsanlage ausgetüftelt, die dadurch funktionierte, dass an gewissen Gleisen Anschläge angebracht waren, die einen Bremshebel an der Lokomotive betätigten und somit den Bremsvorgang auslösten. Dazu gab es neue Blechschwellen, die mit Drahtbügeln verbunden werden konnten.[37]

Caroline beugte sich über eins der Musterbücher, die am Stand lagen, und schlug es erfreut auf. Ihre Söhne hatten auch hier das Neueste vom Neuen eingesetzt und arbeiteten mit Fotografien, um die Vielfalt ihrer Produkte im besten Lichte zu zeigen. Die einzelnen Seiten sahen aus wie faszinierende Kunstwerke aus einer Zeit, die noch in der Zukunft liegen mochte. Obendrein gab es Schienenanlagehefte für die jungen Baumeister. Die Schienen hatten unterschiedliche Breiten, die sogenannte Spurweite, auf die dann jeweils bestimmte Züge passten, deren Radabstände den Gleisen entsprachen. Aktuell gab es drei verschiedene: die Spurweite I, II und III. Dazu jeweils die passenden Weichen, Kreuzungen und Bremsanlagen. Die aufgebauten Lokomotiven mitsamt den Waggons und den Schienennetzen waren ein absoluter Blickfang. Ein Publikumsmagnet, der die Menschen vor Staunen vergessen ließ, dass sie auch atmen mussten. Und für jedes Modell gab es Anleitungen[38], wie man die Schienen zusammenbauen konnte, sodass nicht nur eine Acht dabei herauskam, sondern auch andere Verläufe, die mehr oder weniger in sich geschlungen verliefen. Sie hatten das Systemspielzeug erfunden, was zum Kauf von weiteren Elementen anregen sollte. Caroline hatte die letzten zwei Jahre sehr intensiv mit ihren Söhnen zusammengearbeitet, in dem Bewusstsein, dass diejenigen, die den Markt zuerst mit ausgeklügeltem neuem Spielzeug belieferten, durchstarten konnten, während die Nachfolgenden das Nachsehen haben würden. Es lag auf der Hand, dass die Entwicklung der Eisenbahn sich direkt auf das Spielzeug auswirken würde. Sie war so stolz auf Carl[39] und Eugen, dass sie an manchen Tagen aufpassen musste, nicht ihren hochgereckten Kopf an den Türrahmen zu stoßen.

Auch August stand mit Rat und Tat zur Seite, und sie tüftelten ein Schienensystem aus, das durch die Form der geraden Schienen, der Kurven, der Weichen und der Kreuzungsstücke vielfach kombinierbar war und mit Dornen zusammengehalten wurde. Sie hatten auch schon erste Prototypen für Drehscheiben in der Entwicklung. Diese Eisenbahnen mit dem ganzen Zubehör würde ihr Durchbruch sein, das wusste sie einfach.

August nahm Carolines Hand und fragte: »Kennst du das Sprichwort ›Wer nach Leipzig zur Messe gereist, ohne auf Auerbachs Hof zu gehen, der schweige still, denn das beweist: Er hat Leipzig nicht gesehn‹? Ich würde sagen, dass man die Weinkeller gesehen haben muss. Warst du bei deinen Besuchen hier mal in einem?«

Caroline schüttelte den Kopf und ließ sich in eins der Gewölbe führen, über dem der Name *Auerbachs Keller* stand.

»Goethe hat diesem hier einen Ehrenplatz gesichert, indem sein Mephisto Faust hierherführte, um ihn mit seiner Welt aus Gesang und Trunkenheit zu verführen.« August setzte sich mit ihr an einen der rustikalen Holztische und öffnete die Weinkarte. »Vielleicht darf ich dich ja heute zu einem feinen Roten einladen?«

Caroline lächelte und legte ihre Hand auf die seine. Sie schauten sich für einen langen Moment in die Augen, tauschten ihre Gedanken unausgesprochen aus. »Ich nehme gerne ein Viertelchen, aber August, du musst mir eins versprechen.«

Er zog ihre Hand zu seinen Lippen und küsste sie.

»August, wenn wir nächste Woche in Göppingen sind, dann kommst du mit mir zum Hohenstaufen. Friederike hat erzählt, dass Herr Engel im Ländle ist, mit dem wirst du dich gut verstehen, der hat auch nur Verrücktes im Kopf. Meine Freundin weiß da oft früher Bescheid, als ich es von meiner eigenen Schwester erfahre. Ich hab das Gefühl, dass seitdem Emilie ihn geheiratet hat, sie vor lauter Malen und ehrenamtlichen Arbeiten gar nicht mehr zum Briefeschreiben kommt.«

August lächelte, nickte, bestellte etwas Deftiges zum Essen und etwas Rundes zum Trinken, plauderte mit ihr über die Konkurrenz aus Nürnberg, über die Idee, mit ihr mal ans Meer zu fahren, und was es für ein Glück sei, dass das Leben einem nicht nur eine Chance gab. Er sei der dankbarste Mensch der Welt, sagte er, und sie wusste, dass er das auch so meinte. Sie hatten beide schon zu viel erlebt, als dass sie dieses Geschenk nicht als solches wahrnehmen würden. Es war, als ob sie ihr ganzes Leben nur darauf gewartet hätten, dass sie Seite an Seite zusammen alt werden konnten.

Caroline wusste nicht, ob es die Vertrautheit war, wie sie die Gedanken des anderen vorauszuahnen schienen, die Begeisterung, die sie für die gleichen Dinge teilten, oder einfach das warme Gefühl, das sich von ihren Fingern bis zu ihrem Bauch zog, wenn sie ihn berührte. Diese Vertrautheit erschütterte sie noch oft, wie konnte es sein, dass sie erst so alt werden mussten, um sich wiederzufinden? All diese verlorenen Jahre, die Kinder, die sie nicht zusammen bekommen hatten, die Träume, die man mit anderen

Partnern versucht hatte, sich zu erfüllen. Wenn sie jetzt nach vorne, in die Zukunft sah, herrschte in ihrem Inneren eine Gewissheit, die ihr die Sonne ins Gesicht zauberte. Sie war einfach um jeden Tag froh, den sie mit ihm teilen konnte.

Manchmal musste man nur im richtigen Moment den Mut haben, sich selbst ehrlich ins Auge zu blicken und das Herz sprechen zu lassen. Das Herz irrt nie.

Nachwort

Anfangen, wo es aufhört: Caroline Märklin starb am 2.12.1893, sie wurde achtundsechzig Jahre alt, hatte in den letzten Jahren vier Enkelkinder auf dieser Welt begrüßen können und so einiges an Höhen und Tiefen durchlebt. Das Augenmerk meines Romans lag natürlich auf ihrer Entwicklung, doch der Weltruhm, den die Firma Märklin erreichen sollte, fing mit dem Einstieg der Söhne und dem Zusammenschluss mit Lutz an.

Es ist faszinierend zu sehen, wie eng der Erfolg der Handelsreisenden an den Ausbau der Zugstrecken gebunden war und wie die neue Welt der Industrialisierung Einfluss auf das Kinderspielzeug hatte. Die Brüder Märklin mit Emil Friz hatten ein gutes Näschen für Weiterentwicklungen, 1894 brachten sie die Gangregulierung auf den Markt, gefolgt von der Umstellung auf Vor- und Rückwärtsgang, ein schnelleres und ein langsameres Tempo. Bis 1894/95 wurden die Loks und Waggons einzeln von Hand angefertigt, bis sie aufgrund der hohen Nachfrage auf serielle Produktion umsteigen konnten. Um die Jahrhundertwende brachte Märklin die vierachsige, dann die sechsachsige Lokomotive heraus und stellte die erste Lok mit Schwachstromantrieb her. Die zahlreichen Spielzeuge von Lutz wurden weiterentwickelt und durch Metallbaukästen und einen Kreisel mit Spiralstockantrieb erweitert, die ebenfalls weltweit ein Verkaufserfolg wurden.

1914 hatte Märklin fast achthundert Angestellte, und dreiundzwanzig Jahre später waren es um die tausend, wobei die Firmenleitung zusammen mit dem Betriebsrat um ein gutes Arbeitsklima bemüht war und etliche Sozialleistungen im Gepäck hatte.

Doch ohne Caroline Märklin hätte es diese Firma wohl nicht gegeben.

Anhang

Die Recherche zu diesem Roman war äußerst langwierig, da das Leben von Caroline Märklin sehr im Dunklen liegt. Es gibt eine Familienchronik, die von einem Enkel nach Eugens Erzählungen aufgeschrieben wurde. Allerdings existieren davon nur noch auszugsweise Abschriften, das Original ist verschwunden. Somit waren Fachbücher, Bibliotheksmitarbeiterinnen, Stadtarchivare, Museumsangestellte und private Märklin- und Steingut- sowie Spielzeugliebhaber und -forscher meine besten Freunde. Natürlich gab es Ungereimtheiten, Widersprüche in Aufzeichnungen und Ereignissen, die man nicht lösen konnte, wie zum Beispiel die Hintergründe des Selbstmords von Julius Eitel. Nach Ausschluss der Möglichkeit, dass er zum Krieg 1870/71 eingezogen worden war, sah ich mir seine familiären Hintergründe, seinen hoch motivierten Start nach der Hochzeit, den »Zufall«, dass innerhalb von zwei Jahren zwei der Söhne wegzogen, und die Entwicklung zum Selbstmord an, sprach dazu auch mit einer Psychologin und Wissenschaftlerin über die damaligen Kriegsumstände und überließ die Entwicklung meiner schriftstellerischen Imagination. Als Literaturwissenschaftlerin schreibe ich nahe an den Fakten, allerdings erlaubte ich mir eine große Freiheit, was meinen Handlungsbogen mit August Lutz anbelangt. Caroline hatte mit ihm ganz sicher keine Beziehung, da er wesentlich jünger war, aber diese Geschichte verlangte nach einem Happy End, und die Person August sowie den Zusammenschluss der Firmen gab es ja wirklich. Zudem wollte die Frage gelöst werden, warum Caroline als charmante, wortgewandte Frau erst mit dreiunddreißig Jahren heiratete. Lassen wir Caroline ihre letzten Lebensjahre genießen!

Informationen zu Familienhintergründen wie Verwandtschaft, Hochzeiten, Auswanderungen, Lebensstandard und Besitz entnahm ich verschiedenen Kirchenbüchern und den Teilungsakten, die nach einem Todesfall sehr detailliert angelegt wurden und Erben, Familienangehörige sowie den Besitz von einzelnem Werkzeug bis zur Unterhose umfassen. Besonders die von Wilhelm Märklin, Karoline Friederike Hettich, Albert List und von Julius Eitels Mutter waren sehr aufschlussreich. Einen guten Überblick der Habseligkeiten zeigten auch die Beibringsinventare auf, die vor einer Hochzeit erhoben wurden und das Eigentum der Brautleute im Detail auflisteten. Wenn ich somit etwas Familiäres beschreibe, beziehe ich mich in der Regel auf diese Quellen, ohne sie dann ein weiteres Mal zu nennen. Weitere Informationen werden in den Endnoten, dem Literaturverzeichnis und beim Dankeswort aufgelistet.

Die Ereignisse in und um Göppingen sind unter anderem dem Stadtarchiv entnommen, wo das *Göppinger Tagesblatt* einzusehen ist, oder aus Online-Archiven von historischen Zeitungen sowie der Homepage der Stadt Göppingen.

Zum Schluss sei mir die Anmerkung erlaubt, dass 1890 Hermann Hesse auf die Lateinschule in Göppingen kam und sich sicherlich an den Verkaufsfenstern von Märklin seine zwölfjährige Nase platt gedrückt hat. Aber das ist eine andere Geschichte …

Rezepte

Rezept aus dem zweihundert Jahre alten Kochbuch von Christiane Dorothea Knoer: Sammlung vieler Vorschriften von allerley Koch- und Backwerk für junges Frauenzimmer, von einer Freundin der Kochkunst. 1783.

Herzlichen Dank für die Veröffentlichung daraus an das Stadtarchiv Göppingen, das es im Eigenverlag als 37. Band herausgebracht hat, sowie an den Herausgeber Herrn Karl-Heinz Rueß. Bearbeitet wurden die Originalrezepte von Lilly Link und Ute Stumpp.

GUTE WASSERSPÄZLEN:

Es wird Mehl nach Belieben genommen, mit guter Milch ein paar Eyern und einem Löffel voll sauren Rohn angemacht, wie ein dünner Spätzenstaig, und in siedend Wasser gelegt, wobey das Salz nicht zu vergessen; alsdenn wird in einer flachen Schüssel Butter heiß gemacht, die Späzlen aus der Pfanne mit dem Schaumlöffel darein gethan, daß noch ein wenig Brühe daran ist, und zugedeckt; unten läßt man eine Scharre kochen, so sind sie fertig. Man kann auch weniger Brühe daran lassen, und wenn sie angezogen, ein paar Löffel voll Rohn und 3 bis 4 Eyer verkleppern und daran thun, dann noch etwas siedend Schmalz, und solche umkehren wenn sie Scharre haben.

SPÄTZLEREZEPT, »ÜBERSETZT«:

250 g Mehl, 2 Eier, 1 Teelöffel Salz, ca. 1/8 l Wasser.

Zutaten mit dem Handrührgerät (Knethaken) so lange rühren, bis der Teig Blasen wirft. 10 Min. ruhen lassen. Spätzle ins kochende

Wasser schaben. Einmal aufkochen, abschöpfen, in lauwarmem Salzwasser schwenken.

Anmerkung der Autorin: Oder in zerlassener Butter schwenken. Gut schmecken auch geröstete Semmelbrösel darauf, oder man gibt noch Käse für Käsespätzle dazu, zum Beispiel geriebenen Emmentaler. Für diese Mehlmenge wären das dann 150 g.

ORIGINALREZEPT SPARGELN-PASTETLEIN:

Die Spargeln werden wie gewöhnlich zum Kochen mit Salzwasser verwellt, nur nicht gar zu waich; alsdann wird das Gute so lang als ein Glaich (Gelenk) davon geschnitten, ein Stück Butter wird in einem Casserol oder Stollkächelein zerlassen, ein wenig Semmelmehl und sehr wenig rechtes Mehl, nebst ein paar klein zerschnittene Schalottenzwiebelein abgeröstet, nur bis es anfangt zu schaumen; ferner wird es mit einem Löffel voll guter Fleischbrühe angefüllt, und die Spargeln nebst Salz und Muskatenblüthe darein gethan. Man läßt es hernach auf einem kleinen Kohlfeuer ein wenig an einander kochen, verkleppert einen Löffel voll süssen Rohn mit ein oder 2 Eyergelb, je nachdem es viel oder wenig ist, an einander, sezt die Spargeln von dem Feuer weg, und rührt den Eyergelb ganz subtil daran, druckt sodann etwas Citronensaft daran. Man kann auch Euterlen, Prießlen oder Hünermäglein klein darunter schneiden, oder auch statt des rechten Butters Krebsbutter nehmen, und die Schwänze von den Krebsen darunter schneiden. Endlich werden die Pastetenmödelein wie gewöhnlich mit Buttertaig ausbelegt, davon ausgefüllt, und ein Deckel darauf gemacht: sodann mit einem Ey bestrichen, und im Backofen gebacken.

SPARGELPASTETE »ÜBERSETZT«:

Pastetenteig:
200 g kalte Butter, 200 g Magerquark, 200 g Mehl, Salz, 1 Esslöffel Weckmehl

Zutaten (bis auf das Weckmehl) verhacken, zusammenkneten. Auf bemehlter Arbeitsfläche auswellen, 4-mal zusammenschlagen, zugedeckt mindestens 1 Std. kühl stellen; Teig auswellen, in eine gefettete Springform legen, dass der Rand 4 cm hoch wird. Boden mit einer Gabel mehrmals einstechen. Das Weckmehl darauf streuen.

Füllung:
1 kg grüner Spargel
Vorbereiten, bissfest garen. In Stücke schneiden, auf dem Boden verteilen.

Guss: ¼ l süßer Rahm, 150 g Sahnequark, 5 Eier, 1 Teelöffel Salz, frisch gemahlener Pfeffer, wenig Muskatnuss, 2 Esslöffel frisch geriebenen Parmesan und 2 weitere Löffel fürs Drüberstreuen am Ende.

Alles mit dem Schneebesen verrühren, über das Gemüse gießen und die beiden Essl. Parmesan drüberstreuen.

Bei 180 Grad C ca. 40 Minuten.

EIN KIRSCHENMUSS

Es wird ein Wecken gewürfelt geschnitten, und in Milch eingewaicht; wenn er waich ist, wird er ein wenig ausgedruckt und in eine Schüssel gethan, worin man einen halben Vierling Butter daran zergehen läßt; ferner werden 4 bis 5 Eyer verkleppert und an die Wecken gerührt, nebst einer Handvoll Zucker, die Kirschen werden darein gethan, und in einem Becken mit stehendem Schmalz aufgezogen. Man kann auch statt der Kirschen entweder Aepfelschnitzelein, die vorher ein wenig abgedämpft, oder gewürfelt geschnitten sind, aber auch Quitten darein thun, mit Zucker und Zimt bestreuen, und auf den Tisch geben.

KIRSCHENMICHEL »ÜBERSETZT«:

2 Brötchen vom Vortag in feine Scheiben schneiden, mit ¼ l warmer Milch übergießen, gut durchziehen lassen.

75 g flüssige Butter dazugießen.

4 Eier und 75 g Zucker verrühren und unterrühren.

500 g entsteinte Kirschen (frisch oder gedünstet) unter die Brötchenmasse heben.

Auflaufform ausbuttern, Masse einfüllen. In dem auf 180 Grad vorgewärmten Backofen 30 Minuten backen, dann mit Zimt und Zucker bestreuen.

Weitere Literatur (Auszug)

Akermann, Manfred: Göppingen in alten Ansichten. Das Bild der Stadt und ihrer Stadtbezirke von 1470 bis 1925. Veröffentlichungen des Stadtarchivs Göppingen. Band 5. Stadt Göppingen 1967.

Akermann, Manfred: Göppingen. Eine Text- und Bildmonographie der Stadt und ihrer Umgebung. Veröffentlichungen des Stadtarchivs Göppingen. Band 6. Verlag Wolfgang Weidlich 1970.

Bachmann, Manfred; Fritzsch, Karl Ewald: Deutsches Spielzeug. Verlag Edition 1977.

Baecker, Carlernst J. u. a.: Märklin. Technisches Spielzeug im Wandel der Zeit. 15 Bände. Frankfurt am Main und Villingen 1975 ff.

Baecker, Carlernst J.; Wagner, Botho G.: Blechspielzeug Eisenbahnen. Battenberg 1990.

Brueser, Joachim; Karzel, Simon (Hg.): Vom Beginn des Schlossbaus bis zum Ersten Weltkrieg. Quellen zur Ludwigsburger Stadtgeschichte 1704 bis 1914. Verlag Jan Thorbecke 2021.

Dehnert, Dieter; Domes, Heinrich: Stauferland Göppingen – Geislingen und das Filstal. Herwig 1992.

Felleckner, Thomas: Die Gesellen in der Handwerksorganisation. Historischer Bericht. Handwerkskammer Lüneburg 2009.

Flach, Hans Dieter: Ludwigsburger Porzellan. Fayence, Steingut, Kacheln, Fliesen. Arnoldsche 1967.

Gaugele, Roland u. a.: Mythos Märklin. Europmedia-Verlag 2008.

Hegele, Anton: Stauferkreis Göppingen. Wanderungen in die Erdgeschichte 25. Verlag Dr. Friedrich Pfeil 2009.

Kampmann, Joachim (bearb.): Märklin Chronik 125 Jahre. 1859–1984. Mikado-Verlags- und Vertriebs-Gesellschaft 1984.

Knipping, Andreas: Die große Geschichte der Eisenbahn in Deutschland. GeraMond 2013.

Morlok, Georg von: Rückschau auf die Erbauung der Königlich Württembergischen Staatseisenbahnen. Siedentop 1986.

Münchner Stadtmuseum (Hg.): Die Welt aus Blech. Mechanisches Spielzeug aus zwei Jahrhunderten. Philipp von Zabern 1981.

Pieske, Christa: Schönes Spielzeug aus alten Nürnberger Musterbüchern. Idion 1979.

Retter, Hein: Spielzeug. Handbuch zur Geschichte und Pädagogik der Spielmittel. Beltz 1979.

Rueß, Karl-Heinz: Gruß aus Göppingen. Bildpostkarten um die Zeit um 1900. Veröffentlichungen der Stadt Göppingen. Band 42. Stadt Göppingen 2002.

Sting, Albert: Geschichte der Stadt Ludwigsburg. Von 1816 bis zum Kriegsende 1945. Band II. Ungeheuer & Ulmer 2004.

Väterlein, Christian: Biberacher Blechspielzeug. Musterbücher der Firma Rock und Graner aus der Zeit um 1875. Betulius 1997.

Wagner, Alice und Botho: Puppenstuben, Puppenhäuser. Küchen, Kaufläden und Zubehör aus drei Jahrhunderten. Heyne 1996.

Wagner, Botho: Blechspielzeug. Vom Kindheitstraum zum begehrten Sammlerobjekt. Heyne 1994.

Württembergisches Landesmuseum Stuttgart (Hg.): Eisenbahnen im Alten Schloß. Gulde 1995.

Ziegler, Walter: Pfarrer Eduard Keller (1792–1881) und der Hohenstaufen. »Hohenstaufenverein« und »Barbarossakirche«. Veröffentlichungen der Stadt Göppingen. Band 60. Stadt Göppingen 2019.

Zschaler, Hans: Mythos Modelleisenbahn. Dem Spiel auf der Spur. Die Geschichte des Hauses Märklin von 1859 bis heute. Hatje Cantz 2003.

Dank

Und zum Schluss und zweimal dick unterstrichen, mein Dank an: Museen, kirchliche Einrichtungen, Archive, Privatpersonen, Sammler, Wissende. Alle einzeln aufzuzählen, würde den Umfang hier sprengen. Sagen wir einmal so, ich hatte Kontakt zu so gut wie allen Museen, die etwas mit Spielzeug zu tun haben – meinen herzlichen Dank an dieser Stelle.

Ein besonderes Dankeschön geht an die, mit denen ich einen längeren Austausch hatte:

Meine wunderbare Agentin Anna Mechler, an meinen Verlag Droemer Knaur, der dieses Projekt überhaupt erst ermöglichte, mit der fabelhaften Christine Steffen-Reimann und dem gesamten besten Team und an meine professionelle, zauberhafte Lektorin Clarissa Czöppan.

An Bodo Schenck, ein glänzender Experte auf dem Gebiet Märklin, der mir nicht nur oft mit Rat zur Seite stand, sondern auch noch meinen Roman im Vorfeld überflogen hat. Karl-Heinz Rueß, ein steter erstaunlicher Quell und Kenner der Stadt Göppingen und Märklin, das Stadtarchiv Ludwigsburg mit Regina Witzmann und Lina Brenner, die Stadt Göppingen mit Ulrich Drechsel, die Stadtarchivare Martin Mundorff und Dominik Sieber und das Städtische Museum im Storchen, Gudrun Dengel vom Landeskirchlichen Archiv Stuttgart, Andreas Staffhorst zum Thema Schrammberger Steingut, die Sütterlinstube Hamburg mit Ursula Eckelmann und ihrem super Team für die Hilfe bei einigen Übertragungen, an Dieter Käßer, Roland Gaugele, Dr. Otto Hahn, der über Handelsreisende geforscht hat und mir seine Artikel sowie Zeit gewidmet hat, Alma Hannig von der Uni Bonn für das lange Gespräch rund um die Zeitgeschichte um 1870/71, das Kreisarchiv Ludwigsburg mit Wolfram Berner, Gabriele Schwarz für ihre Hilfe mit Friederike Wackler, Friedemann Kiedaisch, der Ahnenforschung betreibt, Frau Müller vom Christophsbad und das Deutschen Museum. Und ich hoffe, nicht jemanden vergessen zu haben!

Einen außerordentlich kugelrunden Dank an meine Leser und Blogger, ohne eure Unterstützung könnte ich nicht veröffentlichen – ist so! Und ein besonders inniges Dankeschön an meine Familie, für ihre Geduld und ihr Verständnis.

Habe ich euch schon erzählt, dass mein Opa Eisenbahnschaffner war und direkt neben den Gleisen in einem kleinen Häuschen lebte? Ich bin damit aufgewachsen, mitten beim Kuchenessen das Gespräch zu unterbrechen, bis der lärmende Zug vorbeigerattert war und das Geschirr aufgehört hatte zu klirren. Aber auch das ist eine andere Geschichte …

Anmerkungen

1858

1 Die Firma C. F. Dieterich, Lampen- und Lackierwarenfabrik in Ludwigsburg, wurde 1842 gegründet und nahm mit ihren Handelswaren an Gewerbe-Ausstellungen teil. Ob Caroline dort gearbeitet hat, ist nicht bewiesen, aber sie wird das Geschäft gekannt haben. Quelle: Cieslik, Jürgen und Marianne. Lexikon der deutschen Blechspielzeug-Industrie. Wellhausen & Marquardt 2014.

KAPITEL 1

2 Über die Steingutfabrik Hettich sind bis zum Jahr 1858 Vermerke zum Besuch von Industrieausstellungen auffindbar. Angegeben sind 1827 und 1836 in Stuttgart sowie 1858 in Cannstatt. Quelle: Staffhorst, Andreas. Schramberger Steingut 1820–1882. Schriftenreihe des Stadtarchivs und Stadtmuseums Schramberg. Band 30. 2020. Und Infos aus dem Landesarchiv und Hauptstadtarchiv Stuttgart.

3 Die Infos stammen aus der Teilungsakte von Friederike Hettich und aus: https://www.dasbestelexikon.de/wiki/Iwan_Sergejewitsch_Malzow, zuletzt abgerufen am 20. 5. 2022.

4 Zwischen 1820 und 1870 wanderten in der Tat nur etwa 7.500 Russen in die USA aus. Quelle: https://de.rbth.com/geschichte/82586-russische-emigranten-usa, zuletzt abgerufen am 20. 5. 2022.

5 Infos aus Kirchenbuch und der Teilungsakte der Mutter. Carolines Schwester Friederike, die ich hier Riekchen nenne, heiratete 1860 den Stabsfornier Carl Sorn aus dem Reiterregiment. Gemeinsam bekommen sie später eine Tochter namens Emilie.

6 Infos über die Buchhändlerin aus: Karzel, Simon. Die Aigners und Ludwigsburg. Eine Familie, eine Firma und ihre Stadt. Schriftenreihe des Stadtarchivs Ludwigsburgs zur Ludwigsburger Stadtgeschichte.

Band 1. 2019. Wobei ich Lina jünger gemacht habe, damit sie befreundet sein konnten.

7 erschien im April 1858 https://books.google.de/books?id=6os6AAAAcAAJ&printsec=frontcover&hl=de#v=onepage&q&f=false, zuletzt abgerufen am 20. 5. 2022.

KAPITEL 2

8 Aus: Asmus, Carl. Die Ludwigs-Eisenbahn. Die erste Eisenbahnlinie in Deutschland. Orell Füssli 1984. S. 17.

9 Wenn man die Kirchenbücher befragt, gibt es durchaus Lists aus der Familie von Caroline, die in Reutlingen gelebt haben, in der Stadt, in der Friedrich List geboren wurde. Allerdings habe ich nach vier Generationen mit der Recherche aufgehört. Die Verbindung entspringt somit meiner Fiktion, wobei sie nicht ausgeschlossen ist.

10 https://www.presseportal.de/pm/105956/4589028, zuletzt abgerufen am 20. 5. 2022.

11 Dieser Platz heißt heute Schillerplatz.

12 Damals war der Berg tatsächlich noch kahl.

13 Aus: Schindler, Manfred. schwarz auf weiß. Einhundert Jahre Familienunternehmen Schwarz. MSM Wirtschafts- und Kulturverlag 2012. Ich habe Friederike etwas älter gemacht, damit die Frauenfreundschaft so ausgereift funktionieren konnte. Die beiden werden sich mit Sicherheit gekannt haben, und Wackler hat Waren von Märklin transportiert. Friederike lebte von 1846 bis 1933, ihrem Vater gehörte das Fuhrunternehmen, und sie heiratete im Jahr 1867 Ludwig Wackler. Als dieser 1891 starb, übernahm sie als Witwe, bis sie 1911 verkaufte.

14 Aus: Engel, Theodor. Geognostischer Wegweiser Durch Württemberg. Schweizerbarth 1896.

15 Aus: Kirschmer, Karl. Die Geschichte der Stadt Göppingen. Teil II. Stadt Göppingen 1952.

KAPITEL 5

16 Emilie hat tatsächlich diesen Mann geheiratet und hatte drei Totgeburten, doch liegen die Umstände ihrer Ehe im Dunklen und sind von mir frei erfunden worden, um einen Teil der Realität darzustellen, in der sich viele Frauen damals befanden. Als Witwe lebte sie später in Kirchheim.

KAPITEL 6

17 Märklin vertrieb ab spätestens 1860 diese Dampfkochtöpfe. Im Stadtarchiv Göppingen kann man im *Göppinger Wochenblatt* eine Anzeige finden und auch in: Baecker, Carlernst. Technisches Spielzeug im Wandel der Zeit. Märklin. Band 12. Die anderen Nürnberger 1986.

KAPITEL 7

18 Die Strecke Plochingen–Reutlingen wurde im September 1859 eröffnet.

19 Von Luise Sofie (1830–1884) weiß man, dass sie ledig in Reutlingen gelebt hat. Auch die Schwester Julie Katharine (1843–1873) wird als ledig und in Reutlingen lebend aufgelistet, diese habe ich als Fabrikarbeiterin in der Korsettfabrik bereits auftreten lassen.

KAPITEL 9

20 Diese und ähnliche Ideen wurden mehrmals angedacht, aber nie umgesetzt.

21 https://www.ulm.de/stadt-ulm/home/rathaus/stadtverwaltung/feuerwehr-und-katastrophenschutz/geschichte-der-feuerwehr, zuletzt abgerufen am 20. 5. 2022.

KAPITEL 10

22 Infos zur Flaschnerausbildung: https://www.archivportal-d.de/item/QG4KOIN2BIGUA3ULBMBYCRXRJP5A4XFQ, zuletzt abgerufen am 20.05.2022.

23 Blechkreisel findet man im Bestand von Märklin erst offiziell ab 1904, aber andere Firmen vertrieben Kreisel bereits früher, und im Nachlass Märklins findet sich ein undefiniertes Konglomerat an Blechspielzeug, somit besteht durchaus die Möglichkeit.

24 Aus: Pfeiffer, Bertold. Die Ludwigsburger Porzellanfabrik. In: Württembergische Vierteljahreshefte für Landesgeschichte. Kohlhammer 1892. S. 241–293.

KAPITEL 11

25 In der Teilungsakte nach Wilhelm Märklins Tod wurden die Schuldner mit Namen, Ort und Summe aufgelistet, somit konnte eine sehr gute Übersicht erstellt werden, wo zumindest zu diesem Zeitpunkt die Reiseroute von Caroline entlangging.

26 Infos über die Krankheit und Arztkosten ebenfalls aus der Teilungsakte nach Wilhelm Märklins Tod.

27 Märklin vertrat erst ab 1891 die Waren von Lutz. Zuvor machte den Vertrieb die Firma Bing (die dann wiederum von Märklin beliefert wurde, es gibt Musterbücher bis 1895 mit den Artikeln von Lutz). August Lutz habe ich etwas älter gemacht, wobei die Liebesgeschichte mit Caroline von mir hinzugedichtet wurde.

KAPITEL 12

28 Dass Caroline Musterbücher selbst zeichnet, ist eine Erfindung aus meiner Feder, es gibt keine Musterbücher von Märklin bis circa 1890. Nach der Übernahme von Lutz verwendet Märklin dessen Musterbücher, verändert lediglich die Artikelnummern, bis 1893 ein ganz neuer Hauptkatalog erscheint.

KAPITEL 13

29 Eigentlich hieß sie Friederike Eitel und wird in der Teilungsakte der Mutter als ledig, volljährig und in Weinsberg wohnend aufgelistet. Im Jahr 1868 ist sie vierundzwanzig Jahre alt. Ich habe sie Frieda genannt, um eine Verwechslung zu vermeiden.

30 Albert Schönhut wanderte 1866 aus, allerdings dauerte es bis zu seinen Erfolgen etwas länger. Quelle: Beiträge von Rueß, Karl-Heinz u. a. in: Märklin und die Anderen. Spielzeugerfinder und -hersteller im Filstal. Stadtarchiv Göppingen 2020.

31 Diese Anzeige erscheint erst im Jahr 1870 ohne Abbildung. Die erste Zeichnung eines Herdes erscheint in der Zeitung 1889, die allgemein gehalten wurde, und erst 1890 kann der Leser einen echten Märklinherd erkennen.

KAPITEL 14

32 In der Familienchronik finden sich die Hinweise, dass die Söhne früh das Haus verließen. Die Info, in welcher Stadt Carl die Ausbildung zum Metalldrücker gemacht hat, liegt mir nicht vor, auch nicht der Berufsweg seiner Geschwister. In Göppingen gab es seit 1840 eine Gewerbeschule mit Unterricht in kaufmännischer Buchführung und seit 1870/71 mit kaufmännischer Arithmetik. Ich nehme an, dass Eugen hier die Ausbildung machte.

33 Es ist nicht bekannt, was Wilhelm gelernt hat, aber da er wahrscheinlich erst 1883 in die USA ausgewandert ist, könnte er bis zu dem Zeitpunkt zu Hause gewesen sein.

34 Die Infos über Wilhelm sind sehr dürftig. Laut der Chronik soll er zunächst nach Alaska gezogen und später in einem amerikanischen Altenheim gestorben sein. Allerdings könnte mit Alaska auch Nordamerika gemeint sein.

35 Wie es zu dem Selbstmord von Julius kam, ist nicht belegt, auch nicht, wie er ihn begangen hat. Ich habe aufgrund von den wenigen Informationen über seine Familienkonstellation, den Werdegang der Fir-

ma und den historischen Bedingungen eine mögliche Erklärung dafür konstruiert.

36 Der Berufsweg von August Lutz als Kaufmann, sein zeichnerisches Talent und die Ausbildung in Paris, die Reise als Kaufmann in die USA und der Verkauf an Märklin entsprechen den Tatsachen, allein die Liebesgeschichte mit Caroline ist hinzugedichtet. August heiratete Therese Kammerer und führte nach dem Verkauf der Firma an Märklin eine einfache Flaschnerei mit Laden. Er starb 1899 in Ellwangen. Einen guten Einblick gewährt: Baecker, Carlernst; Väterlein, Christian. Vergessenes Blechspielzeug / Germany's Forgotten Toymakers. Die anderen Württemberger. Verlag der Frankfurter Fachbuchhandlung Michael Kohl 1982.

KAPITEL 15

37 Die Bremse, die Drehscheibe sowie die rückwärtsfahrende Lokomotive wurden erst 1893 eingeführt. Die ersten Verkupplungselemente tauchten 1894 auf. Ab 1895 konnte man die regulierten Uhrwerke für die Lokomotiven dazukaufen, und sie boten dampfbetriebene Lokomotiven an. Ab 1896/97 gab es unterschiedliche Geschwindigkeiten. 1897 war das Jahr, in dem elektrisch angetriebene Lokomotiven verkauft wurden, und ab 1900 gab es dampfbetriebene Schiffe.
Diese Informationen stammen von Bodo Schenck.

38 1892 gab es Faltblätter mit den Aufbauanleitungen, erst 1895 wurden daraus Hefte und regten durch die Abbildungen der möglichen Ausbauten zum Kauf an.

39 Carl heiratete 1891 Luise Meyer, der Vater hatte eine Gärtnerei.

Charlotte von Feyerabend

SELMA LAGERLÖF

Sie lebte die Freiheit und erfand Nils Holgersson

Roman

Eine glückliche Kindheit ist das, was Selma Lagerlöf mit im Gepäck hat, als sie in Stockholm eine Ausbildung zur Lehrerin antritt: der einzige Weg für eine unverheiratete Frau, finanziell unabhängig zu sein. Heiraten wollte sie nie, dafür aber Schriftstellerin werden! Doch der Weg dorthin ist lang und schwer. Selmas Zuhause, das Bauerngut Mårbacka, muss wegen Schulden verkauft werden, doch sie verliert nie das Wichtigste aus den Augen: den Glauben an sich selbst. Sie bricht mit ihren Erzählungen literarische Konventionen, stößt gegen gesellschaftliche Grenzen, bringt die Männerwelt gegen sich auf. Als erste Frau bekommt sie den Literaturnobelpreis verliehen und entfacht mit Nils Holgersson in der ganzen Welt die Sehnsucht nach Schweden. Sie liebt das Reisen und führt eine Dreiecksbeziehung mit Höhen und Tiefen. In ihrem Roman begibt sich Charlotte von Feyerabend auf die Spuren von Selma Lagerlöf, die direkt aus der Seele Schwedens schrieb.

Eine wunderbare Reise durch Schweden und der Roman über das bewegte Leben von Selma Lagerlöf, die der Welt Nils Holgersson schenkte

DROEMER